D1717987

Geschichten aus dem niederländisch-deutschen Grenzgebiet zwischen 1805–1932

Selfkantfibel

Menschen im Land zwischen Roer und Maas

Peter Werner Janssen

Janssen Verlag Sinzig

ISBN 3-00-007804-5

Copyright bei *Janssen Verlag*
Welfenstraße 5 **D-53489 Sinzig**
Tel. 02642 - 993394
Fax 02642 - 993395

Dokumente, Bilder und Zeichnungen:
Antje Janssen
Erto Isik
Peter Werner Janssen
Archiv: wie vor

Buchgestaltung: wie vor
Gestaltung des Umschlages: Herbert Uth
Druck: Warlich, Druck Meckenheim GmbH, Meckenheim

Umschlagbild: Christian Janssen 1932 als General Superior des MSC *(1932-1948)* in Rom.

Heute bezeichnet man als Selfkant nur das kleine Gebiet, welches im Norden an die Gemeinde Waldfeucht grenzt. Die *Selfkantfibel* umschließt aber den Raum, der heute als "Selfkantkreis" bezeichnet wird. – Die handelnden Personen wohnten im heutigen deutschen Kreis Heinsberg – hauptsächlich in den Orten Waldfeucht, Brüggelchen und Obspringen, außerdem in der niederländischen Provinz Limburg, innerhalb der Gemeinde Echt, in den Orten Echterbosch und Diergaarde. – Die Handlung spielt aber nicht nur in den genannten holländischen und deutschen Orten, weil es einige Mitglieder der Familie, außer nach dem Innern Deutschlands, auch nach Belgien, Frankreich, Italien und in fernste Länder verschlug.

Erst ab 1866 gehörte Echterbosch endgültig zu den Niederlanden. – Aber in dem Zeitraum, von dem das Buch berichten wird, sind die Bindungen zu Waldfeucht noch eng, so besuchte meine Mutter in Waldfeucht die deutsche Schule, während andere Kinder täglich von Echterbosch nach Koningsbosch gingen. Für meine in Echterbosch geborene Großmutter war dies zu ihrer Zeit noch nicht möglich, weil es in Koningsbosch noch keine Schule gab – manches Kind in Echterbosch war vor der Jahrhundertwende Analphabet. – Elektrizität gab es bis Ende des 2. Weltkrieges in Echterbosch auch nicht. 1932 wurde ich im Schein einer Petroleumlampe geboren, als Waldfeucht schon an ein Stromnetz angeschlossen war. – Neue Tatsachen schuf der 2. Weltkrieg. So verlor Waldfeucht seinen typischen Charakter als geschlossene Ortschaft, als das Obertor und das Untertor zerstört wurden – Echterbosch erhielt anschließend Strom.

In fast jeder Familie in Echterbosch war wenigstens ein Familienmitglied deutschstämmig, – Echterbosch eher ein Satellit Waldfeuchts als einer von Echt. – In den zwanziger Jahren gab es es mehrere Ehen zwischen Waldfeuchtern und Echterboscherinnen – oder umgekehrt. Die Religion war kein Hindernis, weil man auf beiden Seiten der Grenze katholisch war. – Aus der Selfkantfibel geht hervor, dass der Einfluss der katholischen Kirche groß war. Beweis dafür sind Priester, die aus zahlreichen Familien hervorgingen. Allein aus der Verbindung von Reiner Wilhelm Janssen mit Odilia Goertz stammen zwei Priester. Ein Bruder meines Großvaters, Johannes Hülhoven, war ebenfalls Priester. Heute erscheint die Macht der Religion in der damaligen Zeit fast unglaublich – aber es war so. – Für meine Eltern und Großeltern war der Kirchgang von Echterbosch nach Waldfeucht selbstverständlich – nur zu offiziellen Anlässen wie Taufen oder Beerdigungen, auch mitunter Trauungen, war man gezwungen, nach Koningsbosch zu gehen – zur Kommunion oder zur Schule gingen manche Kinder aus Echterbosch auch nach Waldfeucht. Neugeborene meldete man dagegen in Echt an.

Arbeit fanden Holländer in Deutschland und Deutsche in Holland, die Männer hauptsächlich in Zechen und Industriebetrieben, die Frauen, vor allem deutsche, in holländischen Haushalten. Zahlreiche Bauern aus Waldfeucht und Umgebung benutzten während der Saat- und Erntezeit fast täglich die *Waldfeuchter Baan*, fuhren zur Heuernte bis an die Maaswiesen. – Die Straße vor unserem Haus war deutsch, das Haus lag auf holländischem Boden. – Selbst wenn meine Großmutter, Wilhelmina Hülhoven, geborene Houben, einmal ihre Geschwister am gleichen Ort besuchen wollte, musste sie erst die deutsche *Waldfeuchter Baan* und dann die holländische, am Zoll vorbei, benutzen.

Sinzig, im April 2001   Peter Werner Janssen

Ich möche mich hiermit für die Mithilfe beim Zustandekommen dieses Buches bei denen bedanken, die mir beim Recherchieren halfen und mir Daten, Bilder, Dokumente und Tonaufnahmen zur Verfügung stellten. Es sind auch diejenigen eingeschlossen, die mir in Jahrbüchern oder sonstigen lokalen Schriften gewollt oder ungewollt Informationen lieferten, die meine Unterlagen bestätigten oder ergänzten.

Mein Dank gilt besonders meiner Schwester Helmine Uth, geborene Janssen, die mir zahlreiche Daten und Dokumente aus meiner früheren Heimat Echterbosch und aus Waldfeucht, Brüggelchen und Haaren beschaffte und familiäre Verbindungen auffrischte. Sie übersetzte außerdem die Janssen-Chronik und half bei der Korrektur der *Selfkantfibel.* – Paul Uth stellte mir Tonbandaufzeichnungen zur Verfügung, die er 1954 zusammen mit Jakob Hülhoven aufgenommen hatte. – Als weitere wichtige Quelle erwiesen sich schriftliche Unterlagen und Fotos, die mir Wilhelm Janssen überließ. – Das Original der *Janssen-Chronik von 1732* lieh mir Reiner Janssen. – Friedrich Jansen stellte Fotos vom alten Waldfeucht zur Verfügung. Heinz Schmitz überließ Dokumente von der Houben-Familie. – Angelika Schwartzmanns, geborene Hülhoven, überließ Fotos und Stammbaum der Hülhoven-Familie. – Familie Blank beschaffte amtliche Daten. – Wilhelmina Thomassen *(Witwe von Peter Coenen, Echterbosch)* steuerte zahlreiche Urkunden, Briefe und Fotos aus der Peter-Andreas-Houben-Familie bei. – Gerhard Tholen schrieb den Stammbaum und einen Bericht über die Familie Janssen. – Anntje Jannette Koning Schuring half bei der Beschaffung von amtlichen Dokumenten aus Holland. – Der Orden MSC *(Kloster Hiltrup)* ermöglichte ausführliche Berichte über Arnold und Christian Janssen. – Die Franziskaner *(Kloster Apollinarisberg, Remagen)* stellten eine Vita über Pater Dositheus Hülhoven zur Verfügung. – Ursula Janssen korrigierte Texte – Antje Janssen zeichnete die Ansichten von Waldfeucht – Erto Isik malte Szenen aus dem Leben.

Waldfeucht – Festschrift 1953, 750 Jahre Waldfeucht, 400 Jahre St. Johannesbruderschaft

Heimatkalender des Kreises Heinsberg – Kreis Heinsberg

Echter Landj – Heemkundige bijdragen over Echt en omgeving – Uitgava van de
'Heemkundekring Echter Landj'

Het Drama van Putbroek – Jac. van Heel

Pioniere der Südsee – Imprimi Potest, Hiltrup den 6. Juli 1932, Christian Janssen

Das Tagebuch – Zeitschrift, Stefan Großmann

Schönere Zukunft – Wochenschrift, Dr. Joseph Eberle

Leo – Katholische Zeitschrift

Historisch-politische Blätter – Edmund Jörg, Franz Binder

Arnold Janssen gelangte als Missionar in der Südsee zum Bismarck- Archipel, baute in Vuna Pope *(Neu Pommern)* mit an der Missionsstation und zeigte bei Besuchen in Europa jungen Eingeborenen seine Heimat und brachte Geräte, feines Flechtwerk, große Muscheln, Federschmuck, umflochtene Lanzen und ein ledernes Schutzschild und sonstige Dinge mit, die ihm Eingeborene geschenkt hatten.

Eduard Janssen, sein Bruder, brachte die kleineren Geräte, großen Muscheln, in denen wir Kinder das Meer rauschen hörten, in einem Glasschrank unter, der auf der Diele seines Hauses in der ersten Etage aufgestellt war. Die größeren Geräte, Schmuck und Waffen, die wir nicht anfassen durften, hingen an den Wänden.

Arnold lebte zu dieser Zeit in der Nähe von Stein in einem belgischen Kloster. Nach seiner Tätigkeit in der Südsee *(seine Gesundheit war angeschlagen)* hatte er Aufgaben in Hiltrup übernommen – wurde aber dann in Konflikte mit den Nationalsozialisten verwickelt und entging bei Nacht und Nebel seiner Verhaftung *(er war gewarnt worden)* durch Flucht über die Grenze nach Holland. Er kehrte im Haus meines Großvaters Jakob Hülhoven ein, fuhr von dort ins besagte Kloster bei Stein. 1936 durfte er noch nicht nach Deutschland einreisen, wagte sich aber bis Echterbosch, wo er wieder in das Haus von Jakob Hülhoven, einem gebürtigen Brüggelcher, der in Echterbosch, heute Waldfeuchter Baan 150, ein Haus gebaut hatte, Quartier bezog. Dort besuchten ihn seine Brüder und Freunde. Er kehrte wieder ins Kloster zurück und schrieb ein Gedicht an meinen Vater,

Reiner Janssen, der im Haus von Jakob Hülhoven eingeheiratet hatte, mit dem Titel, *Doch weer eens kort bie Heem*", das ich unter 1934 im nachfolgenden Buch veröffentlichen werde. Aus dem Gedicht geht hervor, wie eng Arnold sich noch mit Waldfeucht verbunden fühlte, wo er 23 Jahre gelebt, u.a. in der Gemeindeverwaltung gearbeitet hatte, bevor er als "Spätberufener" seinen Kindheitstraum verwirklichte und Missionar wurde. – 1938 durfte Arnold wieder nach Deutschland einreisen, starb aber am ersten Tag seiner Einreise, am 11. Juli 1938 in Köln.

Eduards Haus wurde 1945 weitgehend zerstört und von seinem Sohn Peter wieder aufgebaut. – 1947 habe ich einige Wochen *(wir wohnten damals schon in Remagen)* im Haus gewohnt und noch Teile der Sammlung, Lanzen, einen Lederschild und auch Muscheln auf dem oberen Boden eines Schuppens gesehen, Teile auch in der Hand gehabt. Sie waren nur wenig beschädigt.

Seit Eduard das Haus verlassen hat, ist der Verbleib der Sammlung nicht nachzuvollziehen. Mir ist nicht bekannt, ob noch Exponate vorhanden – oder ob sie ganz untergegangen sind. – Nur Briefe fanden sich wieder und wurden mir freundlicherweise zur Verfügung gestellt. – In diesem Zusammenhang interessiert mich, zu erfahren, was aus der *Janssen-Chronik von 1732* geworden ist, die seiner Zeit der älteste der Brüder, Franz Janssen, erhalten hatte. Mir gewährte ein Enkel vor 1990 Einblick.

Im weißen Doppelhaus von Eduard Janssen *(im Bild vorne rechts)* befand sich Arnolds Sammlung.

Dieses Buch ist Arnold Janssen gewidmet. Er wollte schon vor 1900, dass die Janssen-Chronik fortgeführt wird und dass seine und Christians Briefe sowie die Briefe, die an ihn oder Christian geschrieben wurden, gesammelt würden, damit daraus einmal eine "richtige kleine Familienbibliothek" entstehen würde. Leider gingen die Briefe, die aus Waldfeucht geschickt wurden, verloren, während etliche von Arnold und Christian erhalten blieben.

Selfkantfibel

Belgien, die Provinz Limburg und der Selfkant

1795 überrennen Revolutionstruppen die Österreichischen Niederlande, Napoleon errichtet die Batavische Republik. Holland verliert in den folgenden Jahren seine Seemacht an England. Fünfzehn Jahre nach dem Einfall wird die Republik zu französischem Gebiet erklärt. Nach den alliierten Siegen über Napoleon beginnt 1815 der Wiener Kongress, der Holland mit dem jetzigen Belgien, trotz religiöser Gegensätze, zusammenschließt. Die ehemals holländischen Südprovinzen werden dem Norden zugeschlagen, die Vereinigten Niederlande entstehen. Dieser politischen Ehe unter den Oraniern fehlt allerdings die gegenseitige Zuneigung.

Im Haager Parlament hat die alte religiöse Intoleranz wieder Fuß gefasst und den Regierenden fehlt es an gutem Willen gegenüber den 3 Millionen Katholiken. Insgesamt haben die zurück gewonnenen Provinzen 5,2 Millionen Einwohner. Der Druck, der nun auf die Katholiken ausgeübt wird, versteckt sich hinter dem Vorurteil, dass "die Belgier, vorab die Katholiken, zu Ämtern und öffentlichen Stellen untauglich sind." Höhere Stellen werden deshalb mit Protestanten im Verhältnis 100:1 besetzt. Außerdem lässt König Wilhelm Friedrich von Oranien protestantische Kirchen in katholischen Gebieten bauen und verlegt holländische Garnisonen in katholische Städte, schleust damit aber den Virus der Revolution ein.

Auf Papier gibt es zwar die acht katholischen Bistümer Mecheln, Namur, Tournay, Gent, Brügge, Amsterdam, Herzogenbusch und Lüttich, doch sind zeitweise mit Gent, Tournay und Lüttich nur drei besetzt. Das katholische Limburg gehört zum Bistum Lüttich.

Nach den Beschlüssen des Wiener Kongresses ist nicht nur die Grenzfestlegung zwischen Preußen, den Alliierten und den Niederlanden perfekt, sondern auch die Einverleibung des Selfkants unter Preußen. Das ist jedoch mit dem Nachteil verbunden, dass ab sofort der Zugang zur Maas verwehrt ist. *(Der Selfkant reichte unter der Herrschaft Jülichs bis an die Maas.)* Nicht nur deshalb herrscht über die Einverleibung keine reine Freude, Berlin ist zu weit und man ist auch von den Einquartierungen nicht gerade begeistert. Man hört 1825, dass in den benachbarten Niederlanden auf dem Verwaltungswege ein Unterrichtsmonopol eingeführt worden ist, das dem Staat alleiniges Erziehungsrecht verschafft. Katholische Privatschulen werden unterdrückt und katholische Lehrer erhalten keine Stelle. Evangelische Schulen werden dagegen nicht angetastet, und in katholischen Gegenden werden Protestanten als Lehrer eingesetzt. Die Bibel wird an den Schulen nur im reformierten Text zugelassen.

Nach vier Jahren ist das Maß voll. Am 26. November 1829 gelingt es der Regierung zwar noch, mit einem Gesetzentwurf zu beschwichtigen, aber am 25. August 1830 flammen in Brüssel Unruhen auf. Willem I. von Oranien schickt seinen Sohn Frederik mit 10 000 Soldaten. Innerhalb von nur drei Tagen fallen davon tausend. Die Nordniederländer ziehen sich nach diesem Fiasko aus Brüssel zurück, und am 4. Oktober 1830 rufen die Aufständischen ein unabhängiges Belgien aus.

Unter dem Deckmantel des Streitschlichters versucht Frankreich nun Belgien zu annektieren. Es rüstet den Belgiern eine Maasarmee aus, die am 9. November in Roermond einzieht. Die Alliierten stellen sich gegen das Ansinnen und fordern nationale Selbstbestimmung.

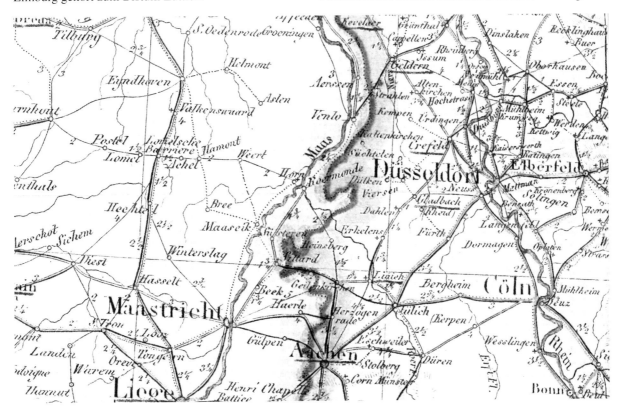

1839 erhalten die Bewohner des holländischen Limburg die holländische und die deutsche Staatsbürgerschaft. Erst nach dem Verfall des deutschen Reiches fällt 1866 Limburg endgültig an Holland, bleibt aber in wirtschaftlicher Hinsicht sein Sorgenkind. Ab dem 18. Jahrhundert wird schon Steinkohle gefördert und auch in den Haushalten als preiswertes Brennmaterial verfeuert. Holz begann schon ab dem Mittelalter teurer und rarer zu werden. Selbst die Römer sollen schon in Limburg Fußbodenheizungen mit Steinkohle befeuert haben.

Ortsweise tritt, wie im Worm-Tal, die Steinkohle bis an die Oberfläche. Später muss man nach ihr tiefer schürfen, dabei ergeben sich Probleme mit dem Grundwasser. Die Bergwerke sind in Privatbesitz.

Im 19. Jahrhundert zieht der Aufstieg des Bergbaus zahlreiche Menschen auch von außerhalb Limburgs an. Heerlen wird Bergarbeiter-Zentrum, erhält im Laufe der Jahrzehnte auch Staatsgruben und eine Bergbauschule. Die Sozialfürsorge Limburgs ist im 19. Jahrhundert, im Vergleich zu den Nachbarländern, fortschrittlich.

Maastricht, seit seinem Bestehen mit Köln-Aachen, Brüssel-Antwerpen und Lüttich-Hertogenbosch verbunden, eine Handelsstadt für Getreide, Butter, Lebensmittel, ein Zentrum für Waffen, Eisenwaren, Zigarren und Papier, erhält zwar einen Sitz der Niederländischen und der Limburgischen Bank, wird aber, bis auf seinen Zugang zu den Niederlanden, von seinem sonstigen natürlichen Hinterland, das vor allem in Belgien, aber auch in Deutschland liegt, getrennt und verliert seine zentrale Bedeutung. Ab der Stadt verbindet nur noch ein Landkorridor, der an seiner schmalsten Stelle acht Kilometer breit ist, die abgeschnittene Stadt mit den Niederlanden. Durch die Gurgel bei Susteren zwängen sich Maas, Straßen und später Eisenbahn. Erst nach dem Verfall des deutschen Reiches, 1866, fällt Limburg endgültig an die Niederlande. An der schlanksten Stelle Limburgs, bei Susteren, erreicht man von der Maas aus schon nach anderthalb Stunden die deutschen Selfkantorte Millen, Tüddern, Schalbruch, Isenbruch oder Havert. Im Maasbogen hinter Echt erweitert sich der Engpass. Von Echt aus sind es bis zum deutschen Waldfeucht etwa zehn Kilometer.

Was in Jahrtausenden zusammen gewachsen ist, wird 1866 endgültig geteilt. Zwei Schlagbäume trennen nun die Bewohner Waldfeuchts von denen seines Satelliten Echterbosch, das jetzt zur holländischen Gemeinde Echt gehört, obwohl sich die Bewohner nach wie vor mehr zum nahen Waldfeucht hingezogen fühlen.

Holländische und deutsche Zöllner erheben jetzt Warenzölle und kontrollieren jeden Bewohner, der die Grenze überschreitet, vermuten unter Rüben, Kartoffeln, Getreide oder Heu auf den Karren der Waldfeuchter, Echterboscher oder Brüggelcher Bauern geschmuggelten holländischen Kaffee oder deutsche Eisenwaren. Die Trennung wird perfekt, als die Grenze zeitweise unter Vorwand der Viehseuchenübertragung ganz gesperrt wird.

Die "Nierese"

Als 1893 der am 23. Januar 1871 in Waldfeucht geborene Christian Janssen vom Oberer des Klosters in Antwerpen-Borgerhout, Terloostraße 38, die Erlaubnis erhält, seine Eltern in Waldfeucht zu besuchen, ist der Grenzstatus bereits endgültig. Der vierte Sohn von Odilia Janssen, geborene Görtz und Reiner Wilhelm Janssen, einem selbstständigen Schreiner aus Waldfeucht, darf neun Jahre, nachdem er den Ort verlassen hat, seine Familie wiedersehen. Als 13-Jähriger hatte er sich vom Vortrag eines reisenden Missionars mitreißen lassen und spontan den Entschluss gefasst, Missionar zu werden. Zusammen mit seinem Kameraden Dicks reiste er nach Frankreich, um in Issoudun, einer Stadt im Berry, in das Internat der Missionare vom Heiligsten Herzen Jesu (MSC Missionarium Sacramentissimi Cordis Jesu) einzutreten.

Nach 1880 hatten die katholischen Orden ihre Arbeit im katholischen Teil Deutschlands verstärkt wieder aufgenommen. Während des "Kulturkampfes" waren ihre Tätigkeiten eingeschränkt, Bischofssitze und Klöster geschlossen und Klosterbesitz beschlagnahmt worden. Internationale Orden verlegten darauf die Ausbildung ihres Nachwuchses nach Holland, Belgien und Frankreich. Selbst nach 1880 warben noch Orden aus dem westlichen Ausland, wie 1884 die Schwestern aus dem grenznahen Koningsbosch, einem Nachbarort von Echterbosch für ihre Schulen. Dabei verfügte Koningsbosch selbst noch über keine Schule.

In der Umgebung gab es zu einer Zeit, als in Waldfeucht, Brüggelchen oder Bocket und anderen Flecken, Dörfern und Orten Deutschlands, fast jedes größere Dorf über eine Schule und wenigstens eine Lehrerin oder einen Lehrer verfügte und jedes Kind schulpflichtig war, auf dem "Bosch" noch zahlreiche Analphabeten. Koningsbosch verfügte zwar über eine Kirche und ein großes Kloster, aber über keine Schule. Die Schwestern des dortigen Klosters boten ihre Haushaltsschule und darüber hinaus auch Exerzitien, über den Selfkant hinaus, in der ganzen Rheinprovinz an. In einer Anzeige der katholischen deutschen Wochenzeitung *Leo* ist 1884 nachzulesen:

Exerzitien in Königsbusch, für Frauen, Jungfrauen, Lehrerinnen. Zeitige und bestimmte Anmeldung erbittet postlagernd Waldfeucht bei Heinsberg Schwester Josephine.

Ob in Waldfeucht, Brüggelchen oder Bocket, überall folgten Kinder und Jugendliche den Missionsangeboten der reisenden Patres. Neugierigen und Frommen wurde der Unterricht in Klosterschulen auch in der Nähe Waldfeuchts angeboten, beispielsweise dem jungen Johannes Hülhoven aus Brüggelchen, einem Dorf, das einen Kilometer nördlich von Waldfeucht liegt. Johannes ging als Achtjähriger in ein Kloster in der Nähe des holländischen Exaten zu den Franziskanern. Andere Beispiele sind der schon erwähnte Christian Janssen, der als 13-jähriger ins ferne Frankreich reiste, und sein Bruder Arnold.

Bismarck bezeichnete den Papst nicht zu Unrecht als den "Mann, der über das Gewissen von 200 Millionen Menschen verfügt." Er übertreibt nicht, wenn er damit die Gewissen der Mitglieder der Waldfeuchter Familie Janssen oder der Brüggelcher Familie Hülhoven meint. Auf Millionen andere Familien trifft Bismarcks Behauptung ebenso zu. Die Schriften der katholischen Kirche werden auch in der bescheiden lebenden Handwerkerfamilie des Reiner Wilhelm Janssen gelesen.

Die katholische Wochenzeitung *Leo*, aus der schon die Koningsboscher Anzeige zitiert wurde, wird in der Familie nicht nur eifrig gelesen, sie wird sogar gesammelt und so gebunden, dass sie noch nach vier Generationen im Besitz von Nachkommen ist, noch nach dem Jahr 2000 wird in ihr geblättert. Heute zeugen die Blätter von der übertriebenen Einflussnahme der katholischen "Oberhirten" und beweisen auch antijüdische Tendenzen. Selbstverständlich ist der Papst unfehlbar. Schriften, die vom Gegenteil berichten, werden in der frommen Waldfeuchter Familie nicht gelesen, geschweige denn Bücher, die auf dem Index stehen. Und man weiß, wer gegen die Anordnungen der Kirche verstößt, schließt sich automatisch von den "heiligen" Sakramenten aus. Stirbt er in diesem Zustand, ist ihm der Himmel auf ewig verwehrt und genau so ewig schmort er in der Hölle. Von klein an werden die Söhne und wird auch die Tochter von Reiner Wilhelm und Odilia Janssen darüber belehrt, dass sie der Kirche zum Gehorsam verpflichtet sind. Das steigert sich nach dem Eintritt in die Schule. Neben dem Lehrer schult auch der Pastor die Gewissen der Kinder. An Tagen des "ewigen Gebets" fällt sogar der Schulunterricht aus. Bismarck bekämpft solche Auswüchse. Noch nach der Beilegung des Konfliktes greift *Leo* diese und ähnliche Themen wieder auf und klagt:

"Früher besuchten die Kinder mit dem Lehrpersonal und durch dasselbe geführt und beaufsichtigt, vor Beginn der Schule die tägliche Pfarrmesse." Mit anderen Worten: Vor dem "Kulturkampf" betete man intensiver.

In der kinderreichen Familie Janssen aus Waldfeucht wurde auch nach dem "Kulturkampf" morgens, mittags vor und nach dem Essen und auch abends gebetet. Das nachfolgende *Leo*-Gedicht beschreibt, wie es vor der Kontroverse in katholischen Familien gewesen sein soll:

Früher, "da sprach man noch von Gottes Segen,
da stand das Kreuz auf allen Wegen,
kein Acker ward, kein Feld bestellt,
kein Baum gepflanzt, das Kreuz gesellt
zugleich dazu auch seinen Segen!
Kein Kind im Hause durft sich legen:
Es musst erst vor den Eltern knien
und nahm den heilgen Segen hin."

Ob es bei dem reichen Kindersegen bei "Nierese" (so nannte man die Familie in Waldfeucht) mit dem "Niederknien" so gehandhabt wurde, darf bezweifelt werden. Aber dass Christian und auch sein Bruder Arnold später, nachdem sie dem Orden beigetreten waren, allabendlich niederknieten und beteten, steht außer Frage.

Reiner Wilhelm Janssen, mein Urgroßvater
und erster "Nieres"

Wenn in Waldfeucht im letzten Jahrzehnt des 19. Jahrhunderts gesagt wird, "das ist ein *Nieres*," weiß jeder Bewohner sofort, dass es sich um ein Mitglied der Familie Reiner Wilhelm Janssen handelt. Auch nennt man den am 15. Februar 1869 geborenen, dritten Sohn *Wilhelm* Arnold nicht Arnold, sondern "Nöll". Weil er aber ein Sohn von Reiner Wilhelm Janssen ist, dessen Vornamen die Waldfeuchter auf "Nieres" abwandelten, wird Arnold zum "Nierese Nöll". "Nieres", eine Abkürzung für Reiner, ist möglicherweise auf Franzosen zurückzuführen. Man hatte im Dialekt der letzten Silbe von *Renier* einfach ein "es" beigefügt. Aus dem Vornamen Reiner wurde der Familienname "Nieres", der auf die Kinder übertragen wurde. Christian Janssen, für die Waldfeuchter der "Nierese Christian", ist richtiger der "Nierese Chris". Mit dem zweisilbigen Arnold machte der Waldfeuchter Dialekt wenig Federlesens, kürzte auf eine beliebige Silbe des Namens und machte den Rufnamen daraus.

Die Geburt seiner Kinder trug der Vater allerdings in Deutsch in die Familienchronik ein, in der seit 1732 alle bedeutenden Ereignisse eingetragen wurden:

"1869: Am 15. März ist meine Frau von einem jungen Sohn entbunden. Sein Name ist Wilhelm Arnold. Taufpaten sind mein Schwager Wilhelm Schröder und meine Schwester Maria Janssen."

Auch Arnold Janssen will früh Missionar werden, doch hindert ihn zunächst eine nicht bekannte Krankheit am Eintritt in einen Orden. Nach seinem Volksschulabschluss lernt er in der Gemeindeverwaltung und beginnt danach bei einem Notar in Heinsberg als Notariatsgehilfe.

"Was Gebetskraft
der Kommunionskinder vermag"

Arnold Janssen erinnert sich in einem Brief vom 1. Juni 1894 "süß" an das Kindheitserlebnis, das ihn veranlasste, Missionar zu werden. Als er den Brief schreibt, studiert er in Antwerpen. Aus Gesundheitsgründen konnte er zunächst nicht in das Internat des Ordens eintreten. Als er schließlich doch noch als "Spätberufener" seine Ausbildung zum Missionar beginnen konnte, unterrichtet ihn sein jüngerer Bruder Christian im gleichen Kloster schon als Lehrer.

Arnold fasste seinen Entschluss, Missionar zu werden, schon als Zwölfjähriger, also drei Jahre vor seinem Bruder Christian. Ausschlaggebend für seine Entscheidung wurde ein Erlebnis in den Wochen oder Monaten nach seiner ersten Kommunion. In einem Brief beschreibt er Eltern und Geschwistern, wie es zu seinem damaligen Vorsatz kam. Er beginnt mit einem Dank für einen Brief, den Eltern und Geschwister an ihn und Christian nach Antwerpen geschickt haben, bedankt sich auch für die fünf Mark, die diesem Brief beilagen und berichtet von seinem Studium. Schließlich kommt er auf das Ereignis zu sprechen, das ihn veranlasste, Priester zu werden: "Welch süße Erinnerung, der Tag der Erinnerung, der Tag der 1. Kommunion, dessen Gedächtnis ich gestern schon feierte. – Im Jahr 1881 hatte uns ja eine große Dürre heimgesucht und der Himmel schien aller Gebete zu spotten; jeder dachte mit Besorgnis an das Ergebnis der Ernte. Wie das so häufig geschieht, empfahl man die allgemeine Not dem Gebete der Erstkommunionskinder an. Oh Wunder! Kaum sind die kirchlichen Feiern vorüber, so kündet ein grimmer Donnerschlag den herannahenden, alles wieder belebenden Regen an."

Das Gebet der Kommunionskinder muss inbrünstig gewesen sein, zu inbrünstig. Was Arnold Janssen als Wunder erscheint, schildert der Waldfeuchter Chronist als schweres Unwetter, während für den Zwölfjährigen feststeht, dass der liebe Gott die Bitten der Kinder erhört und das Land von der Dürre erlöst hat.

Der Teufel scheint, nach den Worten des Chronisten, aber auch die Hand im Spiel gehabt zu haben, denn unter Blitz und Donner ergießt sich nicht nur ein Wolkenbruch, sondern es prasseln körbeweise Hagelkörner "aus den Pforten des Himmels."

Der Waldfeuchter Chronist schildert einen berstenden Himmel und "ein Unwetter von schlimmen Andenken, da dasselbe gleich seinem Vorgänger einen Hagelschlag gebracht hat." Der Wolkenbruch "erstreckte sich in der Gemeinde Waldfeucht auf den Strich zwischen Handweg und der Heinsberg-Sittarder Straße bis zur Haarener Grenze, in welchem es arge Verwüstungen anrichtete. Die Einwohner der Ortschaft Bocket sind dadurch abermals zu großem Schaden gekommen, denn niemand hatte gegen denselben versichert. Es kann die Höhe desselben auch nicht annähernd taxiert werden. ... Das Wetter kam aus der Richtung Breberen-Nachbarheid und ging weiter über die Höhe auf Obspringen-Driesch zu."

Hagelschäden an Ernte und Gebäuden sind für Arnold Janssen kein Schuß, der nach hinten losgeht. Das "Wunder", das eine Dürre beendet, beeindruckt ihn so sehr, dass er spontan beschließt, Priester zu werden. Er hält auch zäh an seinem Entschluss fest, als er aus Gesundheitsgründen warten muss.

Christian ist gesundheitlich robuster und bricht vor ihm, am 23. Januar 1884, zum Ordenszentrum Issoudun auf. Tage danach, an einem Spätnachmittag, erreichen er und sein Freund Dicks das Kloster vom heiligsten Herzen Jesu. Man drückt ihnen nach der Begrüßung ein französisches Gebetbuch in die Hand und schickt sie mit den anderen Schülern in die Abendandacht.

Arnold setzt seine Lehre bei einem Notar in Heinsberg fort und wird Notariatsgehilfe. In seiner Freizeit beteiligt er sich rege am Waldfeuchter Vereinsleben, singt in "Verein" und Kirche, spielt auch im "Ägyptischen Josef" mit, als dieser am Abend des Sebastianusfestes aufgeführt wird. An der Aufführung wirken als echter Esel "Kussels Esel" und 24 Geschworene mit, "das heißt 24 nach den Statuten, aber 18 oder 19 in Wirklichkeit," schreibt Arnold. Er schildert auch den zweiten Abend des Festes:
"Generalmarsch wird geschlagen,
zu Waldfeucht in der Stadt;
und alle Leute fragen ängstlich,
was dies zu bedeuten hat?
Setzt ein sonderbarer Zug die Geister in Bewegung, der Landsturm von Posemuckel hält große Parade und die Jungen, ich wollte sagen die alten Hausmütterchen begleiten ihre werte Ehehälfte zum Plei." *(Der Plei liegt im Zentrum und ist Waldfeuchts Platz schlechthin)* "So ist es recht! Freude in Ehren, kann niemand wehren."

Arnolds Gesundheit bessert sich. Vermutlich 1892 entschließt sich Arnold endgültig als Spätberufener doch noch Missionar zu werden. Er geht aber nicht in das Kloster nach Issoudun, sondern in ein vom Orden erworbenes Kloster in Antwerpen-Borgerhout. Christian, der am 4. September 1889 sein *Ewiges Gelübde* abgelegt hatte, seitdem ein Ordenskleid trägt, ist inzwischen von Issoudun nach Antwerpen versetzt und dort als "Professor" und Musiklehrer tätig. Im Alter von 18 Jahren hatte er sich der Genossenschaft der "Missionare vom Heiligsten Herzen Jesu" auf Lebenszeit verpflichtet.

Arnold darf, als er in Antwerpen studiert, in seiner Freizeit singen und spielen, der "Gerstensaft" fehlt allerdings. Christian bestätigt seine und Arnolds Ambitionen: "Arnold erschien zweimal auf der Bühne als Petrus und sang auch ein schönes Solo. Meine Wenigkeit musste während der fünf ersten Szenen den Evangelist vertreten und hatte recht viel zu singen. Euch darf ich es wohl recht offen sagen, weil hier das Sprichwort 'Eigenlob st.... ' nicht gelten soll. Wie gerne hätte ich den Oheim *(Küster Josef Janssen)* und einige Mitglieder des Gesangvereins unter den Zuhörern gesehen."

Das Werk des Jules Chevalier

Als Christian Janssen im Januar 1884 in Issoudun das Kloster des Gründers des Ordens vom *heiligsten Herzen Jesu* erreicht *(die Anfänge der Kongregation begannen erst dreißig Jahre vorher)* ahnt er noch nicht, dass er einmal zu den Führern des jungen Ordens gehören wird.

Jules Chevalier hat 1854 in Issoudun eine kleine Gemeinschaft gegründet, die den Menschen mitteilen soll, dass Gott Liebe ist. Sein Ziel ist die Erziehung und Unterrichtung der Armen und die Missionierung der Bewohner ferner Länder. Der Priester erhält vom Erzbischof, Kardinal Dupont, die Genehmigung, seine Kongregation "Missionare vom heiligsten Herzen" zu nennen.
Der Gründer will weder Verdienste anhäufen noch Regeln um der Regeln willen schaffen, er will nur in einer Zeit, in der der Auszug aus den Dörfern beginnt und die entstandenen Arbeiterviertel in den Städten zu verelenden beginnen, gegen die allgemeine Gleichgültigkeit und gegen den Egoismus kämpfen.
Gott ist für ihn aus dem Mittelpunkt gerückt worden. Nach seiner Ansicht ist mit der Auflösung der festen Bindung an die Religion auch der Halt für viele Menschen verloren gegangen. Chevalier erkennt eine Gesellschaft, auf die das Schriftwort passt: "Als Jesus all diese Menschen sah, hatte er Mitleid mit ihnen, denn sie waren müde und erschöpft wie Schafe, die keinen Hirten haben."

Frankreich erlebt nach Jahrzehnten Revolution, Kirchenverfolgung, Kriegen und Unruhen ein Phänomen: hunderte und aberhunderte von religiösen Orden werden gegründet. Die meisten Kongregationen beschränken sich auf lokale Gegebenheiten in einer der 60 Diözesen, die Frankreich noch hat, andere verschwinden wieder. Chevaliers Orden, der auf eine kleine Gruppe im Seminar zurück reicht, auf die "Ritter vom heiligsten Herzen" *(Chevaliers du Sacré-Coeur)* gehört zu denen, die überleben. Die Gemeinschaft überlebt deshalb, weil es Chevalier weniger um den Geist der Buße, sondern um Glaubwürdigkeit, nicht um abschreckende Strenge, sondern um liebevolles Verständnis geht.

Jules Chevalier wird am 15. März 1824 in Richelieu, im heutigen Department Indre-et-Loire geboren. Die Stadt Richelieu schließt sich dem Schloss des berühmten Kardinals an. Der Kardinal ließ seinerzeit alle Häuser der Stadt auf einer Grundfläche von 700x500 Metern für seine zahlreiche Dienerschaft bauen. Die Häuser sind alle gleich und die Straßen sind rechtwinklig zueinander ausgerichtet, eben eine Stadt, wie sie auf dem Reißbrett geplant worden ist. Der Ordensgründer wächst in der langweiligen Stadt auf.
Wie später der zwölfjährige Arnold Janssen, fasst auch Jules Chevalier am Tag der 1. heiligen Kommunion den Entschluss, Priester zu werden: "Auf dem Rückweg von der Kirche strömte mein Herz vor Freude über."

Bei Chevalier ist es allerdings nicht die Gesundheit, die ihn hindert den Entschluss in die Tat umzusetzen, sondern es sind die Finanzen der Familie, in der zwölf Kinder ernährt werden müssen. Die Lage der Eltern lässt für den Sohn kein Studium zu, sie können die erforderliche Pension für das Seminar nicht aufbringen.
Wie Arnold, fasst Jules nun den Entschluss, erst eine Lehre zu beginnen. Diese Entscheidung wird später vom Biograph Jean Tostain als typisch für Jules Chevalier bezeichnet, der, als er sein Ziel nicht sofort verwirklichen kann, als Umweg eine Schuhmacherlehre beginnt, das einmal gefasste Ziel auch nicht aus den Augen verliert, als er als Schuhmachergeselle arbeitet. Der Grundbesitzer, der seinen Vater als Forstaufseher einstellt, finanziert schließlich sein Studium.
Jahre später, in den Priesterseminaren in St. Gaultier bei Blanc und in Bourges, festigt sich sein Entschluss, Issoudun, das als typisches Beispiel für eine Festung der Gleichgültigkeit gilt, für die katholische Kirche zurück zu gewinnen. Schon 1830 hatte der damalige Pfarrer Crozat geschrieben: "Die moralische Revolution ging hier tiefer als anderswo. Nirgendwo gab es einen vollständigeren Bruch mit der Vergangenheit."
Nachdem er am 14. Juni 1851 zum Priester geweiht worden ist, drei Jahre in verschiedenen Gemeinden der Diözese Bourges als Kaplan gearbeitet hat, wird er endlich als Vikar nach Issoudun versetzt. Er findet dort einen zweiten Vikar vor, den er als eifrigen Anhänger der *Chevaliers du Sacré-Coeur* vom Priesterseminar in Bourges her kennt, den Abbé Maugenest. Nach einigen Monaten trägt Jules Chevalier dem Vikar seine Absicht, einen Orden zu gründen vor, sagt wörtlich:
"Zwei Wunden ätzen unser unglückliches Jahrhundert: die Gleichgültigkeit und der Egoismus. Es bedarf eines wirksamen Mittels, diese beiden Übel zu heilen. Dieses Heilmittel findet man im heiligsten Herzen Jesu, das nur Liebe und Nächstenliebe ist. ... Man braucht also Priester, die sich mühen, es bekannt zu machen. Sie werden den Namen Missionare vom heiligsten Herzen Jesu tragen." Maugenest, der sich schon vorher mit dem Projekt beschäftigte, ist begeistert. Sie tragen gemeinsam ihrem alten Pastor M. Crozat die Absicht vor. Als dieser sein Einverständnis gibt, wird am 8. Dezember 1854 der Orden gegründet.
Der Erzbischof, Kardinal Dupont, ist am 4. Juni 1855, nach einer Bedenkzeit, einverstanden. 1857 wird die Kapelle zu klein und Jules Chevalier entschließt sich, eine neue Kirche zu bauen. Unerwartet steht Jules Chevalier aber alleine, als Abbé Maugenest nach Bourges versetzt wird. Trotz dieser Versetzung gehen die Jahre von 1859 bis 1869 als die "glorreichen" in die Geschichte des Ordens ein. 1863 wird der *Messager du Coeur de Jésus* (Herz-Jesu-Bote) herausgegeben und am 2. Juni 1864 die Basilika *Notre Dame du Sacré-Coeur* von Bischof de la Tour d'Auvergne eingeweiht. Pilger aus ganz Frankreich kommen. 1869 genehmigt der Papst die Kongregation der *Töchter unserer lieben Frau vom heiligsten Herzen Jesu*.

Jules Chevalier (geboren 1824) Gründer des Ordens MSC, Missionarium Sacramentissimi Cordis Jesu *(Missionare zum heiligsten Herzen Jesu)*. Er erlebt mehrere Verfolgungen und stirbt 1907, nachdem er bei einer Vertreibungswelle gewaltsam aus seinem Pfarrhof vertrieben worden war.

Am 2. Juni 1864 wird die Basilika zu Ehren der Mutter Gottes unter großer Anteilnahme der Bevölkerung und des Klerus, der aus ganz Frankreich angereist ist, eingeweiht. Aber schon 1880 erlebt die Kirche ihren ersten Sturm. Das Portal wird am 5. November 1880 gewaltsam von einem, von der Regierung beauftragten Polizeikommissar, durch einen Schlosser öffnen lassen. Eine gewisse Zeit bleibt die Kirche geschlossen.

Als Christian Janssen 1884 Issoudun erreicht, ist die Kirche wieder geöffnet. Er wohnt neben der Basilika in einem Internat. Er wird dort ausgebildet. Jeden Tag besucht er während seiner Issouduner Zeit eine Messe in der Kirche und beteiligt sich an den dort dargebotenen Gesängen.

Zwei Selfkant Missionare

Nachdem Christian Janssen von seinem Oberer in Antwerpen die Erlaubnis erhalten hat, zur Waldfeuchter Herbst-Kirmes seine Eltern zu besuchen, fährt er an einem Samstagmorgen im Spätsommer 1893 mit der Bahn nach Maastricht. Dort steigt er um und nimmt einen Zug, der über Sittard nach Echt, Roermond und weiter fährt. Die Station Echt erreicht er am frühen Nachmittag.

Von der Bahnstation aus muss er etwa zehn Kilometer bis zu seinem Elternhaus in Waldfeucht zu Fuß zurück legen. Unverzüglich macht er sich auf den Weg, hat bald Echt und Peij hinter sich und nach einer knappen Stunde auch die Pepinusbrug *(Pipin soll sie erbaut haben)* überquert. Nach einer weiteren halben Stunde nähert er sich der Kreuzung Echterbosch. Diergaarde liegt links, Koningsbosch südlich von ihm.

Christian erkennt schon vor dem ersten Haus von Echterbosch *(Echterbusch, früher Echterwald)* den Turm der Waldfeuchter Lambertus-Kirche. Er befindet sich vor dem Haus von Kann *(heute Waldfeuchterbaan Nr. 108)* von Ägidius Peulen. Das Haus wird nach Bedarf eine Herberge und verfügt auch über einen Winkel *("Wenkel" Dialekt = kleines Kolonialwarengeschäft).*

Kurz nach dem Haus von Kann wird die Waldfeuchter Baan, ein unbefestigter Weg, von der heutigen Princebaan, ebenfalls unbefestigt, gekreuzt. Der kreuzende Weg führt aus Koningsbosch *(dem ehemaligen Königsbusch)* heran und verliert sich als Sandweg in den nördlichen Wald in Richtung Putbroek. Direkt hinter der Kreuzung in Richtung Waldfeucht steht links hinter der Kreuzung ein Eckhaus, das 1857 vom Niederkrüchtener Peter Heinrich Veger erbaut wurde. Es steht sowohl an der Waldfeuchter, als auch an der Princebaan, in ihm werden Café, Gastwirtschaft und Herberge betrieben. Weiter in Richtung Waldfeucht, schließt sich auf der linken Seite ein Haus an, das 1908 von einem Waldfeuchter Namens Wilhelm Lennartz gekauft wurde. Die drei Häuser bilden das Zentrum von Echterbosch.

In Richtung Waldfeucht passiert Christian Janssen noch vier weitere Häuser, die auch ausschließlich von Deutschstämmigen bewohnt werden. Nach dem Haus Lennartz kommen zunächst Felder, dann, auf gleicher Höhe, liegt rechts das Haus des Andreas Houben, eines Urgroßvaters von mir, der mit Josepha Schmitz verheiratet ist. Das Haus wurde 1864-1865 erbaut. Gleich gegenüber, auf der anderen Straßenseite, liegt das Haus seines Neffen, Peter Houben. Das Haus wurde 1870 im gleichen Stil wie das seinige gebaut.

In Waldfeucht erfährt Christian Janssen, dass am 1. Mai 1893 Anna Houben *(Tochter von Andreas)* im Wald zwischen Roermond und Echterbosch, bei Putbroek, ermordet worden ist. Sie hatte den Zug nach Echt verpasst und sich nachmittags zu Fuß von ihrer Arbeitsstelle in Roermond auf den Heimweg begeben, um mit ihren Schwestern tags darauf nach Bocket zu gehen. *(Näheres über das Drama bei Putbroek, siehe Houbengeschichte.)*

Noch bevor er an den Houben-Häusern vorbei ist, sieht Christian schon das holländische Zollamt. Es liegt direkt an der deutschen Grenze auf der rechten Seite. Ab hier wird die Waldfeuchter Bahn deutsch. Auch die Felder links von der Straße gehören jetzt zu Deutschland, während die Felder, die rechts der Straße liegen, zu Holland gehören. Christian kennt "het Grenskantoor", denn der Sitz des "Rijksontvangers" war schon 1870 errichtet worden.

Einige hundert Meter hinter dem holländischen Zollamt steht das letzte Haus auf holländischem Gebiet. Im anschließenden Garten teilt die Grenze deutsches von holländischem Gemüse, auf der dahinter liegenden Obstwiese wachsen auf verschiedenen Bäumen halb deutsche und halb holländische Äpfel.

Als Christian nach Issoudun ging, stand dieses Haus noch nicht, es ist soeben bezogen und wurde erst 1892 erbaut, wird jetzt von einer Familie Peulen, die aus Waldfeucht stammt, bewohnt. – Christian geht nun auf den deutschen Schlagbaum zu. Die Zöllner verzichten auf eine Kontrolle, als sie einen jungen Geistlichen erkennen, heben den Schlagbaum und geben den Weg zum Brabanter Tor, dem *Untertor* Waldfeuchts, frei. Wie Christian dann in Waldfeucht empfangen wird, spiegelt sich auch in der Korrespondenz von Arnold und Christian an ihre Eltern und Geschwister wider, aus der einige Abschnitte zitiert werden. Aus ihr geht hervor, dass Christian nach drei euphorischen Tagen mit Familie und Freunden in sein Kloster zurückkehrt. Mutter und Schwester schnüren noch ein Paket für Arnold, der keine Erlaubnis zum Verlassen des Klosters erhielt. Mit diesem und dem eigenen bepackt, tritt Christian seine Rückreise nach Antwerpen an.

Da das Wetter umgeschlagen ist, leiht Christian sich einen Regenschirm, den er, nachdem er die Echter Station wieder erreicht hat, dem Bahnhofsvorsteher zur Bewahrung aufgibt, ein jüngerer Bruder soll ihn in den nächsten Tagen abholen. In Antwerpen trifft er seinen Bruder Arnold wieder. Christian erzählt das Neueste aus Waldfeucht und überreicht das Kirmespaket seiner Familie. Arnold bedankt sich am 26. September 1893:

"Ich war während seiner *(Christians)* Abwesenheit nochmals ganz in Eurer Mitte und habe Euren Gesprächen gelauscht. Auch hörte ich, daß ich so ein großes Loch in den Schinken gemacht habe. Ich danke bestens für die übersandten Leckerbissen und hoffe, daß die diesjährigen Schweine nicht schlecht ausfallen werden. Fladen und Platz haben auch nicht schlechter gemundet und ich grüße die diesbezügliche Kunst der Mutter. – Gertrud *(seine Schwester)* kann auch an diesem Lob teilhaben. – Die Fortschritte der Waldfeuchter Musikkapelle kann Christian nicht genug loben."

Der "Spätberufene" Arnold lernt zusammen mit Mitschülern, die noch im Kindesalter, bestenfalls heranwachsende Jugendliche sind. Er hat keine gleichaltrigen Gesprächspartner unter den Schülern und Christian ist sehr beschäftigt, unterrichtet und muss sich auf den Unterricht vorbereiten. Es bleiben nur wenige Augenblicke

1892 lassen sich das Ehepaar Reiner Wilhelm und Odilia Janssen aus Waldfeucht und Söhne Christian (links) und Arnold zusammen in Heinsberg fotografieren. Arnold gibt seine Stelle als Notariatsgehilfe in Heinsberg im gleichen Jahr auf und will, wie sein Bruder auch, im Orden MSC Priester werden. Der 23-Jährige gilt als "Spätberufener".

für brüderliche Gespräche, jeder ist mit eigenen Problemen bis über die Ohren beschäftigt, schließlich hat Arnold das Abitur nachzuholen. Man liest Arnolds innere Unruhe zwischen den Zeilen, es fällt ihm schwer sich zu konzentrieren: "... jedoch der Himmel verdunkelt sich wieder und bringt meinen Gedankenkasten in Verwirrung. ... Meine rechte Hand ist ganz widerspenstig und will meine Gefühle nicht schnell genug niederschreiben. Für das neue Jahr hoffe ich auf Kraft von Oben, ohne welche wir nichts vermögen." Ungeduldig steht er eigenem Wissen und eigener Leistung gegenüber, das Priesterwerden geht ihm zu langsam. Sein aktiver Verstand ordnet sich nur schwer den Regeln des Ordens unter. Er flieht zur *Mutter Gottes* und stimmt einen Lobgesang auf eine Abschlussfeier an, die zu Ehren "unserer Lieben Frau" veranstaltet worden war.

"Kein Wunder daher, daß an diesem Tage die Wonne und innere Freude auf den Gesichtern aller ersichtlich war. Indessen hatte Gottes weise Vorsehung uns für diesen Tag noch eine außergewöhnliche Freude und Gnade aufbewahrt, ein in den letzten Tagen geweihter Priester unserer Congregation trug nämlich zum ersten mal vor unseren Augen das heilige Messopfer aus und erteilte uns seinen priesterlichen Segen. Ihr wisst ja welche Freude herrscht, wenn eine Familie das Glück hat, eines seiner Mitglieder zum ersten male als gesalbten des Herrn zu sehen; ich darf wohl ohne Eigenlob sagen, daß man im Kloster Lehre und Glück noch viel besser zu schätzen weiß und daher die Freude eine Größere sein muß."

Arnold ist inzwischen 24 Jahre alt und kommt sich zeitweise wie im Kindergarten vor. Er fühlt sich wie der "Arbeiter im Weinberge des Herrn, der um die elfte Stunde eintraf und doch seinen Zehner erhielt."

Sein Bruder Fritz hat den Antwerpenern von der Kinderkommunion des Jahres 1893 berichtet. Das erinnert Arnold an die eigene des Jahres 1881, an die Bittprozession und die "Gebetskraft der Kommunionskinder", als er am "feierlichen Zug durch Felder und Fluren" dabei war:

"Hier hat auch eine schöne Prozession innerhalb unseres Parkes stattgehabt; denn wie Euch bekannt ist, hat man im fortschrittlichen Belgien alle Festtage, welche auf einen Werktag fallen, auf den Sonntag verschoben; diese Sparsamkeit behindert jedoch nicht den Montag blau zu machen à la mode de Paris. 'Allaaf Waldfeucht'. Heute morgen haben wir der Prozession in der Stadt angewohnt" (*Arnold schreibt den Brief in Raten, unterbricht und setzt mit diesem Abschnitt an einem Sonntagabend fort*) "dieselbe war lediglich aus Corporationen zusammengesetzt woran jedoch außer den Trägerinnen der Statuen keine Frauenpersonen teilnahmen. Der Schmuck der Fahnen war sehr reich; aber der Gesang ließ viel zu wünschen übrig und anstatt eines herrlichen Chorals sausten uns einige schmetternde Conzertstücke seitens der beiden Musikkapellen um den Kopf. Anstatt sich andächtig umgeben zu sehen, läuft eine Menge Neugieriger an der Prozession auf und ab und klatscht wie ein Marktweib.

Solche Handlungsweise ist zu Hause fremd und auch in Sittard habe ich mit Franz *(ältester Bruder)* einer großen Fronleichnamsprozession angewohnt, von deren Ordnung Franz noch zu erzählen weiß: Er machte mich nämlich bloß auf die Musik aufmerksam, und wir hatten schon die Polizei am Kragen."

Noch einmal legt Arnold eine Schreibpause ein und setzt den begonnenen, schon einmal unterbrochenen Brief am 31. September fort: Er berichtet nun von der Einführung eines neuen Superiors, zu dessen Ehre ein Passionsspiel aufgeführt wurde, und von einem Schutzengelfest. Dann spricht er von seiner und von Christians Zukunft:

"Allem Anschein nach bleiben Christian und ich noch ein Jahr hier; bis heute wissen wir jedoch noch nichts Festes."

Der Brief wird noch einmal unterbrochen. Er kommt erst am 5. Oktober dazu, eine kurze Notiz zu machen:

"Die Sache ist ins Schwanken geraten und kommt verdächtig vor. – wie Gott will!"

Noch ein viertes Mal muss er wegen einer Firmpatenschaft unterbrechen, die er für einen jüngeren Schüler zu übernehmen hat. Erst am 7. Oktober kann er den Brief abschließen:

"Deo gratias! – Alle Zweifel sind gelöst; unsere Klasse bleibt hier und ich kann noch ein Jahr in diesem Kloster verleben. Christians (Entscheidung) ist mir unbekannt und ich überlasse es ihm Euch Mitteilung zu machen. Betet fleißig mit mir, damit ich das heutige Schuljahr zur größeren Ehre Gottes und zum Heile meiner Seele gut zubringen möge. Alle meine Kräfte seien Gott geweiht; er möge sie erhalten und vermehren."

Aber damit ist der Brief noch nicht abgeschickt. In Antwerpen rechnet man mit jedem Pfennig. Der Brief landet auf Christians Schreibtisch und bleibt für Wochen dort liegen. Christian entscheidet, wann der Brief abgeschickt wird. Erst mit einem, den er selbst schreibt, schickt er beide Briefe in einem Umschlag an seine Eltern.

Er ist der gesündere, disziplinertere und überlegene. Er bespricht seine Enttäuschung darüber, dass er seine Priesterstudien noch nicht fortsetzen darf, nicht einmal mit Arnold. Erst nach dem 2. Weltkrieg, als sich seine Karriere dem Ende zuneigt, erwähnt er die Zeit, in der er als Lehrer in Antwerpen bleiben musste, gegenüber nahen Verwandten:

"Ich hätte lieber weiter studiert. Aber der Superior wollte, daß ich noch für einige Zeit als Lehrer in Antwerpen bleibe. Was blieb einem da übrig? Man hat etwas still vor sich hin geweint. Aber das wars."

Christian ist 1893 dem Orden als Lehrer in Antwerpen zu wertvoll. Er lässt ihn noch nicht in Salzburg oder Rom studieren. Am 30. Oktober meldet er die Entscheidung nach Waldfeucht. Seinem Brief fügt er den bereits geschriebenen von Arnold bei:

"Niemals werdet Ihr mit größerer Ungeduld einen Brief von uns erwartet haben. Wusstet Ihr doch nicht einmal wo wir uns befanden. Zu Eurer und unserer Freude sind wir zusammen geblieben. Arnold setzt seine Studien eifrig fort und ich bin als Professor *(professeur, französisch, Lehrer)* und Musiklehrer tätig. – Zwar kann ich meine Priesterstudien nicht fortsetzen; bin aber in der Lage manche Kenntnisse zu erwerben und recht viel Gutes zu wirken. Möge der liebe Gott meine Arbeit segnen! Ich werde wahrhaftig ochsen müssen, da die Zahl meiner Schüler auf einmal verdoppelt worden ist. Die meisten Schüler von Tilburg und Salzburg sind nämlich nach Antwerpen gekommen und somit zählt unser Liebeswerk gegenwärtig nicht weniger als 118 Zöglinge, worunter beinahe 10 Deutsche. Daß bei soviel Volk die Beschäftigung am Wenigsten fehlt, lässt sich wohl denken.

Ich habe Euch noch nicht mitgeteilt, daß ich meine ewigen Gelübde schon abgelegt habe, also ganz und gar von der Welt Abschied genommen habe und dem hh. Herzen auf ewig gehöre. – Für das Wenige, daß ich schenke, belohnt er uns reichlich und überschüttet uns mit Gnaden für die Zeit und für die Ewigkeit. Ich will mein Gelübde treu halten und mich der göttlichen Gnade würdig machen."

Der 22-jährige Christian geht konsequent seinen Weg. Der Orden nutzt seine Arbeitskraft bis ins Letzte, achtet aber auch auf seine Gesundheit, die Einhaltung der Pausen, die kleinen Spaziergänge im Garten und auf knappen, ausreichenden Schlaf. Die Arbeit überschäumt Heimweh und Sehnsüchte. Schon jetzt zieht der Orden ihn zu einer Führungspersönlichkeit heran. Seine Zeit ist so angespannt, dass er nur wenige Minuten Zeit hat, Waldfeucht zu informieren. Briefe kann er nur in Etappen schreiben, muss eisern sparen, auch an Porto und an Papier. Es gibt keine Verschwendung. So ist es auch mit dem Brief, den er am 26. beginnt und erst am 31. September beendet. Selbst für die Schlusssätze benötigt er mehrere Ansätze:

"Letzter Zeit hat sich vieles im Kloster zugetragen, aber nicht viel Interessantes für Euch. Arnold hat in seinem Briefe, der nun schon seit mehreren Wochen auf meinem Pulte liegt, die hauptsächlichen Neuigkeiten mitgeteilt. Warum ist aber der Brief nicht eher abgegangen? Ich meinte es wäre besser zu warten, bis wir einmal an einem festen Platz wären. Da es jetzt bestimmt ist, daß wir in Antwerpen bleiben, so beeile ich mich, Euch zu beruhigen. Ich schreibe diese Zeilen beim Schein der Lampe. Die Schüler und die meisten Kollegen schlafen schon und auch ich muß mich zu Bett begeben, weil die Regel es so will. Ich habe jetzt mit der Zeit recht karg zu sein, wenn ich all meine Arbeiten verrichten will. Der Schlaf wird mich für die morgigen Beschäftigungen stärken und meinen müden Augen etwas Ruhe verschaffen. Gute Nacht Eltern und Geschwister! Schlaft ruhig unter dem Schutz der Engel."

Am nächsten Morgen bleiben ihm nur wieder einige Minuten für den Brief:

"Ich bin schon auf den Beinen und komme gerade aus der hl. Messe. Neben mir liegt ein Paketchen Hefte, ich muß nämlich soviel als möglich, vor dem Frühstück noch französische Erzählungen verbessern, erlaubt mir deshalb meinen Brief wiedermals bei Seite zu legen und Euch für einige Stunden zu verlassen."

Eine gute Stunde vor Mittag kann er den Brief endlich beenden:

"Auf unserer Uhr ist jetzt ein Viertel vor 11. Heute Morgen hatte ich zwei Stunden Unterricht erteilt und muß mich nach einer kurzen Pause zur Gesangstunde begeben. Das Mittagsmahl wird herrlich schmecken, besonders da wir um 10 Uhr nichts bekommen.

Übrigens ist heute Fasttag und obwohl ich wegen der anstrengenden Arbeit nicht zu fasten brauche, so wird doch ein wenig Abtötung an der Stelle sein. – Morgen wird Arnold auch schreiben. Ich werde ihm sagen Euch recht viel über die Exerzitien der Schüler und über die Veränderungen im Kloster zu schreiben. – Ich kann vorläufig noch keine Briefe schreiben, wie an Herrn Görtz oder Tante Ida, da sich die Beschäftigungen über alle Maße vervielfältigen. Es wäre mir lieb, wenn Fritz mir bald das Sängersgebet übersände. Hätte der Oheim keine Adressen für 5, 6, 8 stimmige Messen für gemischten Chor? Wir haben jetzt Stimmen in Hülle und Fülle. Aber das widerliche Abschreiben, welches mir soviel Zeit raubt. Nun will ich einmal nach dem Ablaufe meiner Nachfragen beim Echter Stationschef fragen? Was ist aus dem Regenschirm geworden? Wäret Ihr glücklich genug gewesen ihn wieder zu erhalten? Zum Schlusse biete ich dem Vater und dem kleinen Reiner meine herzlichsten Glückwünsche zum kommenden Namensfeste dar und verspreche ihm meine herzlichsten Gebete.

Dankt nochmals den Waldfeuchter Musikanten für Ihr herzliches Conzert. Grüßet auch gefälligst Herrn Görtz und die ganze Familie. Indem ich aufrichtig grüße, verbleibe ich beim hl. Herzen Jesu

Euer Euch liebender Sohn und Bruder
Christian Janhsen M.S.C.J."

Diesmal antworte Reiner Wilhelm nicht sofort. Auch seine Zeit ist rar. Außerdem hat der eine oder andere Gönner, der nicht weiß, wie knapp Christians und Arnolds Zeit bemessen ist, ihm zu verstehen gegeben, dass er zwar nicht viel, doch zumindest ein kurzes Dankschreiben erwartet hätte. Es wurmt ihn, dass man die Sympathie eines Gönners nicht behutsamer pflegt.

Er antwortet nicht umgehend, entschließt sich dann doch. Das Hinauszögern wirkt. Schon zwei Tage nach Eingang des väterlichen Briefes antwortet Christian:

"Ihr könnt Euch kaum denken, mit welcher Spannung und Ungeduld wir auf Euren Brief harrten. Seit einigen Tagen waren bei meinen Zusammentreffen mit Arnold meine ersten Worte: 'Noch keinen Brief empfangen?' Jedoch haben wir beim Warten nichts verloren und Eure guten und zahlreichen Mitteilungen haben uns aufs höchste erfreut ... Lieber Vater. Arnold bemerkte mir beim Lesen Deines unterhaltsamen Briefes, daß Deine Schrift noch schöner wird. Wir freuen uns zu sehen, wie Gott Euch noch immer gesund und munter bleiben läßt und Ihr gleichsam wieder verjüngert werdet."

Mit Heiland, Gnade, Gottes Freunde, reichlichem Segen und großen Wohltaten, die der Familie zuteil werden, spinnt Christian sein Briefgewebe weiter, bis ihm selbst auffällt:

"Ihr findet diese Worte vielleicht ein wenig zu sehr im Kanzelstile geschrieben, aber ich kann nicht umhin ..."

Und weiter gehts mit dem Wohlwollen Gottes, dem gütigen Vater, dem Ansporn zu heiligem Leben und den Dank für alles, was von "Oben" kommt. – Schließlich landet Christian auf realem Boden und gratuliert seinem Bruder Franz zum Namenstag, bedankt sich für den Brief seiner Schwester Gertrud und bittet "recht oft einige Nachrichten aus der Heimat" mitteilen zu wollen. Dann berichtet er seinem "kleinen Reiner", dass in Antwerpen der Nikolaus zwar nicht reitet, ihm aber ihm ins Ohr geblasen hätte: "Wenn der Reiner recht fromm ist, fleißig lernt und gut gehorcht, so werden wir ihn gut bescheren."

Er solle nur acht geben. Ein schönes Bildchen werde er ihm erst im nächsten Brief mitschicken. "Ich muß noch hinzufügen, daß Sankt Nikolaus besonders gut ist für diejenigen Kinder, die in der Kirche nicht lachen, nicht schwätzen, sondern fleißig beten und den Mitschülern das gute Beispiel geben. Der heilige Mann *(St. Nikolaus)* sieht Dich viel besser als ich und behält alles was Du tust."

Kinder ermahnen gehört zu Christians Alltag. Er beaufsichtigt die Schüler, spricht mit ihnen in Deutsch, Holländisch oder Französisch, aber steht über den Schülern, die bis auf Arnold, alle jünger sind als er. Sie sind für ihn, wenn es um persönliche Dinge geht, keine Gesprächspartner. Selbst mit Arnold spricht er nicht über diese Dinge. In einem Alter, in dem sich seine älteren Brüder Franz und Eduard nach Mädchen umsehen, sogar bindende Verhältnisse anzustreben beginnen, ist das weibliche Geschlecht für ihn tabu. – Der Orden lässt ihn erst gar nicht zum Grübeln kommen, deckt ihn mit Arbeit vom frühen Morgen bis zum Schlafengehen ein. Er hat sich schon vor vier Jahren fest gebunden und in diesem Jahr seine *Ewigen Gelübde* abgelegt. Trotzdem schreibt er:

"Mein Leben ist einsamer denn je. Zum Beispiel während dieser Woche bin ich Aufseher bei den Schülern, muß deshalb dieselben vom frühen Morgen bis zum späten Abend begleiten, kann nur hie und da mit den anderen Professoren und Patres ein Wörtchen wechseln und fühle mich gleichsam an die Regel festgebunden. Natürlich ist ein solches Leben hart und ermüdend, wird aber auch, wie ich hoffe, einstens reichlich belohnt werden. – Wär ich nur etwas geduldiger und verdürbe nicht allzu oft meine guten Werke durch meine Heftigkeit und Ungeduld. Ihr wißt ja, daß ich 'von Quecksilber' bin. Betet ein wenig für mich, auf daß ich trotz meiner Fehler doch ein Heiliger werde und mit Euch allen einstens ein glückseliges, ruhevolles Leben führen kann. Vorher muß ich jedoch viel zur Ehre Gottes wirken und ertragen. Aber je

größer die Mühen, desto größer der Lohn.

Da ich im Laufe des Monats nicht schreiben kann, so drücke ich Dir, teure Mutter im voraus meine herzlichsten Glückwünsche zu Deinem kommenden Namensfeste aus und verspreche Dir, manches eifrige Gebet für Dich und den Vater zu verrichten. Ich gratuliere auch der Großmutter zu Ihrer Genesung und glückwünsche die Tante aufs herzlichste – Indem ich Euch allen bestens empfehle, verbleibe ich im hh. Herzen Euer Euch liebender Sohn und Bruder Christian.

Viele Grüße an den Wohltäter, an die ganze Familie, an den Küster, insbesondere an den hochwürdigen Hern Kaplan, an Herrn Hack und an Herrn Lehrer Tora."

Auch Arnold beeilt sich zu antworten. Ihm wird "schon heute *(3. Dezember 1893)* Gelegenheit geboten Euren lieben Brief von vorgestern zu beantworten." Zunächst gratuliert er seinem Bruder Franz zum 29. Namenstag, erwähnt auch das Cäcilienfest in Waldfeucht, das für den Gesangverein immer größere Bedeutung gewinnt, und er zählt von einem Passionsspiel, das zu Ehren des Missionars Botemps aufgeführt wurde, "der mit zwei 15-18 Jahre alten Wilden hier weilt." Der Pater habe von seiner Mission erzählt und seine beiden, ihn begleitenden Baininger ein Liedchen singen und in französischer Sprache das *Ave Maria* beten lassen. Anschließend hätten "die beiden Wilden unter den Anwesenden eine nette Beisteuer gesammelt.

Am folgenden Morgen habe ich angesehen, wie sie bei der hl. Messe dienten; sie hielten sich derart, daß sie manchem Weißen als Muster vorgestellt werden könnten."

Vom 27. November stammt Christians letzter Brief aus 1893. Sobald er auf die Musik zu sprechen kommt, eilen seine Gedanken nach Waldfeucht. Er hat von seinem Onkel aus Waldfeucht Noten erhalten, will sich dafür revanchieren und dem Organisten Josef Janssen ebenfalls Noten zuschicken. Am Vorabend hat er mit dem Abschreiben von Gesängen begonnen:

"Hoffentlich wird er damit zufrieden sein. Es sind von den schönsten Chören, die ich je gehört habe und, ich wage beizufügen, die nur aufzuweisen sind. Es wäre mir lieb, wenn ich später etwas darüber vernehmen könnte, vielleicht selbst auf einem Festprogramm sie verzeichnet zu sehen. Der Chor 'Geh ein zur Ruh' wäre das schönste Grablied, das man einem Mitglied eines Gesangvereins als letzten Gruß zurufen könnte. Mein Wunsch ist jedoch keineswegs, daß es als Grablied gebraucht werde. Es wäre schlecht von mir, den Tod eines dieser wackeren und ehrenwerten Männer herbeizurufen. Aber des Todes Sichel ist immer in Bewegung. Hatte sie mir ja beinahe die Gurgel abgeschnitten."

Christian schildert nicht die näheren Umstände seines Missgeschicks, sondern schreibt weiter über Chöre und schlägt vor:"Herr Heinen könnte sie ja instrumentalisieren. Natürlich will ich die Waldfeuchter Tonkünstler nicht zwingen, meine Ansicht zu teilen. Bin ich doch nur ein armseliger Musikus, der sich einfach eine große Lust am Singen und einen ziemlich guten Geschmack nicht absprechen lässt. Findet mein Oheim, daß mein Wunsch nicht ausführbar ist, so kann er ja meine Musikblätter auf Seite schieben oder sie Fritz schenken: Meine Absicht ist, dem verehrten Dirigenten eine Gefallen, wo möglich, einen Dienst zu erweisen und ihm meinen Dank auszudrücken für die schönen Gesänge, die er mir zukommen ließ und wovon wir mehrere mit gutem Erfolge aufführten."

Christian lässt nicht locker, ringt um seine Anerkennung als Musiker in Waldfeucht. Er serviert dem Onkel, dem Halbbruder von Reiner Wilhelm, Musikstücke und wirkt damit in den Kreis der Waldfeuchter Musikfreunde hinein, wie seinerseits Josef Janssen die Aufführungen im Kloster Antwerpen-Borgerhout beeinflusst. Christian bestätigt, dass er Vorschläge seines um elf Jahre älteren Onkels, des 33-jährigen Küsters und Organisten von Waldfeucht übernimmt. So des 'Sängers Gebet', das wohl auch im Laufe des Jahres aufgeführt werde, und schließt seinen Musikausflug mit: " Soweit meine Gespräche über die Musik," wechselt aber immer noch nicht das Thema und berichtet noch einmal, dass er Noten abzuschreiben habe. Der Brief endet aber für uns abrupt, weil eine Seite im Laufe der Zeit verloren geht.

Arnold rafft sich am 4. Februar zu einem recht umfangreichen Brief auf, der sowohl ein harmonisches als auch ein aufgeschlosenes Familien- und Vereinsleben bestätigt. Die Familie Janssen ist 1894 fest im Kulturleben Waldfeuchts verankert, das sich innerhalb und außerhalb der Kirche vollzieht. Der Ort verfügt über eine gute Musikkapelle, einen Gesangverein, es wird Theater gespielt und auch die Schützen marschieren an den Festtagen mit Flöten und Trommeln durch die Straßen.

In Waldfeucht hören nur diejenigen, die den *Leo* lesen, von der "grausigen" Kriegsgefahr, vor der Papst Leo XIII. warnt. Der Papst meint allerdings nicht den Krieg, von dem Arnold uns unten berichten wird. *Leo* berichtet auch nicht von dem Massaker, das technisch hoch gerüstete deutsche Kolonialtruppen unter Steinzeitmenschen in der Südsee anrichten, nur Arnold schreibt darüber:

"Im Anfang des Monats sind vier Missionare (ein Pater und drei Brüder) von hier aus zur deutschen Südsee-Mission ausgerückt. Ein Bruder hat uns bereits von Genua (Italien) aus einige Reiseerlebnisse mitgeteilt und versprach einen weiteren Brief von Suez (in der Nähe des roten Meeres) aus zu schicken. Wie Ihr vielleicht gehört habt, ist im September ein Krieg zwischen Wilden und der deutschen Regierung ausgebrochen. Gegen 200 Wilde haben ihr Leben gelassen; von den Soldaten ist mir nichts bekannt; auch keinem unserer Missionare ist ein Haar gekrümmt worden."

Das apostolische Riesenvikariat, das Doppelvikariat Melanesien- Mikronesien war 1881 von Papst Leo XIII. dem Gründer des Ordens MSC, Jules Chevalier, zur Evangelisation übertragen worden. Chevalier hatte mit den Worten: "Mir geschehe nach Deinem Wort" und mit "Auf Dein

Wort hin will ich meine Netze auswerfen!" auf den Papstbrief vom 25. März 1881 geantwortet. Der Papst hatte damals geschrieben:

"Seit längerem ist das Vikariat von Neuguinea verlassen. Der heilige Stuhl, der diesem Gebiete das größte Interesse entgegenbringt, wo kein katholischer Missionar sich befindet, wohl aber der Irrtum vertreten ist, wäre somit der Genossenschaft zu großem Danke verpflichtet, wenn sie die Evangelisation dieses ausgedehnten Missionsgebietes übernehmen würde. Für's erst würde genügen, einige wenige Priester hinaus zu senden, die vor allem, mit der Seelsorge der daselbst existierenden Kolonie 'Neufrankreich' betraut, Mittel und Wege finden würden, drüben eine Mission zu gründen und dem seit langer Zeit verwaisten Vikariat neues Leben einzuhauchen."

Als der 13-jährige Christian Janssen in Issoudun eintraf, waren erst drei Jahre seit dem Papstauftrag vergangen, als Arnold aus Antwerpen berichtet, noch keine zwölf. Christian, dem Arnolds Brief zur Kontrolle vorgelegt wird, kritzelt quer und fast unleserlich klein einige Sätze auf Arnolds Brief, schreibt u.a.:

"Wie steht es mit Herrn Görtz und Fritz? Der Brief vom Küster und die Antwort von Fritz sind ausgegblieben. Ich habe mir Musikalien ausgesucht und bin frei genug, mir ein Angebinde von 5 Mark zu erbitten. Im voraus vielen Dank."

Fünf Mark sind ein Betrag, den Eduard und Josef nicht einmal als Lohn für eine 60-Stunden-Arbeitswoche erhalten. Solange die Söhne beim Vater wohnen und auch von diesem beköstigt und gekleidet werden, erhalten sie nur ein Taschengeld von zwei bis drei Mark in der Woche. In Deutschland herrscht schon seit Jahren eine Rezession am Bau aber auch in anderen Sparten.

Christian selbst schreibt am 10. März 1894. Der Brief enthält Ermahnungen an seine Schwester Gertrud, doch seine Belehrungen täuschen über seine wahren Gefühle und ein für die Welt verlorenes Leben hinweg. Gleichaltrige Zeitgenossen verlieren sich in seinem Alter in Liebesbriefen. Ihm bleiben nur Briefe an Eltern und Geschwister, wie an seine ein Jahr jüngere Schwester Gertrud. Er schmeichelt ihr:

"Du hast wieder einen guten Einfall, uns einige Zeilen zu schreiben. Würdest Du glauben, daß ich bei Dir ein besonderes Talent zum Briefeschreiben finde? Wohl nie hast Du daran gedacht, Dich dessen zu rühmen. Das brauchst Du auch nicht. Es sei Dir genug zu wissen, daß Du nie zur Feder greifen wirst, ohne uns viel Freude zu bereiten. Du müßtes recht oft uns einige Nachrichten aus der Heimat übermitteln. Ihr könnt Euch nicht denken, wie reizend für uns alle ist, was von Waldfeucht, von der teuren Familie kommt. Seit einiger Zeit besonders wußten wir nicht mehr, wie es um Euch stand. Jeden Tag kam Arnold mit der Frage zu mir: ' Noch nichts von zu Hause?' Ich tröstete ihn so gut wie möglich, fügte aber auch hier und da einige Bemerkungen über Eure Nachlässigkeiten im Briefeschreiben zu. ... Ich möchte jedoch, daß die Brüder (Fritz braucht dies nicht für sich zu nehmen) auch wenigstens ein paarmal im Jahr etwas von sich hören ließen. Man würde meinen, sie seien bang vor uns, denn es wäre unlieb zu vermuten, daß sie uns keine Freude bereiten wollen oder zu faul sind. ... Ich ... hoffe jedoch, daß Du Franz, Eduard und Joseph davon benachrichtigen wirst."

Gertrud wird von den Antwerpenern als "liebe Gertrud", "liebe Traudel", "liebe Trudel" aber auch als "dicke Drüd" bezeichnet. Sie ist die zweite Frau im Haus. Acht Personen setzen sich um den Tisch, den Odilia und sie täglich decken: Reiner Wilhelm, der Vater und die Söhne Eduard, Joseph, Friedrich (Fritz) Josef Friedrich, Reiner und die beiden Frauen. Kochen, Spülen, Waschen, Bügeln, stricken, flicken, Betten machen, beten und vieles mehr, das ist das Leben von Odilia und Gertrud. Odilia ist der ruhende Pol, einig und glücklich mit ihrem Reiner Wilhelm in allen Fragen. Odilia lebt in einer Familie, die noch glücklicher sein könnte, wenn nicht der kränker werdende Fritz wäre, der von allen die meiste Zeit hat. Er beschäftigt sich mit den Geschäftsbüchern des Vaters wahrscheinlich deshalb, weil Reiner Wilhelm den intelligenten Jungen in keinem Beruf unterbringen kann.
Die Männer gehen, bis auf Reiner, ihren Berufen nach und nehmen am Waldfeuchter Vereinsleben teil. Nach harter Arbeit gehört der Feierabend dem Verein, zu gründender Familie, dem Gesang, der Blasmusik oder dem Theaterspiel. Für Briefeschreiben bleibt wenig Zeit, man lebt in der Gemeinde und nicht abgeschirmt in einem Kloster, wird täglich informiert und konfrontiert, ist außerdem Handwerker und kein "papierener Tagelöhner".

Denen im Kloster fehlt auch die Zeit, die Ausbildung neuer Missionare ist erstes Ziel. *(Papst Leo XIII. der die Einheit aller Kirchen anstrebt, hat den Orden mit der Aufgabe der Evangelisation riesiger Gebiete betraut. Er verkündet am 20. 6. 1884 die Enzyklika "Quas primas", vom Königtum Christi.)* Arnold beginnt Gründonnerstag 1894 einen Brief zum Osterfest, schickt ihn aber nicht ab, weil er nicht fertig wird. Er überschlägt sich wieder mit "Gnadenschätzen, "göttlichem Herz Jesu", "Osterkommunion" und "liebem Heiland", der in die Herzen einkehrt und schwärmt vom 40-stündigen Gebet vor den "erhabenen Tagen":
"Wieviele Familien die für glücklich durchgehen, haben von dieser Wonne keine Ahnung, geschweige denn Genuß. Darum schätze ich mich glücklich einer, mit zeitlichen Gütern nicht reich gesegneten, aber recht christlichen Familie entsprossen zu sein."
Christian übernimmt diesen Brief. Sein Orden sendet ihn nach Deutschland. Was in Waldfeucht nicht möglich ist, nämlich mit der Eisenbahn und mit der Trambahn fahren, ist in Antwerpen schon selbstverständlich:
"Ich fahre nach Gladbach, kann also Waldfeucht von Roermond aus grüßen. Die Fotografie und die Theaterstücklein folgen nächste Woche."

Joseph Janssen wird deutscher Soldat

Im Dezember 1894 erfährt Christian, dass sein Bruder Joseph zum Militärdienst einberufen worden ist. Da das Verhalten belgischer Soldaten ihm missfallen hat und er nicht will, dass sein Bruder sich einmal ähnlich benehmen wird, macht er Joseph auf die Gefahren außerhalb der Kaserne aufmerksam. Christian, der selbst nie Soldat war, belässt es aber nicht bei einer Warnung, sondern organisiert praktische Vorbeugemaßnahmen und appelliert am 31. Januar an seinen jüngeren Bruder. Es folgen Auszüge aus seinem letzten Antwerpener Brief *(er wird 1895 sein Studium in Rom beginnen dürfen)*:

"Geliebter Joseph!
Endlich mußt Du Dir alo auch Deinen Tornister auf den Rücken binden und in die Kaserne marschieren und zwar weit im Süden. Das Soldatensein ist für manche recht sauer, für andere aber nicht ohne einen gewissen Reiz. Wie Dir ein Kommißbrot schmecken wird, kann ich nicht erraten. Ich würde Dir jedoch empfehlen die zu bringenden Opfer anzunehmen. Was einmal nicht zu ändern ist, soll man ruhig über sich ergehen lassen. – Aber ich möchte Dir zurufen: Sei auf Deiner Hut, denn die Kaserne ist in mancher Hinsicht eine Teufelsbude und wer sich nicht zu beherrschen weiß, verliert beim Militär nur allzuleicht Unschuld und Ehre.
Vielleicht ist es für Dich ein Glück, daß Du in einer kleinen Stadt einquartiert wirst, denn die Gefahren sind dort im allgemeinen nicht so zahlreich. – Gestern Abend kamen wir von einer kleinen Wallfahrt jenseits Antwerpen zurück. In St. Anneke am Ufer der Schelde war Kirmes. Eine Tanzbude reihte sich an die andere und die Straßen waren angefüllt mit Gesindel. Die Soldaten liefen überall herum und wahrlich nicht um Ordnung zu halten, sondern um dem Laster frei zu fröhnen. Lieber Joseph wenn man bedenkt wie viel Unheil eine solche Festlichkeit stiftet, wie mancher dazu in Bezug auf die Seele zu Grunde gerichtet wird, was könnte man da anders tun als die Leute vom Lande beglückwünschen, welche nie solchen Scheußlichkeiten beigewohnt haben. Glaub nicht, daß ich übertreibe.
Ich bin noch selten aus dem Kloster hinausgekommen, habe noch wenig Erfahrung und doch ekelt mich das Schauspiel einer Kirmes in den hiesigen Vorstädten an. Du wenigstens sei beim Militär immer eingedenk, welcher Eltern Kind Du bist und widerstehe tapfer jeder bösen Lockung. Ich habe den Eltern schon gesagt, daß Du in Schlettstadt den Bruder eines unserer Patres treffen wirst. Es ist immer gut, einen aufrichtigen Freund zu haben und deshalb bitte ich Dich eine so günstige Gelegenheit nicht unbenützt zu lassen. Später kann ich Dir Näheres hierüber berichten. ... Schreib mir nur recht oft und ich werde Dir die Antwort nicht schuldig bleiben. Grüße mir alle Mitglieder der Waldfeuchter Harmonie und bete ein wenig für
Deinen Dich liebenden Bruder Christian Miss. v. hh. H"

Gertrud Janssen

Joseph sieht seinen Bruder in den nächsten fünf Jahren nicht wieder, denn Christian darf sein Studium in Rom fortsetzen, besucht Waldfeucht im 19. Jahrhundert nicht mehr. Arnold studiert nach 1895 in Salzburg. Der zweit-älteste Sohn, der am 28. Februar 1867 geborene Eduard, der in Waldfeucht besser unter dem Namen "Nierese Eduard" bekannt ist, hat sich mit einer Freundin Gertruds, mit Josepha Houben angefreundet.

In den letzten Jahrzehnten des 19. Jahrhunderts heiraten viele Paare in verhältnismäßig hohem Alter. "Unverant-wortlich" früh geschlossene Ehen sind nach kirchlicher Meinung für die Verelendung in Industriestädten und Dör-fern mitschuldig. Gegen übereiltes Heiraten wetterte schon Adolph Kolping. Erst Existenz, dann Familien-gründung, danach Kinder. - Für gläubige Katholiken wie Reiner Wilhelm Janssen und noch mehr für den Kirchen-rendanten Peter Eulogius Houben, Kreistagsabgeordne-ter, Post- und Kassenhalter in Waldfeucht, müssen Exi-stenzfragen und Wohnung vor der Ehe geklärt sein, dann basiert die Ehe auf solider Grundlage. Spontane Gefühle haben sich unterzuordnen. Will Eduard Janssen also die Tochter des angesehenen Peter Eulogius Houben heira-ten, muss er nicht nur die zu erwartenden Nachkommen ausreichend ernähren können, sondern er muss der Fa-milie auch Unterkunft bieten.

Eduard Janssen erwirbt ein Haus

Eduard kennt beengtes Wohnen und Behelf aus seiner Kindheit, als Reiner Janssen zusammen mit der Familie lebte, die sein Vater in zweiter Ehe gegründet hatte. Einen Neubau erstellt man 1894 in Waldfeucht nicht von heute auf morgen. Es fehlt nicht nur ein geeigneter Bauplatz, sondern auch Geld für ein neues Haus. Die betroffenen Familien spekulieren deshalb auf ein bereits stehendes. Wahrscheinlich erfährt "Köster Joseph", Organist und Pa-tenonkel des zum Militär eingezogenen Joseph, noch be-vor zweimal in der Heinsberger Volkszeitung bekannt gemacht wird, dass das gleich neben dem seinen stehen-de Haus einer Erbengemeinschaft verkauft werden soll. Aber auch andere Bieter werden aufmerksam.

Eduard hat noch keine selbstständige Existenz. Er ist kein Franz im Glück, der Geräte, Geschäft und Ruf seines Großvaters übernehmen kann. Eduard fehlen diese Vor-aussetzungen.

Sein zukünftiger Schwiegervater ist sowohl Rendant der Kirchenkasse als auch der Sparkasse. Bei ihm werden auch alle Postgeschäfte abgewickelt und in seinen Stäl-len stehen die Pferde zum Wechsel für die Postwagen bereit. Wenn also jemand Aussicht auf einen Kredit hat, dann ist es Eduard. Aber Peter Eulogius Houben hat auch Rechenschaft abzulegen.

Dazu arbeitet Eduard immer noch bei seinem Vater für ein Taschengeld. Die Einnahmen der "Nierese" fließen in die Familienkasse. Außerdem kann er seinen Vater nicht allein lassen, solange Joseph beim Militär ist. Sein Bru-der Reiner, ein Nachzügler, ist erst elf, der kranke Fritz *(Friedrich Joseph)* kann nicht helfen und Sohn Friedrich hat einen Büroberuf ergriffen. Er wohnt, wie Gertrud und die anderen, im Elternhaus. Mein Urgroßvater Reiner Wilhelm Janssen ist bis zur Entlassung von Joseph, also bis1897, auf die Hilfe Eduards angewiesen.

Der seinerseits darf sich die einmalige Chance, ein Haus zu ersteigern, nicht entgehen lassen. Sparkasse, Postkasse und Kirchenkasse befinden sich, wie gesagt, in Händen meines Urgroßvaters Peter Eulogius Houben, einem eben-so pingeligen wie zuverlässigen Verwalter. Für Eduard führt kein Weg am zukünftigen Schwiegervater vorbei, und auch nicht an seinem Vater, denn er braucht einen Bürgen, der über ein Haus verfügt.

Am 10. April 1895 sind die Fragen geklärt: "Hermann Frenken, Notar im Bezirke des Königlich Preußischen Oberlandesgerichtes zu Cöln, wohnend in meinem Amts-sitze in der Stadt Heinsberg, im Landesgerichtsbezirk Aachen," eröffnet die Versteigerung in Waldfeucht, im Lokal des Wirtes Heinrich Reiners, nachmittags um drei Uhr.

Catharina Gertrud, geborene Hintzen, die in Gütergemein-schaft mir ihrem, inzwischen verstorbenen Mann gelebt hatte, inzwischen aber wieder mit Alexander Marx ver-heiratet ist, wohnt derzeit in Tegelen bei Venlo "Im Kö-nigreiche Holland". – Ihr erster Mann hat zwei Kinder

Waldfeucht im 19. Jahrhundert: Rekonstruktion nach eine Luftaufnahme von 1936. Dem Bild wurde links unten die *(später abgerissene)* Bockwindmühle zugefügt. Außerhalb des Walls liegende Häuser sind nicht gezeichnet.
Unten: Die Hauptstraße: Im Zentrum u. a. das Haus von Eduard Janssen, mit Schreinerei im Hintergebäude (drittes Doppelhaus links hinter dem höchsten dunklen). Am Obertor *(halb sichtbar)* die Stellmacherei von Franz Janssen.

hinterlassen, Jacob und Leonhard, die beide unmündig sind. Sie wohnen bei ihrem Stiefvater in Tegeln. Der Tagelöhner Ludwig Marx aus Waldfeucht ist ihr gerichtlich bestellter Vormund.

Das zu versteigernde Anwesen befindet sich in Waldfeucht, "Flur 1, Nummero 559, Wohnhaus mit Hofraum nebst allem An- Zubehör und Hausgarten, haltend an Flächenmaß 5 Ar 93 Meter". Auf dem Anwesen ist eine Hypothek von 1250 Mark zu Gunsten der Eheleute Steinbusch eingetragen. Es grenzt an die Anliegen von Peter Leonhard Goertz und der Witwe Josepha Schmitz.

Die Gebote werden über den Mindestwert von 1500 getrieben, die Zahlungen können auf 1895,1896 und 1897 verteilt werden. Das Haus ist sofort beziehbar. Der nicht gezahlte Preis ist mit 5 % zu verzinsen.

Der Käufer hat dem Notar binnen Monatsfrist 10 % des Kaufpreises an Aufgeld zu zahlen. Die Bezahlung erfolgt in Raten, Eduard muss einen Bürgen stellen.

" Nach mehreren Aufgeboten erhielt das letzte Gebot mit 2160 Mark von Carl Eduard Janhsen" ... den "Zuschlag erteilt, nachdem drei hintereinander angezündete Kerzen, deren jede wenigstens eine Minute brannte, erloschen waren, ohne daß ein höheres Gebot erfolgte. ... Der Reiner *(Wilhelm)* Janhsen Schreiner zu Waldfeucht erklärte, für den Ansteigerer Solidarbürgschaft zu leisten; derselbe unterschrieb ebenfalls nach Vorlesung und Genehmigung am Schlusse diese Protokolles."

Nachdem auch der Vormund der Kinder mit dem Vertrag einverstanden ist, erklärt Eduard Janssen:" Ich beantrage meine Eintragung als Eigentümer in das Grundbuch."

Am 20. Dezember 1896 zahlt er die letzten 1440 Mark, insgesamt zahlt er an diesem Tag 1526,71 Mark.

Der Hausbesitzer *Carl* Eduard Janssen

Tod von Fritz und Joseph Friedrich Janssen.

Am 27. Oktober 1896 stirbt, im Alter von 18 Jahren, der seit Jahren kränkelnde Joseph Friedrich Janssen. Welche Krankheit zu seinem Tod führt, ist nicht bekannt. Herz- oder Lungenkrankheiten können nur vermutet, aber nicht bewiesen werden.

Es vergehen noch keine drei Monate, als am 13. Januar 1897 sein Bruder Fritz, der am vergangenen 10. Oktober zwanzig Jahre geworden war, auch stirbt. Auch die Umstände, die zum Tod des Büroangestellten der Waldfeuchter Molkerei führen, können nicht geklärt werden.

1897 fällt es Reiner Wilhelm nicht mehr so leicht seine Hobelbank auf eine Schubkarre zu laden.

Die zwei Todesfälle innerhalb von drei Monaten erschüttern Eltern und Geschwister. Die beiden nicht rückgängig zu machenden Schläge verändern die Runde, die sich täglich um den Familientisch versammelt.

Nur noch die Eltern, Eduard, Gertrud und der Nachzügler Reiner versammeln sich um den Tisch. Franz hat geheiratet, Joseph ist beim Militär, Arnold studiert in Salzburg und Christian in Rom. Die beiden Theologen werden nie mehr zurückkehren.

Joseph wird erst im Laufe des Jahres von seinem Militärdienst "beurlaubt" werden. Seine Heimkehr wird für Eduard das Signal sein, in den darauffolgenden Monaten die väterliche Werkstatt zu verlassen, sich selbstständig zu machen, eine Familie zu gründen, aber auch zum Konkurrenten seines Bruders und seines Vaters zu werden.

Die Eltern sind so schwer vom Tod der Söhne betroffen, dass sie krank werden. Zuerst erkrankt Reiner Wilhelm schwer. Er erholt sich erst nach der Heimkehr von Joseph im Herbst.

Mutter Odilia wird auch schwer krank. Zum Glück ist die Tochter Gertrud noch im Haus. Reiner Wilhelm ist fast 60, ihm fehlt die Kraft, das Vermögen und auch der Wille, mit der technischen Entwicklung, die sich im Schreinerhandwerk vollzieht, mitzuhalten. Das komplette Einkommen von Fritz, der in der Waldfeuchter Molkerei beschäftigt war, hatte der Familienkasse eine gewisse Flexibilität gegeben. Die Arbeitskraft von Joseph, der für

Taschengeld gearbeitet hatte, fehlt. Eduard hat mit seinem Hauserwerb die Familienkasse auch strapaziert. Die studierenden Söhne wollen auch nicht aus der Familie ausgeschlossen werden und fordern weiterhin Unterstützung. Sie leben jenseits der Waldfeuchter Realität.

Moderne Maschinen, Maschinen überhaupt, setzen zu einer Zeit, in der es noch kein flächendeckendes Elektrizitätsnetz gibt, mit Gas oder Dampf betriebene Antriebsaggregate voraus. Um eine Arbeitsmaschine betreiben zu können, benötigt man zuerst ein Dampflokomobil oder einen Gasmotor. Weder für die Anschaffung einer der beiden Typen noch für eine Transmission reichen die Einnahmen. Man arbeitet in Waldfeucht in der Schreinerei des Reiner Wilhelm Janssen 1897 noch wie vor hundert oder zweihundert Jahren ausschließlich von Hand.

Die Technik beginnt zwar im Selfkant einzuziehen *(Beispiel dafür ist die Waldfeuchter Molkerei, die sich als Segen für die meisten Viehzüchter erweist.)* – Maschinen für eine Schreinerei zu finanzieren ist allerdings etwas anderes. Hinter ihr steht auch keine Genossenschaft oder Gemeinde. Eine Molkerei dient den Interessen aller Bauern.
Um das Kapital für die Maschinen einer Schreinerei finanzieren zu können, braucht man einen Umsatz, der in Waldfeucht und den umliegenden Dörfern nicht zu erzielen ist. Waldfeucht und Umgebung stagnieren. Alles ist auf Landwirtschaft ausgerichtet. Alle Bauern sind wiederum von ihren Ernteerträgen abhängig. Sind sie gut, können die ihnen zuarbeitenden Handwerker, seien es Wagner, Stellmacher oder Schmied, bedacht werden. Aber auch vermögende Bauern haben nur wenig Bargeld in den Händen.
Da der Schreiner nicht so lebensnotwendig ist, gehört er zu den Handwerkern die am ersten unter schlechten Erntejahren leiden. Nicht anders ergeht es den Schneidern und Schuhmachern, die gemeinsam mit den Schreinern zu den armen Landhandwerkern gehören. Sie stehen oft nicht besser als die Tagelöhner da, oft noch schlechter, wenn sie nebenbei keine Miniaturlandwirtschaft betreiben.

Nicht einmal gemeinsam mit seinen Söhnen Eduard und Joseph kann Reiner Wilhelm, nach Jahrzehnten schwerer körperlicher Arbeit, soviel ansparen, dass es zur Anschaffung einer Maschine reichen würde. Er spart sogar an den Beiträgen für Krankenkasse und Rente, die er eigentlich zu entrichten hätte, aber das wird sich erst nach Jahrzehnten rächen.

Überall in Deutschland entwickeln sich aus Schreinereien kleine Möbelfabriken. Auch der Schreiner Reiner Wilhelm Janssen hätte sich mit seinen Söhnen Eduard und Joseph auf Schlafzimmer-, Küchen- oder Wohnzimmermöbel spezialisieren können, anstatt heute einen Schrank, drei Wochen später einen Sarg und nach weiteren Wochen ein Fenster herzustellen oder zu reparieren.

Plötzlicher Wechsel ist für diesen Schritt, der in Europa von vielen vollzogen wird, nicht erforderlich, im Gegenteil bieten die alten Kunden einen bleibenden Rückhalt, wenn nach Bedarf der eine oder andere Geselle eingestellt wird.
Aber das ist kein Unternehmen für einen fast Sechzigjährigen. Anstelle sich in Eduard einen Konkurrenten heranzuziehen, hätte man es zumindest in kleinem Umfang gemeinsam versuchen können. Man hätte sich ein zweites Bein in Städten wie Aachen, Köln oder Gladbach sichern können.
Kaufmännisches Denken ist fremd, geschweige dass Markterfahrung vorhanden wäre. Die Janssen-Schreiner setzen ihre Kreativität auch in Vereinen, beim Gesang oder beim Theaterspiel ein. In neue Berufsideen wird weniger investiert. Die sich aus Reiner Wilhelms Familie entwickelnden jungen Familien bleiben, was ihre Existenz betrifft, abhängig von Waldfeucht. Außer zum Militär verlassen die Söhne nie für längere Zeit den Ort, wandern nie als Gesellen und lernen somit auch keine fortschrittlicheren Arbeitsweisen kennen. Trotzdem halten sie sich in Waldfeucht für die Besten. Dort mögen sie es sein, aber richtungsweisend in Form und Technik sind sie nicht. Reiner Wilhelm investiert mager in seine Söhne, speist diejenigen, die den Hauptanteil am Unterhalt der Familie erwirtschaften, mit einem Taschengeld ab. Dagegen ist Arnold im Februar 1898 "endlich in der Lage ... für das übersandte Geld zu danken."

Wie sein Vater karrt Eduard Janssen Hobelbank und Werkzeug mit einer Schubkarre zum Kunden.

Christian studiert in Rom, Arnold in Salzburg

Als Christian Janssen im Alter von 24 Jahren 1895 seine Studien in Rom fortsetzt, regiert im Vatikan Leo XIII. Rom, das die Jahrhunderte über von Päpsten regiert wurde, ist wieder zur Ruhe gekommem, aber die politische Macht des Papstes ist beschränkt worden, nur noch im Vatikan verfügt er über Hoheitsrechte. Der am 2. 3. 1810 in Carponito geborene Vincenco Gioacchini Pecet ist seit 1878 Papst Leo XIII. Der ehemalige päpstliche Nuntius in Belgien, Bischof von Perugia und Kardinal, bemüht sich als Papst die von Pius IX. verursachte Starre zu durchbrechen, einen sozialen und politischen Wandel zu vollziehen und eine Versöhnung mit Italien zu erreichen. Er öffnet 1881 das päpstliche Archiv und erlässt 1892 die erste päpstliche Sozialenzyklika. Er ist ein Förderer der Evangelisation entfernter Gebiete.

Christian studiert nach 1894 in einem Rom, das politisch noch nicht mit seiner Situation zufrieden ist. Er lernt schnell an römischer Realität und berichtet 1898 von ihr nach Waldfeucht:
"In der Stadt herrscht viel Elend; man kann nicht ausgehen, ohne verhungernden Männern und Frauen zu begegnen. Wie gerne würde ich da einige Almosen austeilen können ... Die Italiener leben von sehr wenig, allein auch dies wenige fehlt ihnen ... In meiner Heimat stehen die Sachen besser und obschon auch da nicht alles in bester Ordnung ist, so ist das Elend keineswegs dem hiesigen gleichzustellen."
Der Musiklehrer spricht inzwischen Deutsch, Latein, Griechisch, Französisch, Holländisch, Italienisch, Spanisch und Englisch und strebt den Doktor der Theologie an. Wo er studiert, ist nicht bekannt, doch kennt man den Bildungsweg eines Studienkollegen, der mit ihm befreundet war. Eugenio Pacelli, späterer Papst Pius XII., studiert von 1894-1899 an der berühmten *Gregoriana*, ist zugleich Mitglied des *Collegia Capranica*, hört Vorlesungen an der Staatsuniversität *Sapienza* und studiert zugleich als Externer *(nicht im Internat Wohnender)* an *San Apollinare*. Nachdem er Papst und Christian Generalsuperior seines Ordens ist, wird er einmal sagen: "Damals ahnten wir beide nicht, daß wir so große Wege gehen würden."
Christians Orden bestätigt in einem Nachruf: "Seine Studien machte er in Issoudun und Rom, wo er Studiengenosse des jetzigen Hl. Vaters Papst Pius XII. war, mit dem ihn seit den Studienjahren eine ehrfurchtsvolle Freundschaft verband". Eugenio Pacelli verfeinert sein Deutsch u.a. bei Christian – dieser sein Italienisch bei einem Kollegen, der nach Jahrzehnten päpstlicher Nuntius in Deutschland sein wird. Auch in einem Brief, der von einem Johannes Baptist Montini *(Papst Paul IV.)* unterzeichnet ist, aber im Auftrag von Pius XII. geschrieben wurde, heißt es u.a. "Der heilige Vater, der seit der gemeinsam verlebten Studienzeit mit Dir bekannt ist ..."

Unter Papst Leo XIII. studiert Christian Janssen zusammen mit dem späteren Papst Pius XII.

Ich, sein Großneffe und Autor der *Selfkantfibel* habe "Onkel Christian" *(Großonkel Christian)* einmal über Begegnungen erzählen hören und meine, entgegenschlagendes Wohlwollen, aber auch päpstliche Zurückhaltung durchgehört zu haben: "Als Papst war er unnahbar."
Christian lernt Italienisch unter Italienern, wie er Französisch unter Franzosen und Holländisch unter Flamen gelernt hatte. Spanisch lernt er auch in Rom, hat dabei Umgang mit spanischen Studienkollegen. Eugenio Pacelli, Spross einer hohen italienischen Familie, wird ein halbes Jahr nach Christian, am 2. April 1899 zum Priester geweiht. Er setzt danach seine Rechtsstudien an San Apollinare bis 1902 fort.
Christian schreibt 1898 seinen 16-seitigen "römischen Brief", in dem er von einer Wallfahrt berichtet, in der sie in Perugia vom Erzbischof persönlich, der, umgeben von hohen geistlichen Würdenträgern, sie so feierlich empfangen haben soll, dass ein anwesender Superior bemerkte, "daß man einen Papst nicht feierlicher hätte empfangen können." Das beweist einmal mehr, dass Christian einer geistlichen, wenn auch jungen Elite angehört, die bewusst an leitende Aufgaben der Kirche herangeführt wird.

Für Arnold hingegen sind am 21. Februar 1898 erst "die Semester-Examen glücklich vorbei und mit ihnen alle Sorgen und arge Tage verschwunden." *Das Schlussexamen ist noch schwieriger.* "Es wird auch das letzte im Ausland sein. Denn falls nicht unvorhergesehene Fälle eintreten, werde ich kommenden Herbst nach Hiltrup übersiedeln, um dort endlich Spezialtheologie zu studieren. Vielleicht habe ich bereits früher mitgeteilt, daß wir in diesem Jahre neben der Philosophie auch täglich Vorlesungen in der Theologie haben; sodaß ich am Jahresschlusse fast dieselben Fächer durchgenommen haben werde, die Christian vor seiner Romreise gehabt.

Indessen wollte ich mich nicht rühmen dieselben in selben Grade wie Christian zu besitzen, wie dies auch wohl die wenigsten meiner Klasse tun könnten; denn nachdem was Pater Mayer mir gesagt, ist Christian sehr gut talentiert und seine letzten Examen in Rom haben dies zu Genüge rechtfertigt. Wie Christian mir zu Neujahr mitteilte, wird er wahrscheinlich um Ostern die hl. Diakonatsweihe empfangen und so wirklich dem Lehrkörper der Kirche einverleibt werden. Bis zur Priesterweihe wären es also keine vier Monate mehr. Wie schnell wird dieser glückliche Tag da sein. Ich bedaure etwas daß Ihr nicht anwesend sein könnt."

Christian bleibt Arnolds Vorbild. Was Ersterer ohne Klage scheinbar spielend bewältigt, erbüffelt sich Arnold. "Wie glücklich werde ich daher sein, wenn ich mich nach drei Jahren in derselben glücklichen Lage wie Christian befinden werde.

Gestern wurden in Hiltrup die ersten Deutschen unserer Genossenschaft auf deutschem Boden geweiht. 7 erhielten die Subdiakonsweihe und neun die niederen Weihen. Unsere Tonsierung wird auch wohl nicht lange mehr auf sich warten lassen.Ich bin gewiss, daß Ihr Euch über den Fortgang der deutschen Provinz freuet. Wer hätte dieses

Resultat vor einigen Jahren geträumt? In einigen Wochen zählt unsere Provinz: 12 Priester, 1 Diakone, 7 Subdiaten, 9 Minorierte (niedere Weihe) 16 Tonsurierte, 12 nicht Tonsurierte und bei 100 Schüler, sowie noch 30 Brüder und 8 Novizen. Unsere deutsche Mission steht ebenfalls an der Spitze aller anderen, wie ihr wohl aus den Missionsberichten bereits gelesen habt.

Wie ich sehe ist mein Brief beinahe fertig ohne daß ich kaum meine Familie berührt habe. Gertrud wird das Fehlende aus diesem Briefe ersetzen. – Ich zähle darauf daß der liebe Vater mir im nächsten Briefe die angedeuteten Neuigkeiten mitteilen wird," (Eduards Heirat?) "auch warte ich stets noch vergebens auf Aufklärung über die Einweihung der Kapelle; denn dieses teure Heiligtum, wohin man in der Jugend so oft gebetet, ist mir noch stets in süßer Erinnerung.

Bevor ich endige muß ich noch ein wenig über den sonst so berüchtigten Salzburger Winter sagen. Einen so gelinden und schönen Winter haben ich selbst zu Haus kaum erlebt. Wir sitzen kaum drei Wochen im Schnee. Im Januar hatten wir das herrlichste Frühlingswetter; so daß die Knospen bereits aufgingen und die Fliegen herumschwirrten. Freilich ist das Ende des Winters noch nicht vorauszusehen, da hier der Schnee im Mai nicht selten ist. Zum Schlusse bitte ich meiner im Gebete gedenken zu wollen wie ich auch Eurer nicht vergessen werde und verbleibe im hh. Herzen Jesu und unter den herzlichen Grüßen Euer Euch liebender Sohn und Bruder Arnold Janssen.

Besten Gruß allen Verwandten und näheren Bekannten."

Herz-Jesu-Missionshaus in Hiltrup bei Münster in Westfalen

Eduard Janssen heiratet Josepha Houben

Am 28. Mai 1898 endet endlich das Vorsorgen des Paares und die 31-jährige Josepha Houben und der 31-jährige Eduard Janssen geben sich vor dem Altar der Waldfeuchter Lambertuskirche das Jawort. Sie beziehen gemeinsam das Haus an Waldfeuchts Haupstraße, genau dort, wo gegenüber der *Plei,* Waldfeuchts Schulplatz, endet. Außer dem Zeitpunkt der Hochzeit sind keine Einzelheiten überliefert.

Christian wird noch im selben Jahr am 28. Oktober in Rom zum Priester geweiht. Mit der Weihe sind aber seine Studien nicht abgeschlossen. Auch nach der Weihe studiert er weiter in Rom, erlebt auf der Straße römische Wirklichkeit und muss feststellen: "Unser Rheinland ist doch ein gesegnetes Ländchen".

Im Nachbarland Holland wird 1898, an ihrem 18. Geburtstag, Wilhemina Königin der Niederlande. Bis zu diesem Tag unterstand sie der Vormundschaft ihrer Mutter. Es ist ein Ereignis, das in Waldfeucht kaum noch jemanden bewegt, denn man hat sich damit abgefunden, dass beispielsweise Sittard jetzt zu Holland gehört. Das war aber nicht immer so. Wir brauchen nur Sittards Situation von vor 50 Jahren zu nehmen:

Als nämlich am 24. Februar 1848 Frankreichs König gestürzt wird und sich Unruhen in ganz Europa ausbreiten, bleibt Sittard nicht unberührt. Noch entsendet die Provinz Limburg Abgeordnete nach Frankfurt und noch ist die Provinz ein Teil des *Deutschen Reiches.* Unter dem Gesang, "noch ist Limburg nicht verloren", wird deshalb in Sittard die deutsche Fahne gehisst. – Aber Limburg ist für Deutschland verloren.

Zwei Bataillone holländischer Soldaten beenden die deutschfreundlichen Tendenzen, quartieren sich einige Monate in Sittard ein. Der *Heinsberger Bote* veröffentlicht Resolutionen von Marx und Lassalle, auf dem Heinsberger Marktplatz findet eine "Großveranstaltung" statt, die aber, wie die "Kleinrevolution in Holzweiler", am Ende erfolglos bleibt und zu keinen Reformen führt.

Die Niederlande, die unter dem Eindruck der europäischen Unruhen stehen, wählen einen der Zeit entsprechenden Weg, der etwa den Forderungen von Lassalle entspricht. Der Führer der liberalen Reformpartei beginnt mit der Umgestaltung der Niederlande in eine konstitutionelle Monarchie. J.R. Thorbecke hat als Vorsitzender der Verfassungskommission entscheidenden Anteil an der Entwicklung seines Landes, Holland schlägt eine weitaus günstigere Richtung ein als Frankreich und Deutschland:

In Paris werden im Juni 1848 etwa 10 000 Menschen niedergemacht. In Berlin rücken 13 000 Soldaten mit 36 Geschützen gegen 1000 Bürger und Handwerker vor, den Oberbefehl hat Deutschlands Militarist Nr. 1, Prinz Wilhelm *(später Kaiser Wilhelm I.)* Der Prinz muss nach dem von ihm niedergeschlagenen Aufstand außer Landes fliehen und erhält den Beinamen "Kartätschenprinz".

Bismarck, bis dahin ohne politische Bedeutung, hält seine Stunde für gekommen. Als er vom Berliner Aufstand hört, eilt er, in einem Anfall von Don-Quijoterie, dem König mit einer Horde Bauern aus seinem Dorf Schönhausen zu Hilfe. Sie marschieren, ohne auch nur einen "Feind" zu entdecken, bis Potsdam. Dort will Bismarck seine Patrioten dem König vorstellen. Als es geschehen soll, "übermannte die Bauern die bäuerliche Scheu und sie zogen sich zurück" *(ein Zeitgenosse).* Bismarcks Bauern waren in einem unbeaufsichtigten Augenblick zu ihrem Dorf zurück gelaufen, der Graf musste dem König ohne seine Truppe vorgestellt werden.

Nachdem Gras über die Kartätschengeschichte gewachsen war, kehrte Prinz Wilhelm aus England zurück und äußerte sich gegenüber Bismarck: "Ich weiß, daß Sie für mich tätig gewesen sind, ich werde Ihnen das nie vergessen." Als aus Prinz Wilhelm König Wilhelm I. wird, erinnert er sich an Bismarck .

Zur Janssen-Familie wird eine Erklärung erforderlich, die Auskunft darüber gibt, weshalb zwei Familien nebeneinander aufwachsen. Verursacht wurde dieses Nebeneinander durch eine zweite Heirat von Peter Arnold Janssen. Dessen erste Frau Ida stirbt am 5. September 1845 im Alter von 38 Jahren. Sie ist die Mutter des 8-jährigen Heinrich Joseph, des 6-jährigen **Reiner Wilhelm** (*"Nieres"*) des vierjährigen Carl Eduard und der 2- jährigen Johanna Gertrud. Woran die Frau stirbt? Peter Arnold teilt es nicht mit, obwohl er sonst über Todesursachen informiert, er schreibt nur: "Am 5. September ist meine Frau an einer – Krankheit dem Herrn entschlafen." Es drängt sich die Vermutung auf, dass es im Kindbett war. Für diese Annahme spricht die Regelmäßigkeit der Niederkünfte: 1837 – 1839 – 1841 –1843 – 1845?

Ida Janssen, geborene Königs, wird im Alter von 38 Jahren beerdigt. Zurück bleiben ein 40-jähriger Mann und vier unmündige Kinder. Noch lebt seine Mutter, kann vorläufig den Haushalt führen. Am 25. März 1847 stirbt seine Tochter "an einem tückischen Nervenfieber". Keine zwei Monate danach: "den 9. Mai abends zehn Uhr starb unsere liebe Mutter Barbara Philippen an Altertumsschwäche".

Fünfeinhalb Jahre nach dem Tod seiner ersten Frau heiratet er am 25. Mai 1851 Maria Christina von Kann. Es sieht nach einer Muss-Ehe aus. Maria Christina von Kann ist schon ein halbes Jahr vor der Heirat schwanger. Weshalb so lange gewartet und nicht in den nächsten Wochen und Monaten nach Bekanntwerden der Schwangerschaft geheiratet wird, darüber darf gerätselt werden, vor allem, weil in der Familie eine Frau fehlt. Schon nach zwei Monaten und 22 Tagen wird am 15. August die Tochter Anna Christina geboren. Es hat den Anschein, als wäre die Hochzeit hinausgezögert worden.

Der zweiten Ehe entstammen 3 Kinder, nämlich noch Tochter Ida Hubertina und als letzter, 1860, der Sohn *Heinrich* Josef (*"Küster Josef"*). Er ist aus Christians Briefen bekannt und wird als "Oheim" bezeichnet.

Maria Josepha Houben, geboren am 28. Mai 1867, Tochter von Anna Barbara Houben, geborene Tholen und Peter Eulogius Houben, heiratet am 8. 9. 1898 Eduard Janssen, geboren am 28. 2. 1867, einen Sohn von Odilia Janssen, geborene Görtz und Reiner Wilhelm Janssen. Josepha und Eduard sind beide schon 31 Jahre alt. Es ist gegen Ende der neunziger Jahre in Waldfeucht Mode geworden, dass verhältnismäßig spät geheiratet wird, dass, wie der Waldfeuchter Chronist bestätigt, es Jahre gibt, in dem nur wenige Paare heiraten. Die katholische Kirche fördert diese Entwicklung.

Der erste Wilhelm in der Familie

"1805: Am 5. Augusti ist meine Frau Liebsten für Mittag zwischen Halbe und zwölf von einem Sohn eingelegen mit seinem Taufnahmen Peter Henrich" *(Peter Arnold !!)*, trägt Johann Joseph Janssen ein.

Es fällt auf , dass der Verwaltungsmann erstmalig Janssen mit zwei "s" schreibt, statt wie bisher mit "hs". Das Doppel "ss" weicht zwar zeitweise wieder dem "hs", aber die Selfkantfibel bleibt beim heute üblichen "Janssen".

Der 1805 geborene **Peter Arnold** Janssen lernt bei einem "Onkel Peter" *(Peter Heinrich Janssen)* das Schreinerhandwerk und beendet 1822 seine Lehre. 1826 wird er zum Militär eingezogen. Sein Vater notiert den Beginn des "Abgangs" in der Familien-Chronik:
"Den 2. November ist mein Sohn Peter Arnold Janssen als Soldat nach Berlin für 3 Jahre abgegangen ..."
Im November muss Peter Arnold zu Fuß nach Berlin abgehen, denn dort hat er im Januar pünktlich seinen Dienst als Rekrut beim Garderegiment anzutreten.
Er schreibt 1827 aus Berlin fünf, 1828 vier und 1829 wieder vier Briefe, die für uns leider verloren sind.
Einer seiner obersten Vorgesetzten ist Prinz **Wilhelm**, der eben die dreijährige Dienstzeit durchgesetzt hat. Von ihm, dem späteren "Kartätschenprinz" und Kaiser Wilhelm I. stammen aus der Zeit so markige Aussprüche wie "zum Einexerzieren eines Rekruten reichen 3 Monate, zum Erziehen eines Soldaten kaum 3 Jahre", oder er spricht von der "Intelligenz der Bajonette."

Man darf annehmen, dass Peter Arnold gerne Soldat ist, möglicherweise sogar ein von "Wilhelm" begeisterter. Man darf weiter annehmen, dass dem "gedienten Dreijährigen," dem Gardesoldaten des 2. Regiments, nach seiner Rückkehr nach Waldfeucht aus der Bevölkerung und aus den Vereinen Sympathie entgegenschlägt.
Ein Jahr zu Hause, er arbeitet als selbstständiger Schreiner, wird ihm die Familienchronik von 1732 anvertraut.
Sein Vater, der ortsbekannte Johann Joseph Janssen, Kommunal- und Kirchenrendant, stirbt. Peter Arnold trägt ein:
"1831: Am 25. Juny ist meine Vatter seelisch im Herrn entschlafen, von einem Brustwasser zugt, alt geworden im 62. Lebensjahr."
Nach drei weiteren Jahren ist seine Junggesellenzeit zu Ende. 1835 heiratet der 30-jährige die 28-jährige Ida Königs zwei Tage nach Sommeranfang:
"Ich Peter Arnold Janssen und Ida Königs seind verheirath in der Pfarrkirche zu Waldfeucht den 23. Junij 1835."

1836 bricht am 5. September ein verheerender Großbrand aus. Die Ernten sind eingefahren, die Scheunen gefüllt. Die Bauern arbeiten noch auf den Feldern und sehen zu spät, dass sich über Waldfeucht Rauchwolken türmen. Kinder entfachten das Feuer. Am nächsten Tag sind 130 Personen obdachlos und vollkommem ausgebrannt.
Was vielen Waldfeuchtern Leid, bringt dem Schreiner

Peter Arnold Janssen im selben, aber auch in den folgenden Jahren Arbeit, denn sofort beginnt der Wiederaufbau. Fenster, Türen und Tore, dann Tische, Stühle, Betten, Schränke, Kommoden und Bänke werden benötigt, obwohl das Geld fehlt.
1837 wird Peter Janssens erster Nachfolger geboren:
"Den 30. März ist meine Frau eingelegen mit einem jungen Sohn, sein Name ist Heinrich Joseph. Taufpathe ist sein Groß Vatter Heinrich Königs. Taufpatin seine Großmutter Barbara Phlippen."
Ein Schreiner ist geboren. Er wird nicht die Schreinertradition in der dritten Generation fortsetzen und ist auch nicht dazu bestimmt, eine eigene Linie zu gründen. Das wird erst seinem Bruder, dem 1839 geborenen Reiner Wilhelm, meinem Urgroßvater gelingen:
"Den 7. März ist meine Frau eingelegen mit einem jungen Sohn. Sein Name ist Reiner Wilhelm. Seine Taufpaten waren mein Schwager Reiner Houben, seine Patin meine Schwiegermutter Carolina Wilhelmina Barmans."

Der erste "Wilhelm" wird nun in die Familienchronik, eingetragen. Es ist der Name seiner Schwiegermutter. Prinz Wilhelm von Preußen steht also nicht Pate. In diesen Zusammenhang gehört die Geburt meiner Urgroßmutter Odilia Goertz die knapp drei Monate vorher, am 17. Dezember 1838 als Tochter des Wagners Franz Josef Goertz geboren worden war. Aufgeführt sei auch noch die Geburt des dritten Janssen-Schreiners:
"1841: den 19. August ist meine Frau eingelegen mit einem jungen Sohn. Sein Name ist Carl Eduard." Der dritte Sohn von Peter Arnold wird ebenfalls Schreiner und Pate meines Großvaters, erhält aber keine Gelegenheit, eine eigene Familie zu gründen.
1855 nimmt Peter Arnold seinen Sohn Carl Eduard in die Lehre. Drei Söhne helfen jetzt dem Vater.
1857 erreicht die Schreinerei von Peter Arnold Janssen einen Höhepunkt. Vier Schreiner in einer Familie, der Vater, Heinrich Josef *(18)* Geselle, Reiner Wilhelm *(16)* Lehrling im zweiten Jahr und Carl Eduard *(14)*.

Die eben angeführte Odilia Görtz *(meine Urgroßmutter)* Tochter des Stellmachers Franz Josef Görtz übernimmt als 18-jährige den väterlichen Haushalt, als ihre Mutter im Alter von 45 Jahren im Juli 1857 stirbt.
Ihr Vater betreibt neben seinem Handwerk in den Ställen des Anwesens am Steinweg 4 auch noch eine kleine Landwirtschaft, hielt 1855 beispielsweise zwei Kühe und ein Schwein. Es besteht kein Zweifel, dass Odilia schon damals ihren späteren Mann Reiner Wilhelm Janssen kennt, denn in Waldfeucht kennt jeder jeden.
Peter Arnold Janssens Schreinerei erreicht 1857 den erwähnten Höhepunkt, Reiner Wilhelm beendet seine Lehre. 3 Kräfte arbeiten nun in der väterlichen Werkstatt, allerdings nur kurze Zeit. Sein ältester Sohn Heinrich Joseph, als "tüchtiger Schreiner" bezeichnet, muss sich in Koblenz dem Militär stellen, wird allerdings, im Gegensatz zu seinem Vater, nur für zwei Jahre einberufen.

Die Schreinerei von Peter Arnold Janssen erreicht 1857 einen ersten Höhepunkt. Drei begabte Söhne arbeiten in seinem Betrieb, helfen bei der Arbeit. Alle Söhne lernen oder haben beim Vater gelernt: Heinrich Joseph ist 18 Jahre alt und Geselle, der 16-jährige Reiner Wilhelm beginnt sein drittes Lehrjahr und Karl Eduard ist, nachdem er aus der Volksschule entlassen worden ist, ebenfalls in die väterliche Werkstatt eingetreten und ist, wie seine Brüder vor ihm auch, vorgebildet, da er praktisch in der Schreinerei aufgewachsen ist, also unbewusst schon über Vorkenntnisse verfügt, weil er dem Vater schon in den Jahren zuvor nicht nur Handreichungen gemacht hat, sondern auch hier und da, auch hier ist der Ausdruck "wie seine Brüder auch", kleinere Arbeiten für sich gemacht hat. Alle Söhne wussten schon vor Beginn der Lehre, was ein Hobel ist und vor allem, dass nur scharfe Hobel schneiden. Auch die Handhabung einer Spannsäge war bereits in Fleisch und Blut, als man sie als Lehrling in die Hand nahm. Mit Stecheisen und Holzhammer zu hantieren war allen vor der Lehre ebenso geläufig wie der Unterschied zwischen Eiche oder Buche. Selbst dass man sich beim Verleimen mit Warmleim beeilen musste, war vom Beobachten des Vaters her bekannt.

1857 fällt nach einem Schlaganfall der preußische König Friedrich Wilhelm IV. in geistige Umnachtung. Prinz Wilhelm, sein Bruder, übernimmt die Regierungsgeschäfte, wird aber erst nach dem Tod seines Bruders König Wilhelm I. von Preußen.

Für Heinrich Joseph Janssen ändert sich nichts, er wird in Koblenz stationiert und erhält als "Gemeiner" einen Sold von zwei Talern im Monat *(bei seinem Vater wird er nicht mehr erhalten haben)*.

Der erbarmungslose preußische Drill bringt im darauffolgenden Winter Heinrich Joseph ins Schwitzen, krass erfolgt die Abkühlung in den feucht-kalten Kasematten. Er erkältet sich und wird schwer krank. Als seine Vorgesetzten bemerken, dass er nicht mehr zu rettten ist, beurlauben sie ihn nach Waldfeucht, wo sein Vater schon nach wenigen Tagen eintragen muss:
"1858: Am 8. Juni ist mein Sohn Heinrich Joseph an einem Rückfall an Nervenfieber, nachdem er zwei und einen halben Tag vom Militär hier auf Urlaub war, im Herrn entschlafen. Er ist als Melder hier beerdigt worden."

Damit stirbt Peter Arnolds Sohn Heinrich Joseph für Gott, König und Vaterland. Reiner Wilhelm, inzwischen 19, rückt an die Stelle seines Bruders. Die Familie bleibt in diesem Jahr von weiterem Unheil verschont, obwohl aus dem holländischen Limburg Blattern nach Waldfeucht eingeschleppt werden. Limburg gerät gegenüber dem angrenzenden Deutschland, was Gesundheitsvorsorge und Schuldienst betrifft, in Schräglage, in einer Zeit, in der Eisenbahnlinien durch ganz Europa *(auch durch Limburg)* neu angelegt werden. In Deutschland werden sie, dank Prinz Wilhelm, zuerst nach militär-strategischen Gesichtspunkten geplant.

Große Gewinner von Wilhelms Politik sind Auf- und Ausrüster von Eisenbahn und Armee. Sie steigen zu Großkapitalisten auf. Krupp profitiert am Eisenbahnbau und am Rüstungswettlauf, wird deutscher Kanonenkönig.

Demokratie ist da nur hemmend. In Deutschland denken zwar auch gemäßigte Liberale über einen Parlamentarismus nach englischem Vorbild nach, "in welchem das Parlament herrscht und die Krone nicht viel zu sagen hat," aber mit Abwegigen räumt Wilhelm schnell auf. Gestützt auf Bismarck entlässt er sofort alle Minister und hohe Beamte, die in dieser Richtung zu denken wagen. Eines der Opfer ist der Oberpräsident der Rheinprovinz. Nach dessen Absetzung jubelt ein Königstreuer:
"Eine reaktionäre Landratskammer war dieser Landtag jetzt nicht mehr; es waren nur wenige Reaktionäre mehr da, desgleichen auch nur wenige Demokraten."
Obwohl sein Bruder noch bis 1861 lebt, entscheidet Prinz Wilhelm. Als er sich 1859 auf die Seite Österreichs schlagen will, ist Bismarck anderer Meinung und wird nach eigenen Worten "kaltgestellt an die Newa wie Champagner zum späteren Gebrauch". Wilhelm bläst den Krieg aber ab, weil er sich nicht über den militärischen Oberbefehl mit den Österreichern einigen kann.

Die Mobilmachungswelle gegen Italien zieht ihre Kreise bis Waldfeucht. Die Gemeinde wird aufgefordert, für das 8. Armeecorps 18 Pferde zu stellen. Man nimmt sie den Bauern mitten in der Ernte fort, 9 für das stehende Heer und 9 für die Landwehr. Praktisch fehlt in dem trockenen Jahr in Waldfeucht jedes 6. Pferd.

Die königlichen Herrscher Italiens, Österreichs und Frankreichs sind nicht besser. Auch England kocht sein Weltmachtsüppchen. Napoleon III. schielt nach Brüssel und auf die linken Rheingebiete, die Engländer wollen sich Schifffahrtswege im Mittelmeer sichern und auf Sizilien ein Fort einrichten. Dagegen ist Napoleon:
"Eine englische Landung auf Sizilien? – Und vierundzwanzig Stunden darauf mache ich Nachtquartier in Brüssel."

So einfach ist Königslogik: Landet England auf Sizilien, maßt Napoleon III. sich an, Belgien überfallen zu dürfen. Gestattet ihm Wilhelm einen Überfall auf die linken Rheingebiete, soll er bis an den Main vorstoßen und Hannover und Sachsen annektieren können, Königreiche, die sich noch selbst gehören.

"Ich bin deutscher Fürst," mit diesen Worten lehnt Prinz Wilhelm den Vorschlag des französischen Königs ab. Die *Historisch politischen Blätter* beschreiben die derzeitige europäische Stimmung auf Seite 180:
"Es herrscht jetzt eine bleierne Ruhe über dem Kontinent, die einer Stille vor dem Sturm gleicht."

Der Waldfeuchter Chronist berichtet nur über die Waldfeuchter Situation: "Die Witterung war für den Gesundheitszustand und für den Stand der Feldfrüchte eine durchweg günstige..."
Peter Arnold Janssen hat den Verlust seines Sohnes Heinrich Joseph zwar noch nicht verschmerzt, als seine zweite Frau erneut schwanger wird. Er trägt 1860 ein:
"Am 14. Juli ist unser drittes Kind, ein gesunder Knabe geboren. Sein Pate ist mein Sohn Reiner Wilhelm, seine Patin ist Elisabeth von Kann" *(in anderer Schrift ist der Name des Kindes "Joseph" eingetragen. Reiner Wilhelm übernimmt das Familienbuch.)*
1862 wird sein Bruder Carl Eduard nach Koblenz in die gleichen Kasematten eingezogen und landet letztlich wie sein Bruder im Garderegiment "Augusta".
Am 4. Dezember 1863 stirbt der Vater Peter Arnold, als er ein vom Sturm umgeworfenes Tor aufstellen will. Eine andere Quelle spricht von einer Unterleibskrankheit.

Reiner Wilhelm übernimmt die Versorgung der Familie, heiratet aber am 12. Januar 1864 Odilia Görtz. Nach 9 Monaten und 4 Tagen bringt Odilia am 16. September ihren ersten Sohn Franz *Arnold* zur Welt.
Als der deutsch-dänische Krieg erklärt wird, muss Carl Eduard am 15. März 1864 mit die *Düppeler Schanzen* stürmen. Er nimmt am Deutsch-Deutschen Krieg teil und wird 1866 entlassen. – "**1870**: Am 22. Oktober ist mein Bruder Carl Eduard an einer langwierigen Abnehmungskrankheit im Herrn entschlafen."*(Reiner Wilhelm Janssen)

Patres aus Waldfeucht

Als Arnold Janssen am 21. Februar 1901 in Hiltrup ein Licht am Ende des Studientunnels sieht, nähert sich die zweite Schwangerschaft von Josepha Janssen, geborene Houben, dem 6. Monat. Arnold hofft, dass er in einigen Monaten Priester sein wird, büffelt für das letzte, große Examen vor der bischöflichen Behörde und dem Bischof von Osnabrück. Alle anderen Examen liegen seit Wochen hinter ihm und "auf Gott vertrauend, will ich mich langsam aber sicher auch zur Abreise rüsten."

Er hat eine Liste von Gegenständen zusammengestellt, die er als Missionar benötigt. Da er auf Spenden angewiesen bleibt, organisiert eine Frau aus Osnabrück die "für mich notwendigen Sachen. – Wie Ihr sehet, gibt es nur gute Leute auf der Welt. Wie der Vater und Gertrud mir schrieben, will Waldfeucht ja auch nicht zurückbleiben, was beweist, daß der Missionar, wenn auch von allen getrennt, doch nicht von allen vergessen wird." Die Familien in Waldfeucht, es sind inzwischen drei, sind allerdings nicht nur mit der Primiz beschäftigt. Eduards Familie vergrößert sich und Franz hat eine Haus gekauft, muss wahrscheinlich Erben auszahlen, anders sind Arnolds Worte kaum zu deuten:

"Zum Ankaufe des Hauses kann ich Franz nur gratulieren, denn es kann vielen Unannehmlichkeiten vorbeugen." Eine hier nicht bekannte Nachricht über den Küster *(Halbbruder Joseph)* freut Arnold ganz besonders. Auch Christian beauftragt Arnold, dem Küster "vielmals" Grüße zu übermitteln. Einer Familie Reimers spricht er "unser innigstes Beileid aus". Wahrscheinlich gilt es einem Todesfall in der Familie Reimers. "Unser Beileid", also seines und dasjenige Christians, bezeugt, dass die Brüder gemeinsam in Hiltrup leben.

Arnold berichtet von den zuletzt abgereisten Missionaren, die am Tag vor Mariä Empfängnis die Inseln im Pazifik erreicht hatten, aber wegen eines starken Sturmes nicht anlegen konnten. Als sie am nächsten Tag dann doch gegen 11 Uhr an Land mussten, wurden die meisten der mitgereisten Schwestern von den Wellen "mit einem ordentlichen Tusch" begrüßt, "so daß sie durch die Schwarzen ans Ufer getragen werden mußten. Bis Sydney war die Fahrt ruhig gewesen; von da ab haben aber fast alle ihren Tribut zahlen müssen. Wir wollen abwarten, was uns beschert sein wird. Die Freude in der Mission lässt sich denken. Monsignore Couppé *(Bischof in Arnolds zukünftigem Wirkungsbereich, siehe S. 36)* muß von Stamm zu Stamm eilen, wo zur Ehre seiner Heimkehr Tänze aufgeführt werden; da heißt es gute Miene zum bösen Spiel machen; denn für die Weißen sollen die Tänze recht langweilig sein, alles Gott zu Ehren."

Und sonst? – Arnold hatte im Winter noch einmal das Vergnügen seiner Jugend: Der am Kloster vorbeiführende Kanal war zugefroren, er konnte noch einmal Schlittschuh laufen.

Am 30. Mai 1901 schreibt er wieder. Er ahnt nicht, dass ausgerechnet an diesem Tag sein Neffe Reiner *Joseph* geboren wir. Der Sohn Eduards wird einmal mein Vater werden. Am 31.Maiwird er bereits in der Pfarrkirche getauft. Auch Christian reagiert nicht sofort auf dieses wichtige Ereignis. Er schreibt am selben Tag, weigert sich, die Primizpredigt zu halten, wie es Pfarrer Lückerath vorgeschlagen hatte.

Arnold hatte dem Waldfeuchter Pastor geschrieben, der hatte ihm auch freundlich geantwortet. Aus dieser Antwort erfuhr Arnold, dass sein Vater noch nicht alle Fragen im Zusammenhang mit der Primiz geklärt hatte. Der Pastor hatte deshalb Arnold einige Vorschläge gemacht, u.a. den, dass Christian die Primizpredigt halten sollte. Darauf Christians Weigerung "aus mancherlei Gründen". Er will zwar an der Primiz teilnehmen, es aber Arnold und der Familie in Waldfeucht überlassen, die Einzelheiten zu entscheiden.

Arnold wird energisch gegen den Vater: "Ich möchte nun bitten, mir umgehend Bescheid zukommen zu lassen damit ich Herrn Pfarrer von allem genauere Mitteilung machen kann."

Arnold begründet seine Termine mit der Entscheidung von Pater Ehser, der am Sonntag, den 28. Juli in Geilenkirchen feiert. Der Montag sei mit Pater Laumen aus

Ein Verzeichnis von 1899 belegt, dass Reiner *Wilhelm* Janssen die Mitgliedsnummer 12 in einer Genossenschaft hat.

Arnolds Angaben decken sich mit Berichten aus *Pioniere der Südsee, zum goldenen Jubiläum 1882 - 1932"*. Er erlebt in Hiltrup den Besuch von Bischof Couppé. Ein Auszug aus S. 31: "Bischof Couppé ließ es sich von Anfang an angelegen sein, die Mission auf eine gesunde materielle Basis aufzubauen. Diesem Zwecke dienten vor allem zwei große Unternehmungen: Die Anlage von Kokuspflanzungen und die eines Sägewerkes. Die Anwerbung der dazu notwendigen Arbeiter macht die Mission immer mehr bekannt bei den entfernteren Volksstämmen. Der Bischof selber machte mehrere Fahrten hinüber nach Neuirland, von wo er auch noch Kinder mitbrachte, die in den Internaten von Vunapope erzogen wurden. Als Bischof Couppé auf seiner zweiten Europareise (1900) die neugegründete deutsche Provinz der Genossenschaft besuchte, und sich vergewissern konnte, daß er in der Zukunft alljährlich eine Anzahl Missionare erhalten werde, konnten immer mehr Stationen gegründet werden."   *(Arnold Janssen vom Besuch Couppés S. 35)*

Millen belegt. "So bleibt für mich der Dienstag, wozu P. Ehser herüber kommen könnte. Wir wären alsdann in genügender Zahl um die Feier festlich begehen zu können. Nun heißt es Eure Ansicht hören. Bis Donnerstag hättet Ihr Zeit genug die notwendigen Vorkehrungen zu treffen. Der Montag wäre Euch vielleicht lieber gewesen. Allein weder P. Ehser kann wegen der Hochzeit seiner Schwester; noch P. Laumen wegen der angeraumten Primiz kommen."

Arnold will seine Primiz mit zwei Jungpriestern zusammen feiern, will zu dritt am Altar stehen. Er muss sich nach seinen Assistenten richten, deren Termine, im Gegensatz zu seinem, fest stehen. Wahrscheinlich nimmt er auch an deren Primiz teil. Er steht unter Druck, weil der Bischof von Osnabrück den Termin der Priesterweihe verschoben hat und auch der Weihbischof am ursprünglich vorgesehenen Tag nicht kann. Schließlich bestimmt Bischof Hubert Voß den endgültigen Termin auf den 25. Juli 1901. In der Kapelle des Klosters in Hiltrup sollen die 11 Anwärter zu Priestern geweiht werden.

Reiner Wilhelm begibt sich nach diesem Brief zum Pastor und teilt das Ergebnis der Waldfeuchter Absprache Arnold mit. Überrascht, dass die Primiz erst am Donnerstag stattfinden soll, versucht er am 11. Juni als Termin Mittwoch, den 31. Juli vorzuschlagen und teilt der Familie die Einzelheiten mit, die zu Hause doch einiges Aufsehen erregen, denn so groß hatten sie sich in Waldfeucht die Feier nicht vorgestellt.

Arnold schlägt auf die Pauke, will den Waldfeuchtern eine Primiz bieten, die in die Geschichte eingehen soll. Das erreicht er auch, nur nicht so, wie es sich seine Familie vorgestellt hat. Doch darüber zu gegebener Zeit.

Arnold bedankt sich in diesem Brief vom 11. Juni 1901 zunächst für die getroffenen Absprachen und teilt *(wie schon angenommen)* mit, dass er an den Primizen seiner Studiengenossen teilnehmen will, dass im Gegenzug ihm die beiden am 31. Juli assistieren werden. Er ist auch mit dem Vorschlag seines Vaters einverstanden, den Pastor von Havert, der doch sehr bekannt sei, den er auch vorher in Millen treffen wird, einzuladen.

"Auch muss ich Herrn Oberpfarrer *(Dr. oder Dechand)* Schneider aus Heinsberrg einladen." – Neben anderen Gästen, die Arnold auch noch einladen will, hat er einen ebenso erstaunlichen wie originellen, wahrscheinlich aber undurchführbaren Vorschlag:

"Ihr werdet wohl fürchten, keinen Platz genug zu haben. Hier möchte ich einen Vorschlag machen. Franz besitzt ja das Haus nebenan. Vielleicht ließe sich dessen Stube auch mitgebrauchen und zwar vor dem Essen als Empfangszimmer, und nachher für den Fall, daß unsere Stube nicht ausreicht, könnten ja einige dort essen. Wenn ich mich nicht irre befindet sich auch eine Türe unter dem Toreingang; aber ich glaube, dieselbe mündet in den Keller. Sollte es nicht gehen daß man eine Türe direkt in den Hauseingang machen würde; ich glaube daß dies nicht viel Kosten und Umstände verursachen würde und vielleicht wäre man aus der Not heraus; denn man wird die Herren nicht gut unter dem Tore empfangen können, wo jeder ein- und ausgeht. Überlegt einmal."

Reiner Wilhelm wird den Atem angehalten und auch Franz nicht gerade gejubelt haben: "Nicht mehr?" Sechs Wochen vor der Feier zwei Hauswände durchbrechen, eine neue Tür herstellen und einsetzen, beimauern, beiputzen und tapezieren, und danach: soll daraus ein Dauerrecht entstehen? Sich täglich von Wohnstube zu Wohnstube die Klinke in die Hand geben?

Leider ist nicht bekannt, wie auf die Unbekümmertheit des jungen Missionars reagiert wurde. Einen Monat später liegt jedenfalls noch kein Einverständnis der Waldfeuchter vor, denn Arnold fragt erneut an:

"Was sagt ihr endlich zu dem Vorschlage bezüglich der Stube im Drutte Haus?

Ich habe dem Herrn Pastor geschrieben ich werde soviel Primizbildchen bestellen daß ich den Kindern und allen Teilnehmern an der Feier ein Andenken geben kann. (Es ist auch eine kleine Politik; denn hoffentlich werden die Leute den Missionar auch nicht vergessen.) – Für die Einladungen von hier braucht ihr Euch keine Sorge zu machen."

Arnold ist voller Optimismus, obwohl er das letzte Examen noch bestehen muss. Er leidet unter der anhaltenden Hitze, die seinem Studium hinderlich ist und ihm manche kostbare Stunde raubt.

Eine Dame stiftet ihm "ein ganz gutes", für die Mission geeignetes Messgewand, eine andere Wohltäterin schenkt ihm 80 Mark zu einem Kelch, der 120 kosten soll. "Sowohl Kelch als Meßgewand werde ich bei der ersten hl. Messe, die ich wahrscheinlich in unserem Schwesternkloster lesen werde, gebrauchen."

Am 12. Juli hat Arnold sein Priesterexamen überstanden, aber noch liegen ihm die Noten nicht vor. Im Gegensatz zu Christian, der nie ein Wort über Studienprobleme verliert, ist Arnold seiner Leistung nie ganz sicher:

"Ich hatte mir dasselbe recht schwer vorgestellt, leider

Arnold *(links)* wird 1901 in Hiltrup zum Priester geweiht, der jüngere Christian wurde es bereits 1899 in Rom.

noch nicht schwer genug! Nicht allein die große Hitze
setzte uns tüchtig zu,sondern auch in verschiedenen Umständen in der Materie selbst lag der Haken. Am ersten
Tag haben wir morgens von 8 Uhr zu 64 Mann in einem
Studiensaal geschwitzt und den Kopf und nicht weniger
die Frager angestrengt."
Da der Bischof aber am nächsten Tag verreisen muss,
folgt bereits nachmittags "in der größten Hitze" das münd-
liche Examen. Am folgenden Morgen geht es ohne Bischof weiter und sie konnten sich wieder den Kopf zer-
brechen "über Sachen die wir nicht so gesehen hatten.
Am Nachmittag in der größten Hitze wiederholte sich
dasselbe Spiel. Da konnte man am Abend sagen, das war
ein harter Tag. Hoffentlich ist alles gut abgelaufen. Diese
Examen waren schwieriger als gewöhnlich, weil es für
uns nicht nur um die Priesterweihe ging, sondern auch
für das Beichthören gelten sollte."

Arnold muss für sein Hauptexamen die heißesten Tage
des Jahres erwischt haben, allgemein ist es nämlich ein
regnerisches Jahr. Aber er fängt sich und widmet sich tem-
peramentvoll dem Organisieren seiner Primizfeier. – Der
Primizprediger ist gefunden: es ist Pastor Schmitz von
Havert. Die Feier soll um 9 Uhr beginnen.
In aller Stille schickt Arnold Informationen an die
Heinsberger Volkszeitung: "Sagt nichts davon, damit ich
keine Unannehmlichkeiten bekomme, denn ich halte mich
da ganz raus."
Er umgeht den Orden, sogar seinen Bruder Christian, der
über den Dingen steht und anscheinend den großen Rum-
mel nicht will, seine Primiz in Rom in aller Stille gefeiert
hat. Ist ihm Arnolds Primiz zu weltlich, zu sehr auf Bei-
fall ausgerichtet? Weshalb hält er sich bei der Primizpredigt zurück? Ich meine seine Bedenken zwischen seinen Zeilen zu lesen:
"Wir wollen eifrig für Arnold beten ... jedenfalls werde
ich an der Primiz teilnehmen. Ich muss es jedoch Euch
und dem Bruder überlassen, die näheren Bestimmungen
für dieses Fest zu treffen. Hoffentlich wird alles vonstatten gehen."

Prominente Gäste lädt Arnold persönlich ein. Am Tag der
Feier treffen sich alle im Haus von Reiner Wilhelm und
Odilia. Neben Arnold und den beiden Jungpriestern, zu
denen sich noch der geistliche Assistent Wienand aus
Stahe gesellt, gratulieren der Pastor aus Havert, der Oberpfarrer Schneider aus Heinsberg, ein Pfarrer Tollhausen,
der Pastor Wilhelm Lückerath aus Waldfeucht und natürlich Christian. Allein 9 Geistliche füllen die gute Stube,
die aber noch mehr Prominenz fassen muss wie den Notar Frenken aus Heinsberg, eine Frau Bürgermeister Hack,
einen Herrn Schuwarek *(wahrscheinlich von der Heinsberger Volkszeitung)* und dessen Schwester, eine Frau
Rentmeister, natürlich meinen Urgroßvater Peter Eulogius
Houben mit Frau und Gäste aus Gangelt, die mir nicht
namentlich genannt sind. Dann natürlich die Freunde der
Familie und schließlich die Verwandtschaft, allen voran

Joseph Janssen, der Küster, Organist und Chorleiter, die
Brüder Franz, Eduard und Josef mit Frauen, sofern sie
verheiratet sind. und die Schwester Gertrud. An diesem
Tag wird auch mein Vater, der sieben Wochen alte Reiner
präsentiert. Auch sind noch andere, mir nicht Bekannte
anwesend, aber nicht alle Freunde, die sich ausgerechnet
hatten, eingeladen zu werden.
Arnold ist in seinem Element, widmet sich besonders
Oberpfarrer Schneider aus Heinsberg, "denn ihm verdanke ich zum großen Teil, daß ich meine Ziel nicht habe
fahren lassen."
Er widmet sich ihm vielleicht etwas zuviel und es fehlt
ihm daher die Zeit, sich um die einfacheren Bürger, Spen-
der und Förderer zu kümmern, wie um die Geschwister
Aufsfeld oder um die Familie Görtz.
Seinem Vater wird jedenfalls in den folgenden Wochen
zugetragen, dass nicht alle Freunde mit dem Modus der
Feier zufrieden waren. Ihm schlägt ein kühlerer Wind
entgegen. Das Auftreten Arnolds im Kreise der anderen
Geistlichen wird als überheblich bewertet. Das ist auch
nicht gut für die Handwerker der Familie Janssen. Einige
Bürger scheinen vor den Kopf gestoßen, sind verärgert.
Andere drücken ihr Missfallen über das Auftreten der
Söhne eines einfachen Handwerkers in Spott aus und bald
kursiert das Schlagwort **"die Heere van Vöcht"**, die etwas zu großspurig aufgetreten sind und eine spöttische
Quittung erhalten. Man hört es in Brüggelchen, Bocket,
Frilinghofen und Echterbosch, denn von dort wird mir
nach 50 Jahren noch übermittelt, dass die *Nierese* danach
"en Vöcht neet good geliehe waaße".
Auch Freunde reagieren gereizter, kleinlicher – fühlen
sich zurück gesetzt hinter Prominenteren, die zwar einen
höheren Gesellschaftsgrad, aber eine niedrigeres Spen-
denaufkommen haben. In Waldfeucht gibt es Reichere.
Das ist natürlich nicht im Sinne des bescheidenen Reiner
Wilhelm. Er kann aber nur noch Sohn Christian, der nicht
der Verursacher ist, erreichen, denn Arnold schwimmt
bereits auf endlosen Ozeanen seiner Bestimmung entgegen. Er könnte zur Zeit keinen Boden gut machen, selbst
wenn er wüsste, was in Waldfeucht erzählt würde. Aber
er weiß es nicht und kann sich nicht einmal äußern, selbst
wenn er wollte. Deshalb muss Christian sich einschalten
und den Vorwurf der Undankbarkeit abwälzen. Das gelingt aber nur zum Teil. Die Herzlichkeit der Zuwendungen erhält einen Riss, der Stunk zieht sich in den Herbst
und denWinter hinein, in dem Christian sich als neuen
Vorwurf anhören muss, auch er habe nicht das notwendi-
ge Fingerspitzengefühl bewiesen.

Arnold steigt aber in diesen Wochen zu einem der am
weitesten gereisten Waldfeuchter auf, hat den Suezkanal
durchquert und von Colombo geschrieben. Er erreicht
schließlich Vuna Pope, das in Neu-Pommern auf dem Bismarck-Archipel, nordöstlich von Australien liegt.
Neu-Pommern und Neu-Mecklenburg sind zwei Inseln
bei Neu-Guinea, im unterentwickeltesten Winkel der Welt,
in dem sogar noch Menschenfresser leben.

Die Wogen des Missfallens glätten sich im Familien- und Freundeskreis, als Arnold seine ersten Reiseerlebnisse in der Heinsberger Volkszeitung veröffentlicht. Die Verbindungen schaffen ein Herr Joppen und der schon genannte Herr Schuwarek. Auf Wunsch Arnolds werden die Briefe erst nach einer Korrektur durch Christian veröffentlicht:

"Du erinnerst dich doch wohl noch welchen Effekt die unkorrigierten Briefe des Paters Kisgen gemacht haben. Gott bewahre mich vor solchem Erlebnis auch wenn es nicht so schlecht ausfallen sollte."

Arnold will, dass die Korrespondenz zwischen Söhnen und Elternhaus aufbewahrt und gesammelt wird, um daraus einmal eine echte Familienchronik zu gestalten.

Aus seinen Berichten erfahren die Selfkanter, dass einer der Ihren mit einem Kutter Inselküsten abtuckert, vom Wasser aus mehrere Niederlassungen betreut, dass er auch Pferde benutzt, Urwälder durchstreift, Flüsse überquert, in Aufstände gerät und bei einem Ritt ins Inselinnere vom bockigen Hengst abgeworfen wird. Er stürzt glimpflich, kann wieder aufsatteln, noch rechtzeitig die Station erreichen und "eine kleine kanakische Weltbürgerin auf Odilia", den Namen seiner Mutter, taufen.

Die Waldfeuchter Odilia erkrankt in Februar 1902 aber so schwer, dass sie nicht einmal ihren vierundsechzigsten Geburtstag feiern, geschweige die Sonntagsmesse besuchen kann.

"Wie fremd wird es ihr die früher nie krank gewesen ist, vorgekommen sein, als sie das erste mal wieder die Kirche besuchen konnte. Sie kann Gott danken für diese Genesung; denn wenige würden sich von solch schwerer Krankheit wieder erholt haben. Arnold schreibt, nachdem er die Entwarnung seines Vaters erhalten hat. Am 15. März ist dessen Frau wieder soweit hergestellt, dass sie den Haushalt führen kann und Reiner Wilhelm Zeit hat, sich hinzusetzen und einen Brief an Arnold zu schreiben, der diesem am 10. Mai vom einlaufenden Dampfer überbracht wird.

Arnold ist "einer der wenigen, die das Fieber noch nicht verkostet haben. Tag für Tag kann ich ohne Unterbrechung auf meinem Posten sein. Ich hoffe daß auch hier krachende Wagen am längsten laufen. Der Todesengel hält ja in Europa nicht weniger gute Ernte als hier. Erhielt ich doch vom letzten Dampfer vier Todesnachrichten, worunter zwei von den Männern im kräftigsten Alter." ...usw.

"Offen gestanden lebe ich recht zufrieden hier. Arbeiten muss ich in der Welt, im Kloster und selbstverständlich auch hier. Freilich bleiben mir als Missionsprokurator die materiellen Arbeiten wie sie das Missionsleben von selbst mit sich bringt erspart. Dafür habe ich aber auch um so mehr Sorgen, daß die große Arbeitsmaschine sich dreht. Und wer mit Kanaken haushalten muß darf sich nicht leicht aufregen da er sonst, wenn keine Glatze, so doch graue Haare bekommen würde. Direkt brauche ich den Kanaken ja nichts aufzutragen, da in der Spitze der einzelnen Arbeiten ein Bruder steht, der von mir seine Aufträge erhält. Nichtdestoweniger reißt bisweilen der Faden der Geduld und ich fasse hier und dort an, um zu ersetzen, was dem Bruder entgangen ist. – So komisch es auch lauten mag, so ist es doch wahr, daß ich neulich drei Tage das Spülen und Abtrocknen der Jungen überwacht und ihnen die einzelnen Arbeiten vorgemacht habe. Zeigt man nämlich dem Kanaken nichts, so weiß er nichts. Es geht ihm plötzlich ein Licht auf, was er durch ein langgedehntes 'ah' kundgibt. Es kommt mir also gut vonstatten von der praktischen Arbeit etwas zu verstehen.

Froh bin ich, daß ich einen tüchtigen Store(Magazin)-verwalter, einen geschickten Schmied und einen erfahrenen Bruder für das Vieh und die damit zusammenhängende Arbeit habe. Aber leider habe ich keinen ordentlichen Schreiner, der Bruder Gollout mußte wegen Krankheit zurückgeschickt werden und ein anderer Bruder arbeitet auf den Marschallinseln. Vorläufig muss ich sehen, wie wir bis zur Ankunft eines neuen Schreiners auskommen.

Wie ihr sehet brauche ich nicht zu fragen, was ich heute oder morgen tun soll. Nun gesellen sich aber hierzu noch die Arbeiten als Priester und Missionar. Sodann soll ich die Sprachen lernen und weiß keine Zeit dazu zu finden. Da kann also von Langeweile keine Rede sein. Solange mir Gott Gesundheit verleiht, will ich gerne unter diesen schwierigen Umständen weiterarbeiten und wenn nicht direkt, so doch indirekt an der Bekehrung dieser armen Kanaken arbeiten kann.

Christian Janssen korrigiert Berichte seines Bruders, die in der *Heinsberger Volkszeitung* veröffentlicht werden.

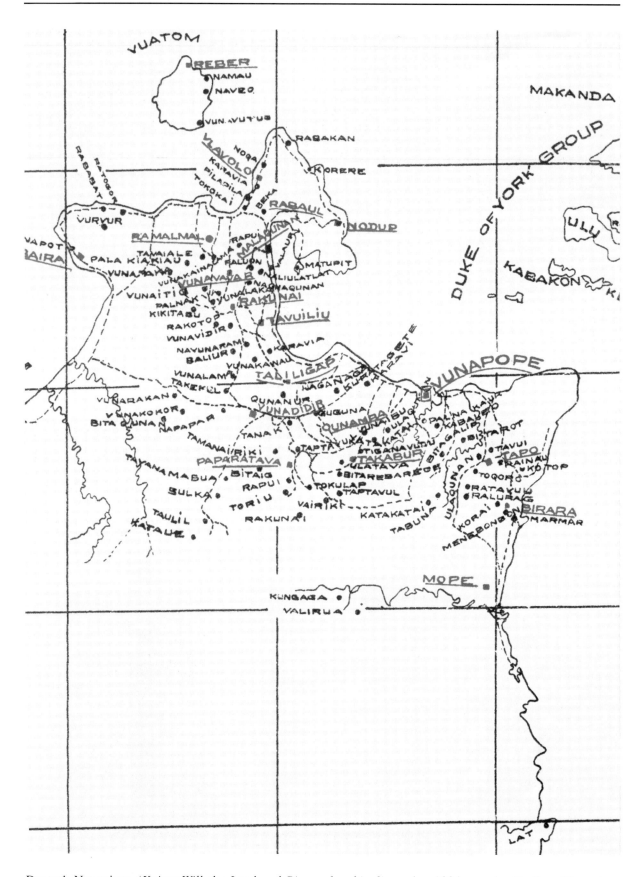

Deutsch-Neuguinea *(Kaiser-Wilhelm-Land und Bismarckarchipel)* werden 1884 von der Berliner Neuguinea Compagnie erworben. Die Inseln gehören zu Melanesien. 1899 gehen sie als Kolonien in Reichshände über. Zwei kaiserliche Richter werden bestellt, für das Kaiser-Wilhelm-Land und für dem Bismarckarchipel. Es wird eine Schiff-fahrtslinie geschaffen, die vierwöchentlich die Insel anfährt und über Sydney oder Hongkong mit der Welt verbindet.

Windthorst, Kontrahent Bismarcks, setzte sich 1885, ein Jahr nachdem Christian Janssen nach Issoudun gegangen war, auf dem Katholikentag in Münster für eine Südseemission ein: "Ich empfehle Ihnen die Missionare vom hl. Herzen Jesu in jeder Richtung. Können wir sie unterstützen mit Geld, so sollen wir es tun; haben wir junge Leute, die denselben Weg gehen wollen – wir würden glücklich sein, wenn solche zu finden wären - es darf uns nicht hindern, auf diesem Wege den Leuten zu folgen." Auf dem Katholikentag 1886 in Breslau: "Energisch muss man die Sache der Südseemission in die Hand nehmen, sonst läuft man in Gefahr, überflügelt oder ausgeschlossen zu werden." Zu den "jungen Leuten" zählte Christian Janssen, der die Südsee zwar nur als Provinzial und Visiteur erreichte, dafür aber die Heimatfront mit aufbaute, sein älterer Bruder Arnold wird auf dem Bismarck-Archipel einer der Pioniere sein.

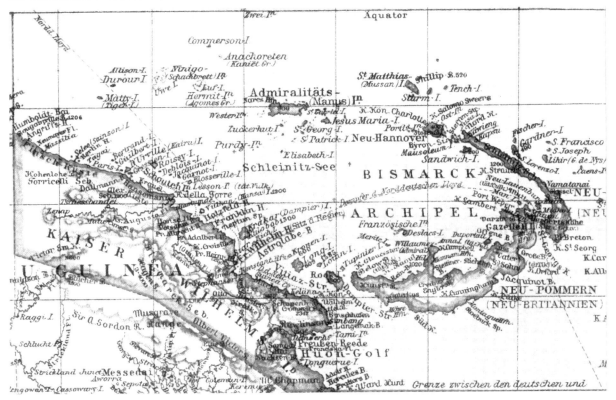

**Vicariatus Apostolicus
Novæ Pomeraniæ**

(Neu Pommern),

Vuna Pope 10. V 1902

Liebe Eltern und Geschwister.

Die Zeit für ungleichen Dampfer über-
raschte mich mit Eurem Briefe vom 15. März
und gab mir die Versicherung, daß zu Hause
sich noch alle einer guten Gesundheit erfreuen.
Die liebe Mutter ist ja nunmehr auch soweit
hergestellt. Wie fremd wird es Ihr die, früher
nie krank gewesen ist, vorgekommen sein,
als sie das erstemal wieder die Kirche besuchen
konnte. Wie kann Gott danken für diese Genesung, denn wenige würden sich von solch einer
schweren Krankheit wieder erholt haben.
Hoffentlich werdet Ihr nunmehr auch im Besitz
von Briefchen, die die frohe Kunde von meiner
glücklichen Landung gebracht haben. Seit
meinetwegen außer Sorgen, denn bis jetzt
geht noch alles glatt ab. Ich bin bis jetzt
noch einer der wenigen, die das Fieber noch nicht

Als Arnold Janssen 1901 in Vuna Pope an Land ging, stand dieses Holzhaus noch nicht. Nach seinen Worten wurde es erst im Laufe des Jahres 1902 fertig:
"Das neue Wohnhaus geht seiner Vollendung entgegen. Es ist wirklich höchste Zeit; denn die bisherige Behausung ist eine so armselige Hütte, daß man bei Euch den Hühnern etwas besseres bauen würde. *(Die spätere Schusterwerkstatt wurde 1925 ganz abgerissen.)* Bild unten: Die Landebrücke von Vuna Pope.

Abenteuer auf den Inseln des Bismarck-Archipels

Arnold Janssen schildert eine Bootsfahrt, die in Vuna Pope begonnen und entlang der Küste von Neupommern, danach wieder zurück nach Vuna Pope führt:
"Wir erreichten gegen 4 Uhr nachmittags wieder Vunamarita. Ich ließ den *Gabriel (Missionsboot)* durchfahren und begab mich zu Fuß nach St. Paul um bei Pater Rascher eine gute Woche auszuruhen. Die Schwestern hatten bereits ihre Wohnung bezogen und arbeiteten sich in das mühsame Stationsleben ein. Was soll ich denn über St. Paul nach meinem einwöchigen Aufenthalte berichten? – St. Paul soll die Zentralstation des ganzen Bainingerlandes werden. Baining ist ein Gebirgsland mit sehr fruchtbaren Tälern. Die Bewohner bleiben selten an einem Orte, sondern suchen fast jedes Jahr eine

andere noch unbenutzte Stelle auf. Dieser Umstand macht das Missionswerk recht schwierig. Um die Sache noch heikler zu machen, ziehen die Baininger sich mehr und mehr zurück um den Raubzügen der Uferbewohner auszuweichen, die die Baininger häufig heimsuchen und als Sklaven fortzuführen.

Um all dem ein Ende zu machen, hat Pater Rascher zu Sankt Paul eine 30-40 Kinder zählende Schule gebildet, die sich nach ihre Verheiratung bei ihm ansiedeln. Bereits 19 solcher Familien haben den Grundstock zu einem christlichen Dorfe gelegt. – Zwei Stunden von hier hat Pater Rütten auch eine Station begonnen. Ihm statten wir dieser Tage einen Besuch ab.

Auf unserem Heimweg schlugen wir eine andere Richtung ein und besuchten mehrere große Wasserfälle. Schließlich mußten wir den Karo-Fluß durchwaten. Was noch trocken geblieben war wurde bald durch einen echten Baininger Regen getauft. So hatte ich Gelegenheit auch diese Bescherung des schönen Landes zu erfahren. Der Aufenthalt hierselbst ist nunmehr zu Ende. Ich erwarte wieder unseren *Gabriel*, der mich nach Vuna Pope bringen soll, wo sich die Arbeit sehr angehäuft haben wird. Von dort aus will ich den Brief schließen. Für heute Gott befohlen."

"Vuna Pope 18. Mai 1902. Liebe Eltern und Geschwister! Der *Gabriel* sollte noch einen ganzen Tag auf sich warten lassen, endlich konnten wir abfahren. In der Gegend von Matupi hatten wir Unglück mit der Maschine. Wir ankerten in Matupi und blieben dort einen Tag liegen. Ich benutzte die Gelegenheit um unsere dortige Pflanzung

zu besuchen und ein Kontrolle der Arbeiten vorzunehmen. Gegen Abend konnten wir die Fahrt fortsetzen und kamen gegen 3 Uhr morgens hier an. Ich fand meinen Tisch mit Papieren bedeckt die mir für mehrere Tage Arbeit lieferten. ... Hier will ich Schluß machen, weil die Post jeden Augenblick eintreffen kann und alsdann keine Zeit mehr für Privatbriefe bleibt. Beten wir füreinander auf das wir allesamt unsere Ziele erreichen. ..."

(Eine Seite des Briefes ist verloren. Der nachfolgende Text gehört zu Seite 43, zum Bau des Holzhauses):
"Der Weg zur Station ist recht schwierig. Berg und Tal wechseln beständig. Auf diesen schlüpfrigen Pfaden musste das Bauholz und sonstiges Material für das Haus hingeschafft werden. Man möchte es kaum für möglich halten."

Arnolds Zeit für Briefe ist beschränkt, wie beschränkt, erfahren wir aus einem Brief, den er an Christian schreibt: "Wie gern ich Dir auch eine längere Antwort geben möchte, so muß ich mich trotzdem kurz fassen. Die geschäftlichen Sachen haben mich so in Anspruch genommen, daß ich erst heute meine Briefe lesen konnte. Während sich andere ins Bett legen, fange ich an, Dir und der Tante eine Abschlagzahlung zu geben.

Wir leben in sehr gespannten Verhältnissen. Nicht zwei Stunden von hier tobt der Krieg und wohl 2000 Mann sind mit Gewehren bewaffnet. Die Zahl der Toten beträgt schon 30-40 und einige Gefangene sitzen auf Herbertshöhe. Wie Du aus den Berichten die Ursachen eh

Küstenbewohner neben ihren seetüchtigen Auslegerbooten am Strand von Neupommern

genau erfahren wirst so will ich mich ganz kurz fassen: In der Nähe von Corapotara, wo früher der Pater Schmitz war, waren Streitigkeiten über ein Grundstück ausgebrochen. – Nach einigen Präliminarien überfielen die Paragatarer und ihr Anhang das Haus des Pflanzers Wolf, töteten dessen Frau durch Beilhiebe und Lanzenstiche und ebenso das 6-monatige Kind und das Kindermädchen. Ein Fräulein Cheri hat wohl zwei Streifhiebe abbekommen, wurde aber Dank der Geistesgegenwart eines Boys dem Verfolger entzogen und entkam mit dem Mohr."

Die Flüchtlinge irrten von morgens bis abends herum, trafen dann endlich erschöpft bei Pater Eberlein ein.

"Pater Eberlein war 10 Minuten vorher an dem Schreckensort vorbeigeritten, wurde aber darauf gewarnt und auf weiten Umwegen, ohne Pferd, nach Takobur zurückgeführt. Vierzehn Tage vorher hatte er in Weirken fliehen müssen. Nach diesem Schreckensereignisse sind die Mörder geflohen und Schluß vom Lied ist, daß ganze Stämme aufstehen.

Pater Riederer schrieb um Hilfe. Pater Kleintitschen ist mit 8 Boys (alle mit Geheiß des *Kaster und Polzerhoppe* ?) und Gewehr bewaffnet zu Hilfe geeilt und heute verlangt Pater Kleintitschen neuen Proviant und weitere 5 große Jungen. Wie die ganze Affäre endigt weiß man noch nicht. Später werde ich in einem Berichte über die Erlebnisse in den ersten Monaten auf Neupommern Dir alles genauer mitteilen; denn ich habe diese Gegenden, wo sich jetzt fast keiner mehr hinwagt noch vor zwei Monaten ohne jegliche Waffe durchritten. So stehen die Sachen hier. Mancher Weiße fürchtet um seine Haut. Die Frau Wolf und Kind wurde bei uns begraben."

Die Ureinwohner werden als Krieger zu Bestien "und kennen sich selbst nicht mehr. Falls jetzt keine ordentliche Remadur geschaffen wird, so wird noch manches weiße Opfer fallen. Der Brunnen wird ja gedeckt, wenn das Kind ertrunken ist. Vielleicht erhälst Du in Bälde von anderer Seite Erklärung und Anwendung des letzten Satzes. Schreibe vielleicht den Eltern etwas über die vorstehende Geschichte; aber sende nicht dieses Gekritzel, denn ich muß mich ja schämen, obschon meine Müdigkeit sicher entschuldigt."

Die Erklärung für die Unruhen: Pflanzer verweigern den Ureinwohnern den Zutritt zu ihrem angestammten Land. Die Sippen setzen sich zur Wehr. Dann schießen deutsche Kolonialsoldaten, eine Truppe, für die schon ein Offizier meinen Großvater Jakob Hülhoven für zu schade hielt. Die Eingeborenen ziehen in allen Scharmützeln den Kürzeren. Sie haben die Toten zu beklagen, Gefangene werden auf Herbertshöhe festgesetzt.

Arnold steht auf der Seite der Weißen. Auch für ihn, den Missionar, muss man den "Mohren" mit der Waffe Respekt beibringen. Er berücksichtigt in seinen Überlegungen nicht die Zwangsläufigkeit der Wanderbewegungen, erkennt aber, wie die anderen Missionare auch, dass diese hinderlich für eine Missionierung sind.

Nomaden sind sesshaft zu machen. "Bekehrte" steckt er ebenso in abgetragene Kleider wie seine Mitbrüder es tun, obwohl Kleider der Europäer mehr schaden als nutzen in diesem feucht-heißen Klima.

Aber die Missionare des MSC-Orden wirken nicht negativ, begehen nicht dieselben Fehler wie ihre spanischen

Vorgänger, die schon zweihundert Jahre vor ihnen die Melanesier zu missionieren versuchten, aber durch Habsucht und Überheblichkeit machten sie sich die Eingeboren zu Feinden. Spanische Missionierungsversuche kennt man aus Südamerika. Anders die Missionare vom heiligsten Herzen: Schon Bischof Couppé nahm sich verwaister Kinder an, baute Heime, Schulen, Werkstätten und Sägewerke, legte Plantagen an und betrieb Viehzucht.

Aber das Ungleichgewicht wird an anderer Stelle sichtbar: Fügen sich die Eingeborenen nicht, rebellieren, werden sie in einem ungleichen Verhältnis, ohne die Probleme, die zu den Ursachen der Auseinandersetzungen führten zu klären, bestraft. Der Weiße hat immer recht, auch der weiße Missionar. Beispiel: Arnold erzählt die Geschichte von den ermordeten drei Weißen und nennt im gleichen Brief 30-40 Tote auf der anderen Seite. Etwa 400 Weiße maßen sich eine Bevormundung von knappp 200 000 Melanesiern an, die gefälligst ihre Naturreligion aufzukündigen und zum Christentum überzutreten haben.

Arnold weist in seinem Brief darauf hin, dass die Küstenbewohner die auf Neupommern wohnenden Baininger überfallen und als Sklaven fortführen, was zur Folge hat, dass sich die Baininger immer tiefer ins Landesinnere zurückziehen, was auch die Missionierung erschwert. Die seefahrenden Küstenbewohner sind kriegerischer und von Natur aus wahrscheinlich auch mutiger. Sie scheuen sich nicht, die offene See zu befahren, verfügen über verblüffendes nautisches Wissen. Bevor die Weißen kamen, waren sie in ihren Gebieten die Herren der Inseln.

Nur schwer fügten sich die Uferbewohner den Missionaren und gaben die Sklavenjagd auf, doch blieben auch danach die Baininger in einem Hörigkeitsverhältnis zu ihnen. Es gab sogar Aktionen gegen die Küstenbewohner, so wurden Baininger-Sklaven auf Veranlassung von Bischof Couppé und Pater Rascher durch den deutschen Richter Dr. Hahl *(auch letzter deutscher Gouverneur)* und seine Schutztruppe auf Ramadu befreit. Die Häuser der Bewohner wurden niedergebrannt und die Sklaven nach Loan gebracht, wo die Missionare ihnen neue Häuser errichteten. Pater Rascher knüpfte freundliche Beziehungen zu den Bainingern, begann die schwierige Bainingsprache zu erlernen. Ihm wurde im folgenden Jahr die Gründung einer neuen Station in den Bainingbergen übertragen, die Niederlassung St. Paul entstand. Der Urwald wurde gerodet und das Bauholz herangeschleppt und Missionshäuser daraus erbaut. Die aus der Sklaverei befreiten Baininger wurden unterhalb der Station angesiedelt.

Es wurde bereits gesagt, dass Arnold Janssen 1902 Pater Rascher in St. Paul besuchte. Zwei Jahre nach diesem Besuch wurde die Station von einer Tragödie heimgesucht. Pater Bernhard Bley schildert den Überfall vom 13. August 1904:

"Es zeigt die ganze Erbärmlichkeit des unzivilisierten Baininger Volkscharakters – bei allen sonst so guten Eigenschaften –, daß gerade hier diese schwarze Tat stattfinden konnte, wo der gute Pater Rascher so beliebt war, der wie kein anderer für sie gearbeitet und sich hingegeben hatte, so daß er scherzend von allen **der König der Baininger** genannt wurde. Und dabei war die Tat noch von einem Zögling angestiftet, dem P. Rascher und die

Die Flotte der Küstenbewohner auf hoher See. Die Seefahrer betätigen sich auch als Sklavenjäger

Die am 13. August 1904 ermordeten Patres Rascher und Rütten auf einem Marsch ins Innere von Baining.

Mission nur die größten Wohltaten erwiesen hatten. Unbegreiflich ist es, daß dieser undankbare, aber mit zähem Willen und Hang zur Schlechtigkeit veranlagte, von der Mission befreite Sklave, bloß um seinem Stolze zu frönen, selbst König der Baininger zu werden, wieder Sklaven wie früher zu verschachern und die früheren unsittlichen Eheständen wieder einzuführen, kurzum, das Christentum wieder auszutilgen, es fertigbrachte, ohne Wissen des besseren Teils der Bevölkerung einen Komplott unter einigen Gleichgesinnten zustandezubringen. Die Ausführung des fein eingefädelten Planes war leicht, da die Missionare keine Waffen bei sich hatten und infolge ihrer Überrumpelung nicht an Verteidigung denken konnten. In einigen Minuten war alles geschehen, da die Rollen nur zu gut verteilt waren.

Am 13. August 1904, zwei Tage vor Mariä Himmelfahrt, kehrte der Mörder To Maria, der Schießjunge P. Raschers, früher als sonst, schon gegen 8 Uhr morgens, mit seinem Gewehr aus dem Walde zurück und meldete, daß er keine Tauben getroffen habe. Als P. Rascher, der fieberkrank sich aufs Bett gelegt hatte, sich erhebt, erhält er durch das geöffnete Fenster einen Schrotschuß in die Brust. Schwester Anna, die gerade Wäsche brachte, war das zweite Opfer. Nachdem es ihr gelungen war, sich ins Seitenzimmer einzuschließen und sich unter den Tisch zu flüchten, erhielt sie einen Schuß durch die Stirn."
Der Trappist Bruder Alois Bley wird zunächst von einem Baininger in Schutz genommen, erhält aber dann eine

Pater M. Rascher, scherzhaft "König der Baininger" genannt, ist seit 1895 auf dem Bismarck-Archipel tätig. Er wird fieberkrank. Am 13. August 1904 wird er von einem, aus der Sklaverei befreiten, Baininger ermordet.

Schrotladung ins Gesicht, darauf einen zweiten Schuss
in die Seite, wird außerdem mit Buschmessern am Kopf
verletzt und stirbt.

Eine zweite Schwester, Sophia, wird auf dem Heimweg
in die Station mit Messern umgebracht. Sie kam aus dem
Bainingerdorf, in dem sie Verletzte verbunden hatte.

An der Kirche bückt sich Bruder Plaschaert über die Bretter der Seitenwand, als der erste Schuss, das Kommando
für den Überfall, fällt. In gebückter Arbeitshaltung wird
er von hinten von einer Axt im Nacken getroffen, ebenso
ergeht es Bruder Schellekens, der mit Zement an der Trep-
pe verputzt. Beide Ordensbrüder sind sofort tot.

Gleichzeitig überfallen die Baininger das Schwesternhaus
und ermorden die drei anwesenden Schwestern Agnes,
Agatha und Angela, bevor sie die Station restlos ausplün-
dern.

Nachdem der Überfall auf Herbertshöhe bekannt wird,
sendet der Richter seinen Polizeimeister Schaper und 12
Polizeisoldaten nach St. Paul. "Daß die Regierung bluti-
ge Rache nahm und keiner der Mörder der Strafe entging, erwähnen wir nur wegen der erfreulichen Tatsache,
daß alle, mit Ausnahme des Rädelsführers, sich bevor die
strafende Gerechtigkeit an ihnen vollzogen wurde, mit
Gott ausgesöhnt und reuig gestorben sind". (Bernhard
Mertens MSC)

Die Polizeisoldaten bleiben einige Monate dort. Am 23.
Dezember treffen Pater Stehlin und Bruder Plengemeyer
auf der zerstörten Station ein und beginnen zu ordnen
und das Vertrauen der Baininger zurückzugewinnen.
Schon im Januar 1905 treffen die ersten Schwestern ein.

Pater Rütten wird, auf seinem Klappstuhl sitzend, in
Nachanurep aus nächster Nähe hinterrücks von seinem
eigenen Boy erschossen. Der Junge ist zu dieser Tat von
den aufrührerischen Bainingern gezwungen worden.

Die Küstenbewohner sind hervorragende Bootsbauer und Seefahrer, aber auch Sklavenjäger.

Kloster Oeventrop, eine Heimatbastion des Ordens MSC. Christian Janssen bildet dort 1905 Nachwuchs aus.

Arnolds und Christians Briefe

Arnold kannte vor seinen Missionsritten nur die breiten Rücken von Ackergäulen, die über einen leichten Trab nicht hinauskamen. Hier und da mag er in seiner Jugend aufgesessen sein, doch es war in Waldfeucht und Umgebung nicht üblich, dass Pferde geritten wurden. Als Reiter ausgebildet war er nicht. Sein Ritt auf dem übermütigen Hektor bestätigt dies. Seine und Christians Briefe sollen gesammelt werden, ebenso die Briefe, die den Brüdern aus Kreisen der Verwandtschaft zugesandt werden. Aber Kriege und Zeitumstände, wie die Zerstörung eines Teils von Waldfeucht im 2. Weltkrieg oder die Besetzung von Klöstern durch die Nationalsozialisten, lassen einen Teil der geistigen Hinterlassenschaft untergehen. Auch Verwandte widmen sich in den Kriegswirren und der Nachkriegszeit nicht immer mit der Aufmerksamkeit den "Schätzen" die ihnen eigentlich gebührt hätte. Vom "wahren Familienschatz" überleben nur einige Briefe Arnolds und Christians, während andere Gegenstände, Flechtwerk und Waffen und Muscheln, die das Meeresrauschen wiedergeben, soweit sie im Haus meines Großvaters Eduard Janssen aufbewahrt wurden, verloren gingen. Briefe aus Waldfeucht existieren nicht mehr. Auch gehen Arnolds Briefe nach 1902 verloren oder liegen unbeachtet in den Schubladen von Verwandten. Von Christian exisiert ein Brief vom 12. November 1905, dem ein Brief Arnolds

beigelegen hat. Christians Brief erzählt betroffen vom Tod eines ihm anvertrauten Zöglings, dem er im folgenden Monatsheft einen Nachruf widmen will. Beim beiliegenden Brief Arnolds teilt er anscheinend nicht die Meinung seines Bruders, überlässt die Entscheidung über eine Veröffentlichung aber seinem Vater, dem er wohl mitteilt, dass Arnold den Brief veröffentlicht haben möchte, "... und ich wünsche auch, daß seinem Willen entsprochen werde. Allein falls Du meinst, er sei dennoch gut, die schönen Schilderungen weiten Kreisen zugänglich zu machen, so könntest Du mir gelegentlich mitteilen, was zu tun wäre. Jedenfalls mußt Du dafür sorgen, das Arnolds Briefe nicht verloren gehen." – Aber Arnolds Briefe der folgenden fünf Jahre gehen, wie schon gesagt, verloren. Christian grüßt ferner seine Neffen und meint damit auch meinen Vater, den jetzt eineinhalbjährigen Reiner Janssen, den zweiten Sohn seines Bruders Eduard.

Von Christian überlebt noch ein Brief vom 19. März 1905, in dem zwei Briefe von Arnold erwähnt werden. Er lehrt inzwischen als Professor in der Niederlassung Oeventrop im Kreis Arnsberg und erwartet einen Besuch des Provinzials, der ihm Auskunft über die Gesundheit Arnolds geben wird. Etliche Patres, Schwestern und Brüder kehren krank aus der Mission zurück, so auch der von Arnold genannte Pater Kleintitschen, der auf der Hauptstation "in unmittelbarster Nähe Arnolds tätig" war.

"Ich hoffe übrigens, daß der Pater vor seiner Rückkehr in die Mission Gelegenheit haben wird, einen Abstecher nach Waldfeucht zu machen. – Vom hochwürdigsten Pater Abel erhielt ich auch dieser Tage einen recht interessanten Brief, in dem er mich beauftragt Euch seine Grüße zu übermitteln. Die Familie von Jansses Nieres hat einen weit ausgedehnten Bekanntenkreis und erfreut sich besten Rufes. Hoffentlich wird es so bleiben: Ich habe schon manchen Besucher nach Waldfeucht dirigiert und werde diese meine Praxis fortsetzen, bis mir ein abweisender Wink gegeben wird, den ich jedoch nicht fürchte."

Christians Schwester Gertrud will im Laufe des Sommers das Sauerland besuchen und "der Primiz verschiedener Zuhörer von Professor Janhsen beiwohnen". Christian muss hierfür aber erst die Erlaubnis seines Rektors einholen. – Wie schließlich in Oeventrop entschieden wird, ist nicht bekannt; es fehlen für drei Jahre auch Christians Briefe, er meldet sich erst 1908 wieder. Arnold schreibt dagegen 1907 den letzten, mir bekannten, Brief aus Vuna Pope:

"Nachdem ich mich schon einmal entschuldigt habe, getraue ich mich fast kaum noch ein zweites mal mit einer Abschlagzahlung zu kommen. Und dennoch bleibt mir heute wiederum kein anderer Ausweg. Die Geschäftssachen haben mich so in Anspruch genommen, daß ich erst heute spät Euch einige Zeilen schreiben kann.
Zuerst muß ich Euch danken für das schöne Brevier, welches mir erlaubt an gewöhnlichen Tagen mich mit meinem Herrgott zu unterhalten."
Pater Kleintitschen, den wir bereits von der Hilfsaktion anlässlich der *Farmer-Wolf-Tragödie* von 1902 her kennen, als er mit 8 bewaffneten *Boys* dem Pater Riederer

zu Hilfe eilte, hat, nachdem er nach Europa zurück geschickt worden war, kürzlich die Familie Janssen in Waldfeucht besucht, wie Christian es angekündigt hatte. Wieder in Vuna Pope zurück, informiert er Arnold über den Gesundheitszustand der Familienangehörigen.
"Mir sagt man auch, ich sehe recht wohl aus. In Wirklichkeit habe ich mein Gewicht bis auf vier Pfund wieder erreicht (Früher 145 jetzt 141). Es dürfte vielfach vom Mangel an Bewegung kommen. ... Man sagt zwar, ich sei ein schlechter Rechenmeister, weil ich stets besser endige als ich voraussehe, mit anderen Worten immer etwas übrig halte um alte Löcher zu stopfen. Gewiß ist das eine trockene Arbeit. Aber wenn ich so erreichen kann, daß auch nur wenige Missionare mehr unterhalten werden können. So glaube ich nicht umsonst gearbeitet zu haben."
Arnold landet genau dort, wo er nicht hin wollte. Sein Abenteuerleben endet in der Verwaltung, der er in Waldfeucht und Heinsberg entflohen war. Die Erwartungen die er mit dem Missionarsleben verbunden hatte, erfüllen sich nicht. – Sein Schicksal ist nicht ohne Ironie. Anstatt den Heiden das Wort Gottes zu verkünden, halst man ihm anfangs die Finanzprobleme der Zentrale auf. Er kann mit Geld umgehen, hatte in der Verwaltung auf dem Bürgermeisteramt in Waldfeucht gelernt und 2 Jahre gearbeitet, anschließend als Notariatsgehilfe in Heinsberg, dann erst begann er seine Studien. – "Ich verbringe von 24 Stunden des Tages wenigstens 20 in meinem Zimmer, wobei manchen die Decke auf den Kopf fallen würde. Gewiß müsste ich mehr an die Luft kommen, allein ich arbeite beständig fort und komme kaum durch. Das kommt wenn man Finanzminister ist und sehen muß, daß stehts genug Wasser auf der Mühle ist.

Missionsflotte auf der Reede vor Vuna Pope. Die Aufnahme entstand wahrscheinlich nach dem 1. Weltkrieg.

Das Kloster Salzburg, Zentrale der süddeutschen MSC-Ordensprovinz. Arnold Janssen studiert dort u.a. Philosophie.

Ich war froh schon einige tausend Mark zu haben, da laufen die Rechnungen von einem Monat ein, die, wenn auch Jahresbeträge enthaltend, doch noch immer an die 30000 Mark betragen. Ja, wenn die göttliche Vorsehung nicht wäre! Im kommenden Monat werde ich fast nur Ziffern zu verschlucken haben, weil ich berechnen muß, was 1906 gekostet hat und was 1907 kosten wird."
Arnold hat das Missionsschiff der Südsee flott zu halten und für eine Handbreit Wasser unter dem Kiel zu sorgen.

Christian übt derweil in Oeventrop zeitweise das Amt des Superiors aus, hat Gelegenheit, Waldfeucht zu besuchen. Er beschreibt 1908 u.a. die Stationen seiner Rückreise:
"In Heinsberg kehrte ich bei Herrn Schuwarek ein. Ich wurde von Fräulein Schuwarek auf das freundlichste empfangen und bewirtet und ging dann mit Herrn Schuwarek zum Bahnhof, wo mir das Billet bezahlt und auch noch ein nettes Reisegeld beigestellt wurde. Patres reisen mitunter recht wohlfeil. In Lindern steige ich in den Schnellzug ein und treffe Pater Heines an, der vom Schmerzenslager seiner Schwester kommt. Wir fahren bis Mönchen-Gladbach zusammen und setzen dann unsere Reise in verschiedene Richtungen fort. Bald bin ich in Düsseldorf und fahre mit der Straßenbahn in Richtung Neußer Straße. Im neuen Christensienserinnekloster werde ich mit Freude empfangen und kann mit Schwester Cäcilia über die Lieben in der Heimat plaudern. Der Cousine geht es ja noch gut und mein Besuch hat ihr auch gut getan. Bei Frau Hack wurde ich gleichsam mit wahrer Freude empfangen. Zu meinem Bedauern mußte ich erfahren, daß Frau Bürgermeister in letzter Zeit sehr leidend gewesen sei und in Bühl eine Höhenluftkur machen müsse. Fräulein Christinchen sah auch erholungsbedürftig aus.
Zum Vetter Franz bin ich nicht gekommen, die Zeit war

zu kurz." *(Franz Janssen ist ein Sohn des Küsters Josef Janssen. Er ist Organist an der großen St. Paulikirche in Düsseldorf. Die Stelle hat er im im Alter von 20 Jahren übernommen. Später wird eine Orgel bekannt, die nach seinen Angaben gebaut wird.)* "Um 6 Uhr 34 bestieg ich den Zug und traf gegen 10 Uhr in Oeventrop ein, wo ich alle noch recht munter fand. Der Samstag war schnell vorüber und am Sonntag mußte ich wieder zum Reisestab greifen. Pater Provinzial hatte verschiedenes mit seinem Rate zu besprechen und so ward ich nach Hiltrup gerufen. Montagnachmittag kehrte ich jedoch wieder zurück und ich will hoffen, daß ich nun nicht mehr so schnell zu verreisen brauche. An Arbeit fehlt es mir nicht und ich habe keine Zeit mich zu langweilen."
Christians Namenstagsbrief vom 5. November 1908 bezeugt eine bleibende Achtung der Söhne gegen Vater und Elternhaus:
"Ja, lieber Vater, Du bist trotz der Sorgen und Mühen der verflossenen Jahre, trotz der Enttäuschungen, die auch Dir nicht erspart geblieben, dennoch ein glücklicher Familienvater. Du siehst um Dich eine zahlreiche Zahl von Kindern und Enkeln und bist geachtet von Deinen Verwandten und Bekannten. An Deiner Seite lebt noch immer in unermüdlicher Tätigkeit unsere teure Mutter, die mit Dir das Glück eines freudenreichen Alters teilt. Wohnt Ihr auch in keinem herrlichen Palaste und verfügt Ihr auch nicht über ein Millionenvermögen, so plagen Euch dennoch nicht die Sorgen um das tägliche Brot für Euch und eine zahlreiche Familie und Ihr könnt in Ruhe und Frieden Eure alten Tage verbringen. Bald naht für Euch bereits der 70. Geburtstag. Möget Ihr diesen Tag in rüstiger Gesundheit feiern und noch lange Jahre glücklich zusammenleben.
Mir geht es gut, wenn ich auch ein verantwortungsvolles Amt bekleide und deshalb kein sorgenloses Leben führen

kann. Ich lasse mir zwar keinen grauen Haare wachsen, aber mein Haupt fängt dennoch an grau und kahl zu werden. Vor zwanzig Jahren war ich noch der 'Wette', bin inzwischen ein tiefblondiger Krollkopf geworden und soll bald eine Glatze bekommen *(was nicht eintrifft)*. Wie sich doch alles schnell ändert und wie schnell doch überhaupt unser Leben dahinfließt! ... Heute Morgen habe ich das Seelenamt für unsere verstorbenen Wohltäter gehalten. Unser Nachbar Hamann ist also auch schon tot. Ich hatte vor ein kleines Beileidsschreiben zu schicken bin aber wegen der vielen Störungen der letzten Wochen nicht dazu gekommen. Die Messen habe ich direkt besorgt. Was macht eigentlich Peter Houben?"

Peter Eulogius Houben, ein Urgroßvater von mir ist Schwiegervater von Eduard Janssen. Er ist 76 Jahre und erfreut sich im Gegensatz zu Reiner Wilhelm Janssen nicht bester Gesundheit. Der Tod sieht sich 1908 emsig unter meinen Urgroßvätern um. Am 30. April erwischt er *Anton* Josef Hülhoven, der nach dem Tod seiner Frau *Anna* Gertrud, geborene Knoben, sie starb am 24. Juni 1907, aus Brüggelchen zu seinem Sohn, meinem Großvater, auf den Echterbosch zog. Anton Josef Hülhoven stirbt im Alter von 78 Jahren.

Der kluge und erfolgreiche *Peter* Andreas Houben, mein vierter, weit wohlhabenderer Urgroßvater stirbt am 8. November 1908 ebenfalls auf dem Echterbosch, er wird nur 74 Jahre alt. Peter Eulogius Houben springt dem Tod 1908 noch einmal von der Schippe. Möglicherweise hat ihn die Feier zur Goldenen Hochzeit, die er am 20. April 1908 mit seiner Frau Anna Barbara Tholen begeht, zu sehr mitgenommen. Aber er erholt sich noch einmal.

Christian gratuliert am 19. Dezember 1908 seiner Mutter verspätet zum Namenstag. Die Leitung des Klosters Oeventrop ist ihm anvertraut worden, aber erst ein Jahr später bezeichnet er sich als Rektor.

In Briefen von Christian ist von Geldspenden die Rede. So schickt er im Februar 1909 eine Quittung an Toussaint Backes und im Mai erhält er eine Postanweisung von den Geschwistern Otten. In diesem Brief spricht er von einer schweren Krankheit eines Peter Otten und vom Tod eines Peter Josef Janhsen, einem Enkel oder Urenkel von Johann Peter Heinrich Janhsen, der 1780 geboren und der erste Janssen-Schreiner war. Diese Seitenlinie zweigt in der 3. Generation nach Johannes Janhsen, der die Familienchronik anlegte, von meiner direkten Linie ab.

Goldene Hochzeit von Peter Eulogius Houben und Frau Anna Barbara, geborene Tholen. Der Ehe entsprossen 11 Kinder. Letzter Mann rechts, mein Großvater Eduard Janssen, vor ihm meine Großmutter Josepha, geborene Houben.

Der Ehe des Peter Eulogius Houben mit der Anna Barbara, geborene Tholen, entsprossen neun Kinder:

1. Reiner Josef Houben, geboren am 11. 2. 1859. Er bleibt Junggeselle, stirbt am 16. 5. 1936. Bild Seite 52, v. l. obere Reihe achter.

2. Barbara Houben, geboren am 4 12. 1860. Sitzend v. l. zweite. Sie heiratet Theodor Küppers, obere Reihe v. l. dritter, sie stirbt am 25. 12. 1935.

3. Gerhard Hubert, geboren am 7. 12. 1863. Sitzend v.l. fünfter. Er heiratet Josefa Beckers. Sein Sterbetag ist nicht bekannt.

4. Ida Hubertina Houben, geboren am 6. 10.1865. Sitzend v. l. an erster Stelle. Sie   heiratet Peter Josef Nießen, obere Reihe v. l. zweiter, stirbt am 23.11.1918.

5. Maria Josepha Houben, geboren am 28. 5. 1867. Meine **Großmutter**. Sitzend v. l. sechste. Sie heiratet Eduard Janssen, meinen **Großvater**, obere Reihe v. l. zwölfter, stirbt am 1. 7. 1942.

6. Maria Catharina Antonella Houben, geboren am 29.11. 1869, sitzend v. l. fünfte. Sie heiratet Peter Köngs, obere Reihe elfter. Sie stirbt am 22. 5. 1950.

7. Ursula Gertrud Houben, geboren an10. 4. 1872, obere Reihe v. l. fünfte. Sie heiratet Jakob Küppers, obere Reihe vierter. Sie stirbt 24. 6. 1945.

8. Anton Joseph Houben, geboren am13. 2. 1874, obere Reihe zehnter. Er heiratet in erster Ehe eine Maria, Nachname nicht bekannt, obere Reihe neunte. Er stirbt am 15. 5. 1944.

9. Franziska Josephine Houben, geboren am 18. 3. 1878, sie stirbt als Kind am 19. 5. 1878.

Eltern von Maria Josepha Janssen, geborene Houben. – *Anna* Barbara Tholen, geboren am 20. April 1858, heiratet im Alter von 18 Jahren *Johann* Peter *Eulogius* Houben, geboren am 11. März 1832 in Obspringen.

10. Josefine Houben, geboren am 27. 3. 1879, obere Reihe dreizehnte. Sie heiratet nicht, stirbt am 11. 5. 1953.

11. Friedrich Houben (Fritz), geboren am 21. 10. 1880. obere Reihe erster, bleibt Junggeselle, stirbt am 27. 5. 1925.

Peter Eulogius Houben stammte aus Obpringen. Seine Patin war Maria Sibilla Hoven, geborene Schröders, aus Waldenrath, sein Pate Johann Peter Huben aus Obspringen. – Sein Vater Reiner Houben, geboren am 29. Juli 1800 in Obspringen, war mit Anna Gertrud Hoven, geboren am 11. Mai 1805 zu Waldenrath, in Braunsrath am 29. April 1831 verheiratet worden. Seine Patin war Maria Gertrud Schaafhausen, sein Pate Wilhelm Huben, ein Gerbereibesitzer. – Reiner Houben starb schon am 3. März 1844 in Waldfeucht.

Der Vater von Reiner – Johann Peter Houben, geboren 4. Dezember 1763 in Obspringen, war in erster Ehe mit Maria Odilia Tholen, geboren am 12. Dezember 1781 verheiratet, die vom Hof Erdbrüggen stammte. Sie starb am 7. April 1808 im Alter von 27 Jahren. Sie ist die Mutter von Reiner Houben. – Sein Vater heiratete in zweiter Ehe Barbara Hoven.

Das Houbenhaus in Waldfeucht – "die Post". – Früher wurden hier die Pferde der Fahrpost getränkt, gefüttert, eingestellt und gewechselt.

Christian schreibt im Februar 1909 einen Brief an eine Gertrud Königs, Freundin seiner Schwester, die sich von einer schweren Krankheit erholt hat. Wahrscheinlich ist sie die Tochter eines Großonkels von ihm. Wir erinnern uns an Ida Königs, seine Großmutter, die mit 38 Jahren starb *(1. Frau seines Großvaters Peter Arnold Janssen).* In diesem Brief erwähnt er ein meterhohes Hochwasser der Ruhr, das aber die Klostermauern von Oeventrop, gegen die Wind und Regen peitschen, nicht erreicht. Er berichtet auch von der Südseemission, in der sein Bruder Arnold völlig überlastet ist, auch, dass in der Mission viele Kräfte wegen Krankheit ausfallen. Das für Europäer mörderische Klima habe auch Arnold zugesetzt, aber er könne wieder etwas essen. Ende Mai schicke der Orden sechs frischgeweihte Patres, die er ausgebildet habe, zu Hilfe.

Im Mai gibt es in Tilburg *(Holland)* einen Skandal um einen Abt der Trappisten, der sich bis nach Waldfeucht herumspricht. Die holländischen Zeitungen haben den Fall aufgegriffen, das lesen die Echterboscher und erzählen es den Waldfeuchtern.
Die Zeitungen verwickeln fälschlich den Orden MSC in die Affäre. Darauf verlangt Reiner Wilhelm von seinem Sohn Christian Auskunft. Der reagiert prompt, weist entschieden auf die Verwechslung und verkehrte Berichterstattung hin und bittet den Vater, den Gerüchten entgegen zu treten. Bei den Trappisten handle es sich um Verwaltungssachen und nicht um Missachtung der klösterlichen

Pater Johannes Dicks. Er ging mit Christian Janssen 1884 nach Issoudun. 1909 ist er Superior der Südseemission.

Zucht. – Er kündigt einen Besuch zum 19. Juli 1909 an, will am 30. Juli aber wieder zurück sein, aber nicht am Rochusfest teilnehmen sondern zu Hause ausruhen. Er liebt den Trubel nicht, sucht für die Tage nur den Schutz der Familie: "Als Rektor kann man sich nicht schonen."

Am 5. Oktober 1909 schreibt er von einem Pater Dicks. Der Superior sei sehr erschöpft und kehre nach 13 Jahren von Neupommern zurück. Sein Schiff werde in den nächsten Tagen in Neapel anlegen. Es ist derselbe Johannes Dicks, mit dem er vor 25 Jahren seine Reise nach Issoudun in Frankreich unternahm. Arnold Janssen vertritt ihn während seiner Europareise als Superior.

Auch wenn sich Christian und Arnold in Zukunft verschiedentlich über Geldsendungen aus Waldfeucht bedanken, es sind auch Spenden von Freunden und Gönnern dabei, so täuschen diese Spenden über die wirtschaftlichen Realitäten in den Janssen-Familien. Reiner Wilhelm Janssen wird 1909 siebzig Jahre alt und seine Söhne Eduard und Joseph haben eigene Familien zu ernähren. Eduard beschäftigt mindestens einen Gesellen, hält mit dem väterlichen Betrieb, den sein Bruder übernommen hat, Kontakt. Beide Brüder wissen genau, wer welche Kunden bedient. Dennoch vernebelt eine unsichtbare Rivalität die scheinbare Harmonie. Der Markt ist eng und die Möbel-Industrie drückt zumindest im Möbelbereich das Preisniveau.
Kaufleute übernehmen den Möbelhandel und lassen Geschäfte im Kreis Heinsberg erblühen. Die Händler erwachsen teilweise aus Möbelschreinereien, knöpfen den Janssen-Schreinern unmerklich Marktanteile ab oder zwingen zu noch knapperer Kalkulation. Die Käufer vergleichen Preise, aber was noch mehr zählt, der Kunde kann unter verschiedenen Modellen wählen, bebilderte Prospekte unterstützen das Händlerangebot.
Eduard reagiert und richtet zwei Schaufenster ein, dabei entpuppt sich seine Lage im Ortskern als Vorteil. Neben Möbeln bietet er auch Dekorationsmaterial, Tapeten, Zierleisten und ähnliches an. Aber Handel und Handwerk erfordern jeweils einen Mann im Geschäft und einen in der Werkstatt, der Handel bindet außerdem Kapital.
Eduard muss sich teilen und versucht seine Frau einzusetzen. Aber die schüchterne Josepha ist mit Kindern, Haushalt und Geschäft überfordert, hat den Umgang mit Kunden nicht erlernt, ist das Gegenteil meiner Großmutter Wilhelmina Hülhoven, auch eine geborene Houben *(nicht verwandt)*, die sich mit Leib und Seele ihrem Kolonialwarengeschäft auf dem Echterbosch widmet und für ihren "Wenkel" lebt. Sie hat in Roermond außerdem in einem Geschäft gelernt.
Aber Waren anzubieten hat seine Frau nicht gelernt, sie kann außerdem nicht beraten. Das führt zu Spannungen. Eduard ist auch nicht der ideale Verkäufer, weder er noch seine Frau können Herzlichkeit vorgaukeln. Bestenfalls kann er beraten. Sein Lieferprogramm ist, wie man aus Unterlagen ersieht, trotzdem beachtlich:

Carl Eduard Janssen, geboren am 18. 2. 1867, selbstständiger Schreiner zu Waldfeucht mit seiner Frau Maria Josepha, geborene Houben, geboren am 27. Mai 1867. Links hält sie die Hand ihres ältesten Sohnes Peter, dessen Geburts- und Sterbedatum sind nicht bekannt; er starb im Alter von 10 Jahren. Die Todesursache war Schwindsucht. Eduard Janssen erzahlt, dass zu der Zeit in Waldfeucht ein Mann gelebt haben soll, der hochgradig an "offener" TB gelitten haben soll. Peter besuchte diesen Mann verschiedentlich, obwohl er das nicht durfte. Einmal kam er mit einer Tüte Kirschen nach Hause, die ihm der Mann geschenkt hatte. Eduard vermutet später, dass sich der ältere Peter bei diesem Mann angesteckt hatte. Er legte noch in meiner Zeit großen Wert darauf, dass Obst vor dem Verzehr gewaschen wurde.– Auf dem Bild rechts von Josepha steht mein Vater Reiner Joseph, geboren am 30. Mai 1901. Sein zweiter Bruder Peter *(nicht auf dem Bild)* wird erst geboren, nachdem sein ältester Bruder gestorben ist.

"Möbelhandlung – Sarglager, alle Arten von Schlafzimmern, Küchen, Tische Stühle, Matratzen usw. – gut und preiswert – Reichhaltiges Lager, Spezialität Eichenmöbel."

Alles in allem erwirtschaften die Schreinereien von Vater und Sohn soeben ausreichenden Lebensstandard, der im Schweiße der Angesichter erarbeitet werden muss. Reiner Wilhelm hat den eingesessenen Betrieb und seine Freunde, ist aber schon 70 Jahre. Sein Sohn Joseph hilft ihm, hat aber keine Möbelhandlung. Eduard ist ein strenger Meister, der am 21. Januar 1909 die Erlaubnis erhält, Lehrlinge ausbilden zu dürfen.

Dem Schreiner Eduard Janssen wird mit dem sogenannten "Kleinen Befähigungsnachweis" vom königlichen Landrat zu Heinsberg die Befähigung zugesprochen, Lehrlinge ausbilden zu dürfen. Eduard ist damit Schreinermeister. Trotz der Härte des Existenzkampfes blasen er und seine Brüder nicht nur Trübsal, es bleibt so nicht aus, dass auch lustige Erlebnisse und Streiche überliefert werden, wie die Begegnung mit einer Nonne, die unter Blähungen leidet:
So benutzt eines Tages Eduard als Abkürzung von Koningsbosch nach Waldfeucht einen Feldweg. Vor ihm geht gemächlichen Schrittes eine Nonne aus dem Kloster Koningsbosch. Er will sie überholen, "du troch die eene aaf" *(zog die einen ab)* erzählt Eduard. Die Nonne hat ihn nicht bemerkt und spricht vor sich hin, "die erste Verlechting!"
"Du troch die noch eene aaf on saoch, – die tweede Verlechting!"
Im Begriff, sie zu überholen "troch die noch eene aaf" *(zog die noch einen ab)* und rief, "die derrde Verlechting!"
Im gleichen Moment überholt Eduard und grüßt:
"Gelobt sei Jesus Christus!"
"In Ewigkeit Amen," antwortet verlegen die "Begine."
Eduard erzählt natürlich die Geschichte in Waldfeucht. Es wird gelacht, beweist es doch, dass auch Nonnen sich erleichtern wenn sie "eene aaftrecke" *(abziehen)*.

Auch Eduards Brüder Franz, Joseph und Reiner sind Streichen nicht abgeneigt. Einmal ist eine gewisse Agnes, die mit dem jungen Reiner befreundet ist *(für mich Tante Agnes, meine Hebamme)* ein Opfer Josephs. Ob Agnes nun im Nebenhaus wohnt oder bei den "Nierese" zu Besuch ist, kann ich nicht nachvollziehen. Jedenfalls benutzt sie, wie die anderen auch, ein "Hüske" *(Häuschen)* ein Plumpsklosett, wie sie in Waldfeucht üblich sind. In diesem Fall ist das "Hüske" von der Werkstatt aus einzusehen.
Joseph schraubt eine grobe Bürste mit einem Scharnier, von oben nicht sichtbar, unter das Klobrett. In Normalstellung hängt die Bürste nach unten, kann aber mit einer Schnur hochgezogen werden. Er braucht also nur noch zu warten. Agnes kommt, setzt sich auch gemächlich, springt dann aber auf, als sei sie vom Teufel gebissen worden.

Mein Vater erzählt noch von einer Schelmerei mit dem Kirmesmann, den man mit einem Seil an einem Baum in dem Augenblick hochzieht, als der "auwe Hupp", ein

Schutzmann, in der Nacht von Kirmesdienstag auf Mittwoch am Plei vorbeigeht und befiehlt: "Im Namen des Gesetzes kommen Sie runter!"
Der Strohmann kommt aber nicht sofort. Der Schutzmann wird energischer. Da lassen die "Nierese" das Seil nach, der "Auwe Hupp" will greifen, da wird da Seil wieder angezogen und der Kirmesmann turnt wieder den Baum hoch. Dem Schutzmann dämmert, dass er genarrt wird und die "Nierese" erkennen, dass sie jetzt laufen müssen. Dem "Auwe Hupp" bleibt da nur die Drohung: "Ah – wartet nur, ich habe euch erkannt. Ich kriege euch noch!"

"Ädduarde Reiner"

Der "Ädduarde Reiner" darf nicht mit dem "Nierese Reiner" der vorhergehenden Generation verwechselt werden. Reiner, Eduard, Joseph, Christian, Arnold und Franz sind Söhne vom "Nieres", von Reiner Wilhelm Janssen. Eine Tante vom "Ädduarde Reiner" ist folglich auch Gertrud Janssen, die Tochter von Odilia und Reiner Wilhelm.

"Eduarde Reiners" Vater ist Eduard Janssen. Deshalb wird er in Waldfeucht automatisch zum "Eduarde Reiner". Der "Eduarde Reiner" wird mein Vater werden und mir obige Geschichten erzählen, mir auch von seinen Erinnerungen berichten, die er an seinen Lehrer hat:
"Ich bin 1907 in die Schule gekommen und deine Mutter 1908. Zwei Klassen saßen zusammen, die Mädchen rechts,

Joseph Janssen, auch ein Sohn vom "Nieres". Auf sein Konto geht mancher Streich. – Auch er wird Schreinermeister.

Goldene Hochzeit von Reiner Wilhelm Janssen mit Frau Odilia. Stehend die Söhne *(von links)* Josef mit Frau, Franz mit Frau, Arnold, Christian, Eduard, Josepha *(meine Großeltern)* und Reiner, sitzend die einzige Tochter, Gertrud.

wir Jungen links. Es war nett in der Schule. Ich kriegte nie Schläge weil ich nichts konnte, sondern nur wegen dem Schwätzen. – Thora der sah dann, dass ich immer schwätzte – Raus du Lümmel!

Der kam heimlich durch das Klassenzimmer geschlichen und auf einmal hattest du eine hängen – paaf!! – der fakkelte nicht lange, hat direkt eine runter gehauen. Da brauchtest du nicht nach Hause zu kommen und dich beschweren, der Thora hat mich geschlagen, da kriegtest du noch eine.

1907 bin ich in die Schule gekommen und am 14. April zur Kommunion gegangen *(leider vergisst er das Jahr zu nennen)*. Am 22. Dezember 1910 stirbt mein Großvater *(Peter Eulogius Houben)."*

Mein Vater hat sich oft an der Post herumgetrieben, hat gesehen wie die Pferde der Postwagen gewechselt wurden, die in den Ställen seines Großvaters untergestellt waren, ist auch schon mit dem Postwagen allein nach Breberen zur Kirmes zu Verwandten gefahren.

"Da war ich noch klein, da hat meine Mutter mich drauf gesetzt und in Breberen wurde ich abgeholt."

Er kennt auch Verwandte aus Obspringen, wahrscheinlich ist es ein Bruder seines Großvaters oder ein Onkel oder

eine Tante, die dort verheiratet ist. Als seine Großeltern, Reiner Wilhelm und Odilia im Januar 1914 ihre Goldene Hochzeit feiern, ist er vierzehn. Alle lebenden Kinder nehmen an der Feier teil, auch die 39-jährige Gertrud, die in der Krankenpflege tätig ist.

Franz, der Wagner- und Stellmachermeister wird in diesem Jahr 50, Eduard 47, Joseph 40 und Reiner, der jüngste Sohn, ein Schreiner und Dekorationsmaler, der außerdem Bücher einbindet, weiß noch nicht, dass ihm der in diesem Jahr beginnende 1. Weltkrieg das Leben kosten wird, wird 30.

Der 45-jährige Arnold benötigt für die Anreise aus Neupommern fünf Wochen. Christian, mit 43 Jahren schon im vierten Jahr Provinzial der Norddeutschen Ordensprovinz, reist aus Hiltrup an.

Erwähnt werden muss auch eine Halbschwester von Reiner Wilhelm, Ida Hubertina, die 1877 in den Orden der Elisabetherinnen in Aachen eingetreten war und aus der 2. Ehe von Peter Arnold Janssen mit Maria Christina von Kann stammt, sie ist inzwischen 61 Jahre alt. Unter den Gratulanten ist auch sein Halbbruder Josef Janssen "Köster Josef", der aus der gleichen Ehe stammt, auch er ist schon sechzig.

Ida Hubertina Janssen, geboren am 27. November 1853, Halbschwester von Reiner Wilhelm Janssen

Als Wilhelm II. die Lehre Bismarcks missachtet, es sei wichtig im Kriegsfall der Angegriffene zu sein, auch eine gleichlautende Warnung Moltkes in den Wind schlägt und stattdessen im August 1914 den Krieg erklärt, ist es mit dem bescheidenen Wohlstand der Janssen-Familien in Waldfeucht vorbei. Da das deutsche Volk dem Kaiser, nicht sich selbst gehört, entscheidet sich Wilhelm II. nach Sarajewo, als wäre ein mittelalterliches Scharmützel das gleiche, wie Weltmächten den Krieg zu erklären.

Er beginnt im August 1914 einen Weltkrieg, auf den er schlechter vorbereitet ist als auf eines seiner beliebten Kaisermanöver. Zwei deutsche Kaiser, ein deutscher und ein österreichischer, liefern den Alliierten den so erwünschten Anlass, endlich gegen Deutschland loszuschlagen. Wilhem II. sitzt auf einer Riesenflotte von Schlachtschiffen, Panzerkreuzern und sonstigen, die für einen Einsatz wertlos sind, dafür ungeheure Kräfte binden und nur davor geschützt werden müssen, nicht zu Stahlsärgen zu werden. Die Wirtschaftsmacht Deutschland kann endlich

mit Waffen bekämpft werden. Im August hat das Manöverkriegsspielen ein Ende, obwohl zwischen Regierung und Heeresleitung nur eine mangelhafte Abstimmung besteht. Wie es ein elsässischer Abgeordneter vorausgesagt hat, schießen die vielen Flinten nun von selbst los, und nicht nur diese. Die katholische "Schönere Zukunft" sinniert noch nach dreißig Jahren über das Unvorbereitetsein:

"Die deutschen Regierenden von 1914 waren geistig nicht einmal für die Bewältigung eines Kriegsanfangs gewappnet. Der Krieg traf sie unvorbereitet. ... Von einer Vorschulung der deutschen Politiker und Soldaten zu einer verständnisvollen Zusammenarbeit im Kriegsfalle konnte vollends keine Rede sein."

Der angeblichen deutschen Kriegsalleinschuld stehen lange Vorbereitungen der Alliierten entgegen und eine nie aufgeklärte Vorinszenierung der Kriegsgewinnler. Keinem der beteiligten Völkern nutzt dieser Krieg, nur einige Finanzgruppen schöpfen traurigen Rahm ab.

Die Bevölkerung erkennt die wahren Folgen zu spät. Jahrzehntelang gepflegter Hurrapatriotismus in Schulen und in der Öffentlichkeit lässt in allen europäischen Ländern

Der "kleine Reiner", am 23. August 1884 geboren, wird zum Militär einberufen. Er ist innerhalb von knapp 60 Jahren der dritte aus der Familie *(zwei Onkel vor ihm)* der im Militärdienst sterben wird. Er fällt 1916 im Osten.

die Menschen begeistert in den Krieg ziehen. – Innenpolitische Probleme sind mit einem Schlag vom Tisch, über wirtschaftliche Auswirkungen wird überhaupt nicht nachgedacht. So erstickt eine von Sozialdemokraten vorbereitete Großdemonstration am Mord eines Habsburger Erzherzogs und Thronfolgers. Auch Willküräkte im Elsass fördern nach Kriegsbeginn den inneren Zusammenhang nicht. So verbietet beispielsweise der stellvertretende Kommandeur des 15. Armeekorps am 13. August in Straßburg und Colmar das Abhalten von Gottesdiensten in französischer Sprache und löst mit dem Eingriff in das Selbstbestimmungsrecht der Gemeinden eine gehässige Stimmung gegen die Preußen aus, brüskiert alte Verwaltungsbeamte und den französisch sprechenden Klerus.

Deutschlands Kanonenkönig Krupp liefert bis Kriegsbeginn Kanonen an Italien, die dann gegen Österreicher und Deutsche gerichtet werden. Die Firma Krupp gehört dem internationalen Trust *United Harvey Steel Corporation* an, einer Vereinigung von internationalem Ausmaß, der auch die amerikanische Bethlehem Steel, die englische Vickers Ltd., die japanische Mitsiu, die italienischen Terni und Ansaholo, die tschechischen Skodawerke und der französische Schneider-Creusot-Konzern angehören. Das "Kanonenkartell" fällt zwar zu Kriegsbeginn auseinander, doch bleiben insgeheim Verbindungen bestehen *(so behauptet es Dr. L. Sprenger)*.

Vuna Pope August 1914

Arnold Janssen ist von seiner Reise nach Europa längst wieder zurück in Vuna Pope, als am 12. August 1914 zwei australische Torpedoboote die Reede von Herbertshöhe nach Minen abzusuchen beginnen. Nachdem sie keine gefunden haben, treffen ein Schlachtschiff, drei Kreuzer, ein Kanonenboot, zwei U-Boote, 4 Torpedobootzerstörer, ein Lazarettschiff und mehrere Kohlendampfer vor Herbertshöhe ein. Gleichzeitig werden dort und im südlich gelegenen Kabakaul Landungseinheiten abgesetzt.

Am 14. September wird der deutsche Gouverneursstellvertreter Haber nach Herbertshöhe beordert. Ihm werden vom Oberkommandierenden der Okkupationstruppen, Brigadekommandeur Holmes, der mit mehreren tausend französischen, englischen, australischen und neuseeländischen Kampftruppen droht, die Kapitulationsbedingungen vorgelegt, die am 17. September unterzeichnet werden. Die 14 deutschen Soldaten werden gefangen genommen. Jeder Widerstand ist zwecklos.

Die Eroberer sind überrascht von der vorherrschenden Ordnung und gestatten den Missionaren und den Schwestern den Schuldienst fortzusetzen, sich auch sonst verhältnismäßig frei zu bewegen. Aber die Mittel aus der Heimat fließen ab sofort nicht mehr, jede Verbindung ist abgebrochen, denn ein großer englischer Kreuzer hat am 12. August 1914 die Kabelstation auf Jap zerstört.

Der Strandweg führt von Herbertshöhe nach Vuna Pope. Herbertshöhe ist bei Beginn des 1. Weltkrieges Sitz der deutschen Verwaltung. – Am 12. August 1914 beenden australische Kriegsschiffe die deutsche Kolonialvormacht.

Selbstversorger

Ab August 1914 werden die deutschen Kolonien von Commonwealth-Truppen angegriffen und wie das Kaiser Wilhelm Land und der Bismarck-Archipel, auf dem auch der Orden MSC seine Mission betreibt, besetzt. Gierig sind besonders Australien und Neuseeland auf die ausgebauten deutschen Besitzungen. Die vor 7-8 Jahren angelegten Kokospflanzungen werden in dem Jahr ertragreich, als Truppen des britischen Weltreichs die Inseln besetzen und Nutznießer der Kopraausfuhren werden, die sich insgesamt auf 100 000 Tonnen belaufen. Den vollkommen von ihrer deutschen Heimat abgeschnittenen Missionaren gelingen immer seltener Verbindungen zu den Heimathäusern, weil die Kabelstation Jap sofort von den Engländern zerstört wurde. Mit fortschreitendem Krieg kommen beispielsweise Briefe, die Anfang des Jahres 1917 abgesandt werden, erst 1919 an, sind zwei Jahre unterwegs. Das ist auch der Grund, warum uns aus dieser Zeit keine Briefe Arnolds vorliegen.

Es erweist sich als eine weise Maßnahme, dass Bischof Couppé schon vor anderthalb Jahrzehnten in Vuna Pope das erste Dampfsägewerk einführte und weitere Gatter folgten, auch fachkundige Klosterbrüder zu ihrer Bedienung aus Europa kommen ließ. Die Sägen dienten zunächst der Deckung des Eigenbedarfs, sind aber 1914 soweit, dass Holz im bescheidenen Umfang verkauft werden kann und maßgebend dazu beiträgt, dass die Missionare überhaupt überleben können. Gewiss sicherten die angegliederten landwirtschaftlichen Betriebe schon vor

dem Krieg eine gewisse Selbstversorgung, wurden aber durch Lieferungen aus Europa ergänzt. Aber es können

Rindvieh aufgezogen und Feldfrüchte geerntet werden. Jetzt sind Missionare und Schwestern und die angestellten

Bischof Couppé will Unabhängigkeit und lässt deshalb schon um die Jahrhundertwende Sägewerke bauen.

Einheimischen des Ordens schlagartig darauf angewiesen, den Eigenbedarf ganz auf den heimischen Märkten zu decken. – Neben der Sorge um die Ernährung leben die Deutschen auch nach dem Krieg in ständiger Furcht, ausgewiesen zu werden. Ein Teil der Missionare ist bereits interniert, 30 leben allein in Malugunan zusammengepfercht in zwei kleinen Häusern. Der Umgang mit den Eingeborenen ist ihnen untersagt. Sie dürfen nicht einmal den Sonntagsgottediensten beiwohnen. Der französische Bischof Couppé setzt sich mit allen Kräften für die deutschen Missionare ein, doch kann er nicht verhindern, dass Missionsstationen wie Sankt Paul ganz verwaisen. Erst 1921 erhalten die deutschen Missionare und die Missionsschwestern die Erlaubnis, bleiben zu dürfen.

Das Foto oben zeigt den zerteilten Stamm eines Eukalyptusbaumes. Die Bäume gelten als die höchsten der Welt. Ein Baum, der im Sägewerk Vuna Pope gemessen wird, misst bis zum ersten Ast 86 Meter. Bischof Couppé lässt 1915/1916 das Sägewerk in Vuna Pope *(Bild unten)* abbauen, als die nahegelegenen Bestände gelichtet sind und es 1917 in der Nähe eines Flusses, der einen Eukalyptuswald durchfließt, wieder aufbaun. Es gibt Sägewerke, die in 30 Jahren an die 1600 der riesigen Stämme zerschneiden. Es werden große Mengen an Holz für Einrichtungen und Gebäude, aber auch für den Schiffsbau benötigt. Es gibt Brüder, die sich ausschließlich mit Sägeschärfen beschäftigen, nebenbei die Sprache der Einheimischen erlernen und diesen Religionsunterricht erteilen.

Erzwungene Autarkie

Am 14. September 1914 erscheint das deutsche Südseege-
schwader vor Apia, dampft aber ab, ohne Verbindung
aufgenommen oder Landemanöver eingeleitet zu haben.
Möglicherweise will die deutsche Flotte auch deutschen
Besitz schonen, wahrscheinlicher ist aber, dass der Kommandeur die Aussichtslosigkeit einer Kampfhandlung erkennt. Die deutschen Inseln bleiben von sinnlosen Zer-
störungen verschont.

Im Vikariat Rabaul ist man sich im Klaren, dass man in
der Heimat zwar nicht vergessen ist, dass die Klöster in
Deutschland aber nicht helfen können, weil viele Schwestern, Studenten, Brüder und Patres zur Wehrmacht eingezogen worden sind. Klöster wie Oeventrop, Hiltrup,
Salzburg und andere werden zu Geisterklöstern oder La-
zaretten. Jahrgänge, die früher 60 Studenten umfassten,
haben nach den Einberufungen noch drei. Alle jungen
Kräfte sind an der Front. Häuser wie Hiltrup, die Anfang
1914 noch 250 Personen Verpflegung und Unterkunft boten, beherbergen jetzt noch ein Dutzend. Die Küchen sind
nicht besetzt, Lebensmittel gibt es nur gegen Marken.
Selbst für die nötigste Pflege der Räumlichkeiten ist kein
Personal mehr vorhanden. Schwestern übernehmen diese Aufgabe auch in den Klöstern der Missionare.

Den Stationen bleibt nur die Selbsthilfe. Nur für die kranken Schwestern und Missionare, die sonst in die Heimat
zurück geschickt werden, ist kein Ersatz in Aussicht. Der
Leiter der Mischlingsschule in Vuna Pope, Arnold Janssen, hat sich als Ordensoberer und Missionsverwalter

Der Stationsverwalter Pater Arnold Janssen im 1. Weltkrieg

um die Finanzierung aller Objekte zu kümmern, was nach der Nahrungsbeschaffung zweifellos die wichtigste Aufgabe für das Leben in der Mission ist. Man kann sich vorstellen, wie knapp Bargeld ist und wie das deutsche Währungssystem, durch eine im Laufe des Krieges schwächer werdende Reichsmark, Einbußen erleidet. Es ist leider nicht bekannt, in welchen Währungen der Handel mit Holz abgewickelt wird, es ist anzunehmen, dass Pfund und Dollar vorherrschen.

Über Handelsbeziehungen zu Australien und Asien ist nichts bekannt. Wenn Holz exportiert wird, dann in diese Kontinente. Ob für Plantagenprodukte eine Entschädigung gezahlt wird ist nicht bekannt, obwohl Kopra in erheblichem Umfang an den Weltmarkt abgegeben wird.

Das obige Bild zeigt, dass die Schreinerei moderner eingerichtet, auch größer ist, als die Janssen-Werkstätten in Waldfeucht. Ein Rohölmotor treibt Hobelmaschine, Bandsäge, Kappsäge, Bohrmaschine und Fräse an. Die Hobelbänke sind in zwei Reihen ausgerichtet, die alle von Lehrlingen besetzt sind, die vom Schreinermeister Bruder Bökenkötter ausgebildet werden. Das Bild unten beweist, dass die angelernten Eingeborenen unter vernünftiger Anleitung durchaus geschickt genug sind, Arbeiten herzustellen, die auch gehobenen europäischen Ansprüchen genügen. Nicht nur Altäre, Kommunion- und Kirchenbänke werden aus selbst eingeschnittenem Holz hergestellt, sondern auch Tische, Stühle und Schränke, Pulte und Schulbänke, Fenster, Türen, Verbretterungen usw.

Es werden nicht nur handwerkliche Fähigkeiten vermittelt, sondern es wird auch Unterricht im Fachzeichnen erteilt, "manche Burschen leisten darin Vorzügliches" (*Pater Matthias Baumann MSC.) Schreinermeister Bruder "Bokenkötter entwirft auch die Pläne für größere Bauten, wie die schönen Kirchen in Malagunan und Rabaul, ferner die elektrische Anlage in Vunapope".

Neben der Schreinerei erstrecken sich die Lagerräume, die von Bruder Anton Hartmann, der schon ein Jahr vor Arnold in Vuna Pope tätig war, verwaltet werden. Auch hier werden farbige Mitarbeiter eingesetzt. Von hier aus werden die anderen Stationen nicht nur mit Lebensmitteln versorgt, "hier holt sich auch jeder sein Handwerkszeug, Baubeschläge, Öl, Farbe, Segeltuch, Nähzeug, Schulartikel, Stoffe, Meßwein und hundert andere Gegenstände." (*Baumann)

Dazu gibt es eine Schlosserei, in der sogar, als der Nachschub ausbleibt, Ersatzteile gegossen werden. Sie wird von Bruder Averbeck geleitet. An Drehbank, Amboss und Bohrmaschine werden auch junge Einheimische angelernt.

Dann gibt es die Werft, in der seetüchtige Motorschiffe von Zimmerleuten gebaut und repariert werden, die nicht einmal von der *Waterkant* stammen.

"In der Nähe der Schreinerei arbeitet Bruder Dehm, der Wagner, seit 1900 in der Mission tätig. Stets hat er die Hände voll Arbeit, und obschon die Pendelsäge ihm die Finger verstümmelt hat, so hat er dennoch im Laufe der Jahre so viele Räder und Wagen hergestellt, daß er es verdient, bei seinem Tode gleich Elias mit einem feurigen Wagen in den Himmel aufgenommen zu werden." (*Baumann)

Am Ufer liegt das Holzlager, in dem Bruder Leonhard Dörfler, der seit 1894 Missionar ist, Balken, Bohlen und Bretter nach Holzart und Güte stapelt und nach Bedarf abgibt. Natürlich wird auch diese Arbeit nicht ohne Hilfe der Einheimischen ausgeführt.

Den Verkehr von Lasten zwischen Sägewerk, Lager und Anlegebrücke ermöglichen eiserne Loren auf einem Schienennetz, das vom Urwald bis zu der Anlegebrücke reicht. Alle Betriebe sind an dieses Netz angeschlossen. 1912 wird sogar eine Schuhmacherei eingerichtet, in der Bruder Franz und sein farbiger Geselle nicht nur die Schuhe der Missionare neu besohlen, sondern auch Treibriemen, Sättel, Riemen aller Art, selbst Taschen reparieren. Im gleichen Haus arbeitet noch Bruder Michael Herrmann als Schneider, später wird er noch nebenbei bischöflicher Chauffeur. Seit 1911 lernt Bruder Hermann Heßling jugendliche Eingeborene als Gärtner an. Kein Wunder also, dass Vuna Pope im 1. Weltkrieg Missionszentrum des Vikariats Rabaul wird.

Als Australier, Briten und Neuseeländer die Station besetzen, achten sie die Leistung der deutschen Missionare, die unter einem französischen Bischof in knapp zwei Jahrzehnten ein lebendiges Gebilde schufen. Arnold Janssen hatte seinen Anteil, dass dieses Unternehmen, das er neben seiner erzieherischen Tätigkeit verwaltete, gelang.

Die Erziehungsanstalt für halbweiße Kinder
Ein Bericht von Pater Arnold Janssen MSC

"Die halbweißen Kinder verdanken ihr Dasein meistens dem Zusammenleben von weißen Männern und farbigen Frauen. Da eine regelrechte Ehe zwischen Weißen und Farbigen höchst selten ist, haben wir es fast nur mit unehelichen Kindern zu tun. Es ist dies eine bedauerliche Tatsache, die aber bei jeder Kolonisation in alter und neuer Zeit zu finden ist. In den Anfängen lassen sich gewöhnlich nur unverheiratete weiße Händler, Pflanzer, Handwerker usw. in der Kolonie nieder, die mehr und mehr mit den eingeborenen farbigen Frauen in Verkehr treten. Die Früchte dieses Verkehrs sind die Mischlinge oder Halbweißen, die in manchen Kolonien schon einen bedeutenden Bestandteil der Bevölkerung ausmachen.

Die Verhältnisse in unserem Missionsgebiet waren dem Aufkommen solcher Zustände besonders günstig. Die weißen Pflanzer und Händler lebten hier meist einsam für sich, fernab von jedem Verkehr, ganz sich selbst über-

22 Missionsjahre, aber auch Krankheit und Fieber zeichnen das Gesicht des unermüdlichen Paters Arnold Janssen.

Als General Superior *(1932-1948)* unternimmt Christian Janssen von Rom aus drei Weltreisen, besucht Stationen in Nord- und Südamerika, aber auch das Vikariat Rabaul in der Südsee. – Arnold hat zu der Zeit Melanesien verlassen.

lassen. Für den Haushalt nahmen sie eingeborenes weibliches Dienstpersonal, mit dem sie sich oft näher einließen oder auch förmlich jahrelang zusammenlebten, ohne an eine legitime eheliche Verbindung zu denken. Verließen dann die Weißen ihren Posten oder gar die Kolonie, so blieben die farbigen Frauen mit ihren Kindern sitzen. Solange Mutter und Kind bei den Weißen blieben, wurde das Kind auf europäische Art ernährt und gedieh. Den Lebensgewohnheiten der rassereinen Farbigen war es aber nicht gewachsen und mußte darin verkümmern. Von einer eigentlichen Erziehung war überdies keine Rede, so daß das Kind auch geistig und sittlich verkümmern mußte. Erben doch solche Kinder von ihren Eltern vielfach die minder guten Eigenschaften der beiden Rassen.

Der traurigen Lage dieser Kinder gegenüber konnte die Mission nicht gleichgültig bleiben. Sie begann sie zu sammeln; und als sich ihre Zahl immer mehr vermehrte, gründete sie 1897 eine eigene Anstalt, wo sie von Schwestern erzogen werden sollten. – Das war nun ein recht schwieriges Unternehmen. Die Weißen sind im allgemeinen der Sprache der Eingeborenen unkundig und bedienen sich im Verkehr des Pidginenglisch, der Arbeitssprache, die ein Gemisch von verdorbenem Englisch und einheimischen Dialekten ist. Die Mischlinge sprechen dieses Pidginenglisch mit einigen Brocken von der Mutter gehörten Eingeborenensprache, die natürlich nach der Heimat verschieden ist. Bei ihrer Ankunft auf der Missionsstation vermögen sie sich deshalb kaum verständlich zu machen. Dazu kommt, daß ihnen noch jegliche Erziehung mangelt. Bislang waren sie gewohnt, ihren Willen stets durchzusetzen, und kannten keinen Widerspruch. Die Kanakenfrauen können ihren Kindern nichts versagen und stehen ihnen immer zu Diensten. Sie tragen sie bis zu zwei und drei Jahren in einem umgebundenen Tuche beständig mit sich. Der kleine Weltbürger will dann nichts von anderen wissen und lässt sich von der Mutter nicht trennen, ohne großen Alarm zu machen. Bringt nun die Mutter ihren Sprößling zur Schule, so ist, solange sie anwesend ist, nichts mit ihm anzufangen. Nach ihrem Fortgang weint er oft mehrere Tage und verschmäht selbst die Nahrung, die ihm gereicht wird. Die Mühe, Geduld und Aufopferung der Schwestern, die den Wildling zu zähmen und anzugewöhnen suchen, läßt sich nicht beschreiben.

Ist die Erziehung der kleinen Mischlinge auch recht mühsam, so nimmt sie die Mission doch am liebsten, sobald sie die Ernährung durch die Mutter entbehren können. In einem späteren Alter bringen sie oft üble Gewohnheiten mit, die nur schwer auszurotten sind, und zudem wird die Erlernung der europäischen Sprache um so mühsamer, je älter sie sind. Bis zum Ende des Krieges war die Umgangssprache, wie auch die Schulsprache, die deutsche. Englisch wurde als Nebenfach gelehrt. Seit dem Friedensvertrag von Versailles, der den Australiern das Mandat der Kolonie übertrug, wurde die englische Sprache der deutschen vorangestellt. Sehr schwer war auch die Gewöhnung der Kinder an den geregelten Schulbetrieb. Zu Haus hatten sie ja stets ihren eigenen Willen. Überall mussten sie dabei sein, alles mitmachen. Kein Fest, kein Kanakentanz durfte ihnen entgehen. So fehlte denn auch auf der Station bald dieser, bald jene, und der Schulbetrieb war beständig gestört. Um dem ein Ende zu machen, wurde 1903 ein neues Schulprogramm festgelegt, das regelmäßigen Schulbesuch vorsah und auch die Ferienzeit genau festsetzte. In diesem Programm war als Ziel der Schule angegeben: "weißen und halbweißen Kindern eine gute katholische Erziehung angedeihen zu lassen." Es wurden nur Kinder aufgenommen, die bereits katholisch waren oder doch katholisch getauft und erzogen werden sollten. Dazu mussten die Eltern ihre förmliche Einwilligung geben. Wer das nicht wollte, konnte ja seine Kinder der protestantischen oder der religionslosen Regierungsschule übergeben.

Die Voranstellung des katholischen Charakters der Erziehung sollte sich als providentiell erweisen. Nach dem Kriege wurden nämlich die Väter der Kinder größtenteils ausgewiesen und ihr Vermögen eingezogen. Die Kinder blieben zur alleinigen Last der Mission. Hätte diese nicht zeitig auf die katholische Erziehung bestanden, so hätten ihr nun die Erziehung und der Unterhalt von Kindern obgelegen, auf die sie keinen Einfluß hatte, und die ihr früher oder später den Rücken kehren und ihr vielleicht selbst entgegenarbeiten würden. Übrigens gilt gerade für die Verhältnisse der Südseemission der Satz, daß eine Internatserziehung ohne Religion für die Kinder eher ein Unglück als ein Glück ist. Die Religion allein ist imstande, solchen Kindern sittliche Kraft und wahre Bildung für das an Gefahren aller Art so überreiche Leben auf diesen Inseln mitzugeben.

Da die Kinder teils weit von auswärts kommen, teils überhaupt keine Heimat haben, so wohnen sie alle in der Anstalt der Mission; von ihr erhalten sie volle Verpflegung in gesunden und kranken Tagen. Mit Rücksicht auf die verschiedenen Altersstufen und die Verschiedenheit der Berufsfächer zerfällt die Gesamterziehungsanstalt in vier Abteilungen: Die Bewahranstalt, die Grundschule, die Handwerkerschule und die Haushaltungsschule.

Die Bewahrungsanstalt ist eine Vorschule und umfasst die ganz Kleinen im Alter bis zu 6 und 7 Jahren. Die Kinder erlernen hier die englische (früher deutsche) Umgangs- und Unterrichtssprache. Sie wachsen naturgemäß in die Anstaltsordnung hinein. Nach Maßgabe ihres Fassungsvermögens erhalten sie Unterricht in Religion, Sprache, Spiel und Gesang, im letzten Jahre auch im Lesen, Schreiben und Rechnen. Das Programm ist leicht aufgezählt, aber wer kann sagen, welche Unsumme von Mühe und Aufopferung seine Ausführung von den Schwestern fordert! Von Haus aus bieten sie keine Anknüpfungspunkte; auch nicht die allereinfachsten religiösen Vorkenntnisse, nicht einmal soviel Sprachvermögen, um ihre Gedanken und Wünsche auszudrücken. Ohne jede Erziehung aufgewachsen, kommt bei ihnen bloß das Selbstsüchtige und

rein Sinnliche im Menschen zu Vorschein. In der Bewahrschule sind Knaben und Mädchen noch beisammen; beim Übertritt in die Grundschule werden sie getrennt und in verschiedenen Häusern untergebracht.

Die Grundschule ist eine gehobene Volksschule mit einem 8 bis 9 Jahre umfassendem Programm. Die Lehrfächer sind Religion, Englisch, Deutsch, Rechnen, Naturgeschichte, Raumlehre, Geographie, Zeichnen, Musik, Schön- und Rundschrift, Turnen. Diesen schließen sich noch als praktische Fächer Handarbeit und Gärtnerei an.

Die Schar der Schüler bietet ein buntes Bild der Rassenmischung. Halbblut von Deutschen, Engländern, Australiern, Spaniern, Franzosen, Schweden, Norwegern, Dänen, Finnländern, Philippinen, Mikronesen, Indern mit Frauen aus allen Stämmen des weiten Inselgebietes des früheren Deutsch-Guineas. Endlich noch Rein- und Halbchinesen. So mannigfaltig die Rassen sind, so verschiedenartig ist auch das Aussehen der einzelnen. Ihre Hautfarbe schattiert vom tiefsten Dunkel bis zum fast rein europäischen Weiß. Ebenso unterschiedlich ist der Haarwuchs. Durchwegs haben sie alle dichtes tiefschwarzes Haar; doch ist es bei dem einen gewellt und lockig, bei dem anderen glatt, beim dritten gekräuselt. Auch die Gesichtsbildung, besonders die Augen, verraten die Herkunft der Kinder. Dazu kommen die einzelnen Rassen, eigentümliche Haltung, das ganze äußere Gebahren, das den so grundverschiedenen Charakteren entspricht. Die Erziehung einer solchen Schar Kinder ist gewiss interessant, aber auch schwer; sie erfordert ein großes pädagogisches Können.

An der Spitze der Anstalt steht ein Missionar als Direktor, dem vor allem auch die religiöse Unterweisung obliegt. Erziehung und Unterricht liegen im übrigen vollständig in der Hand der Missionsschwestern vom hlst. Herzen.

Wenn auch einzelne Knaben an Befähigung den europäischen Altersgenossen gleichstehen, so ist die Begabung im allgemeinen geringer. Denkfächer bieten besonders große Schwierigkeiten, während die meisten Kinder für Schreiben, Zeichnen und Handarbeit großes Geschick zeigen. Öfters kommt es vor, daß die Kinder bei ihrer Aufnahme zu alt sind für die Bewahranstalt. Sie müssen gleich in Pensionate überwiesen werden. Solche stellen dann besonders große Anforderungen an die Geduld und das Geschick der Schwestern. Nicht selten fehlt selbst die Verständigungsmöglichkeit in einer hier bekannten Sprache.

Ist das Programm der Grundschule absolviert, so werden, soweit es von der Mission abhängt und die Eltern oder Vormünder damit einverstanden sind, die Knaben in die Handwerker- und Fortbildungsschule und die Mädchen in die Haushaltungsschule aufgenommen. Beide Schulen sind hier von dringender Notwendigkeit, und ihr Fehlen würde bei vielen Kindern die Früchte der langjährigen und schwierigen Erziehung sehr in Frage stellen. In der Heimat werden die aus der Schule entlassenen

Kinder entweder im Elternhause beschäftigt und so weiter erzogen oder bei guten christlichen Müttern oder Hausfrauen in die Lehre gegeben, die es als ihre Ehrenpflicht betrachten, über ihre Schützlinge wie über ihre eigenen Kinder zu wachen. Da das nun hier in den wenigsten Fällen möglich ist, füllen die genannten Schulen eine große Lücke aus.

Die Handwerkerschule umfasst 3 bis 4 Schuljahre. Die Lehrlinge werden in der Schreinerei, Schlosserei, Schneiderei, Schusterei, im Maschinenbetrieb oder im Baufach theoretisch und praktisch ausgebildet unter der Leitung eines Bruders als Meister und der Beihilfe der in den verschiedenen Handwerken tätigen Brüder. Außerdem besuchen sie die Fortbildungsschule, wo sie die in der Grundschule erworbenen Kenntnisse erweitern können.

Die Haushaltungsschule für die jungen Mädchen wird von Missionsschwestern geleitet. Das Programm sieht eine Lehrzeit von 2 bis 3 Jahren vor und enthält außer theoretischer Ausbildung in den verschiedensten Arbeiten des Haushaltes erweiterten Unterricht in Religion, Englisch, Deutsch, Musik und Handarbeit.

Die Erziehungsanstalt zählt im ganzen etwa 140 Schüler und Schülerinnen, und die Anmeldungen halten beständig an. Die Mission erfüllt durch deren Erziehung eine ihrer wichtigsten Aufgaben, denn diese Mischlinge würden, sich selbst überlassen, an Leib und Seele verkommen, sie würden überdies für die eingeborene Bevölkerung, der sie näher stehen als den Weißen, eine große Gefahr bedeuten. In vielen Fällen würden sie das Missionswerk schädigen, indem ihr Wort und Beispiel das niederreißt, was der Missionar mühsam aufgebaut hat. Gewiß beabsichtigt die Mission nicht, aus diesen Mischlingen Europäer zu machen. Aber wenn sie brav und fleißig in der Schule waren, wenn sie ein gutes Handwerk lernten oder für eine sonstige Lebensstellung sich befähigten, dann finden sie auch neben der weißen Gesellschaft ihren Platz.

Viele der früheren Zöglinge sind tüchtige Schreiner, Pflanzer, Kaufleute, Kapitäne oder gute Hausfrauen geworden. Die Zöglinge wissen, daß sie es mit Fleiß und gutem Betragen zu etwas Tüchtigem im Leben bringen können, das ermutigt sie zur Selbstüberwindung und macht sie fähig, gegen die allgemeine Meinung der Weißen anzugehen, die sie nur zu gerne auf das Niveau der Eingeborenen herabdrücken möchten, um so die Folgen ihres ungeregelten Lebenswandels zu verwischen.

Die Mission bringt gewiss sehr große Opfer für diese Kinder; sie will sie aber dafür nicht später für sich ausnutzen, sondern ihnen eine sichere und würdige Existenz verschaffen. Da gerade in diesen Jahren den jungen Leuten die größten Gefahren drohen, behält die Mission sie nach Beendigung der Lehrzeit, soweit möglich, noch weiter bei sich, beschäftigt sie in ihrem großen Betriebe als Schreiner, Schmied, Maschinist, Pflanzer usw. und zahlt ihnen einen angemessenen Lohn. Reichliche Geldmittel würden ihnen allerdings leicht zum Verderben gereichen,

da sie kaum an Geld gewohnt sind. Sie werden deshalb zur Sparsamkeit und zur Ansammlung eines kleinen Vermögens angehalten, das ihnen bei der späteren Gründung einer Familie sehr zustatten kommen wird. So hatte einer unseren besten Jungen, als er zur Ehe schritt, bei 7000 Mark. Er konnte sich recht häuslich einrichten und behielt noch einen Notpfennig in den Händen.

Auch die Mädchen arbeiten nach dem Austritt aus der Haushaltungsschule meist bis zur Verheiratung in der Mission, die dann für ihre Aussteuer und eine entsprechende Mitgift sorgt. Auf diese Weise ist bereits eine große Anzahl halbweißer Familien gegründet worden, die vielfach im Dienste der Mission verblieben. Auch sie haben erfahren, das unter dem Krummstab gut zu leben ist. Ist das Fürsorgewerk für diese Mischlinge oft mit großen Mühen und Opfern verbunden, bleiben auch große Enttäuschungen nicht aus, so hält es die Mission doch zum Besten der einzelnen wie im allgemeinen Interesse nach wie vor aufrecht. Handelt es sich auch hier darum, unsterbliche Seelen zu retten."

Arnold Janssen kehrt wegen schlechter Gesundheit nach Europa zurück, wird mit Finanzgeschäften des Ordens betraut. Christian, der von 1910 bis 1914 und von 1926 bis 1932 Provinzial *(Leiter der Norddeutschen Ordensprovinz)* ist, verbringt den 1. Weltkrieg wahrscheinlich in Hiltrup, erlebt, dass die Zahl der Insassen bis auf wenige zusammenschrumpft. Er ist Rektor des Klosters, als nach dem Zusammenbruch Schüler, Brüder und Patres heimkehren. Pater Fr. H. Felten schreibt im August 1919:
"Dem Pater Rektor mochte wohl das Herz aufgehen, wie seine Familie von Tag zu Tag wuchs. Nur einer wurde seiner Tage nicht recht froh, der Pater Verwalter. Wo andern die Freude wuchs, da wuchs ihm die Sorge. Krieger sind hungrig, und die rationierten Lebensmittel sind schmal und stehen im umgekehrten Verhältnis zu der Menge der Lebensmittelkarten. Und solche Schar hatte das Haus seit seinem Bestehen nicht beherbergt. ..."
Neun Jahre später wird Christian in Missionsheften vom Januar und April 1928 zweimal erwähnt. Zum Ersten verabschiedet er junge Missionare in die Mission:
Nach einer musikalischen Darbietung "bestieg der hochwürdige Herr Pater Provinzial, Dr. Christian Janssen, das Rednerpult, begrüßte in herzlichen Worten all die lieben Gäste. ... In der festlich geschmückten Klosterkapelle fand darauf durch den hochwürdigen Pater Provinzial die feierliche Überreichung des Missionskreuzes statt. ..."
Und er besucht Kloster Marienhöhe in Berlin-Mariendorf:
"Es war eine schlichte Feier, bei der das neue Kloster am Nachmittag des 20. Februar *(1928)* zum ersten Male Gastfreundschaft übte. Vom Mutterhaus Hiltrup war der Pater Provinzial Dr. Christian Janssen gekommen ..." (*Pater H. Felten, Hiltruper Monatshefte, Januar und April 1928)
Am großen Aufschwung des Ordens MSC hat die ganze Generation, der auch Arnold und Christian Janssen angehören, ihren Anteil. 1928 beginnt die Glaubensgemeinschaft Niederlassungen in der Diaspora zu gründen.

Weltkrieg auch in Waldfeucht

Die Goldene Hochzeit von Reiner *Wilhelm* und seiner Frau Odilia Janssen gehört Ende Mai 1915 ebenso der Vergangenheit an wie die Goldene Hochzeit von Peter *Eulogius* Houben und seiner Frau *Anna* Barbara, die schon seit 5 Jahren Witwe ist. Mein Vater, Reiner Janssen, der "Ädduarde Reiner", wird 14 Jahre alt, ist zu Ostern des Jahres aus der Schule gekommen. Ein Bruder von ihm ist gestorben, Bruder Peter, das "Ädduarde Pitsche" muß jetzt zur Schule. Das erste Weltkriegsjahr ist fast vorbei und die Folgen beginnen sich auf die deutsche Wirtschaft auszuwirken. Nur die Kriegsindustrie boomt.

Reiner verbringt seine Zeit, in der er eigentlich die Lehre bei seinem Vater beginnen sollte, mehr im Garten als in der Werkstatt. Eduard Janssen, sein Vater, hat keine Arbeit. Es geht ihm wie Millionen anderer Handwerksmeistern in Deutschland auch, er steht buchstäblich vor dem Nichts. Viele Kunden sind eingezogen, wer noch zu Hause ist, hat meistens keine Arbeit zu vergeben oder hält sie aus Sparsamkeitsgründen zurück. Die besten Gesellen stehen nicht an den Werkbänken sondern an der Front. Die Waldfeuchter Chronik berichtet 1914:

"Das ganze Erwerbs- und Wirtschaftsleben vollzog sich unter dem Einfluß der kriegszeitlichen Verhältnisse und es waren diese von tief einschneidender Wirkung auf dasselbe, nicht allein, daß fast alle wehrfähigen Männer vom 18. bis zum 45. Lebensjahr zu den Fahnen einberufen und als Arbeitskräfte ihren Betrieben entzogen worden, sondern auch die Lebenshaltung sehr eingeschränkt werden musste. ... Handwerk und Gewerbe liegen infolge des Krieges auch ganz darnieder."

"Ädduarde Reiner" wird schon im ersten Kriegswinter, er geht noch zur Schule, mit dem Anheizen der Wohnung betraut, muss als erster aufstehen und im kalten Haus und in der Werkstatt die Öfen anzünden. Erst nachdem die Wohnung angeheizt ist, stehen die Eltern auf. – Seine 1915 begonnene Lehre kann er nicht durchstehen, als Eduard keine Arbeit hat, gibt er einen "Esser" als Helfer zu einem Bauern nach Obspringen, zu einem Verwandten seiner Frau. Mein Vater kann sich später, wenn er auf die Ernährung dieser Jahr zu sprechen kommt, nur an Schwarzbrot, "Sipnat" *(Apfelkraut)* Kartoffeln und Wirsing erinnern, aber nicht an Butter und Speck. Nur selten gibt es beim Bauern Fleisch, denn auch ihnen ist es rationiert. Mit Widerwillen erinnert er sich an "Getemelk", die doch so gesund sein soll, Ziegen hielten seine Eltern. Vor allem der Rahm ekelt in an. – In den Kriegsjahren erhält seine Lunge einen Defekt, der erst in den Jahren danach ausheilt. Die Chronik berichtet u. a.:
"Die kriegszeitlichen Verhältnisse üben noch immer die Herrschaft über das ganze Wirtschaftsleben aus und haben namentlich in diesem Jahr durch die ungünstige Getreide- und Kartoffelernte, sowie durch die zunehmende Reduktion der Vieh- und Schweinezucht, die Ernährungsschwierigkeiten der Einwohnerschaft einen nie geahnten und geradezu beängstigenden Umfang angenommen. Handwerk und Gewerbe sind fast ganz bedeutungslos geworden." 1917: "Handel und Gewerbe sind fast ganz bedeutungslos geworden." 1918 hat es Deutschlands letzter Kaiser geschafft, der Waldfeuchter Chronist kann nur noch sinngemäß eintragen: "Handel und Gerwerbe sind ganz bedeutungslos geworden und namentlich das Handwerk liegt schwer darnieder." Hindenburg wirbt weiter für Anleihen: "Die Zeit ist hart, aber der Sieg ist unser."

Der "kleine Reiner", ein Onkel meines Vaters, bekommt Hindenburgs Härte zu spüren. Er verschwindet 1916 an der Ostfront, seine Eltern hören nichts mehr von ihm. Sie wissen weder wie es ihm, noch seinem Bruder Arnold geht, der sich zehntausende Kilometer entfernt befindet, und von dem sie seit Kriegsbeginn kein Lebenszeichen erhalten haben. Reiner wird nur 33 Jahre alt. Seine Verlobte Agnes *(sie wird 1932 meine Hebamme sein)* bleibt nach Reiners Tod ledig, aber mit dem Ehepaar Eduard und Josepha Janssen befreundet. – Odilia grämt sich, stirbt am 11. Februar 1917 zwischen Sorge, Hoffnung und Ungewissheit. Nur Christian kann zur Beerdigung anreisen. Arnold erfährt nicht einmal vom Tod seiner Mutter. Reiner Wilhelm überlebt seine Frau um drei Jahre und knapp 10 Monate und stirbt am 7. November 1920.

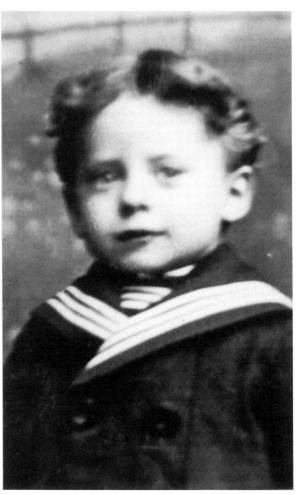

Reiners Bruder Peter, das "Ädduarde Pitsche"

Eine neue Generation. Am 2. Juni 1923 verlobt sich *Anna Maria* Josepha Hülhoven mit Reiner *Joseph* Janssen. Josepha ist die einzige Tochter von Wilhelmina *Hubertina* Houben "Mina" *(nicht verwandt mit Peter Eulogius Houben)* und *Johann* Jakob Hülhoven, geboren in Brüggelchen. Die Eltern von *Anna Maria* Josepha *Sefke* feiern an diesem Tag ihre Silberne Hochzeit. "Hülloves Jakkob" hat ein Haus in Echterbosch, direkt an der Waldfeuchter Baan gebaut.

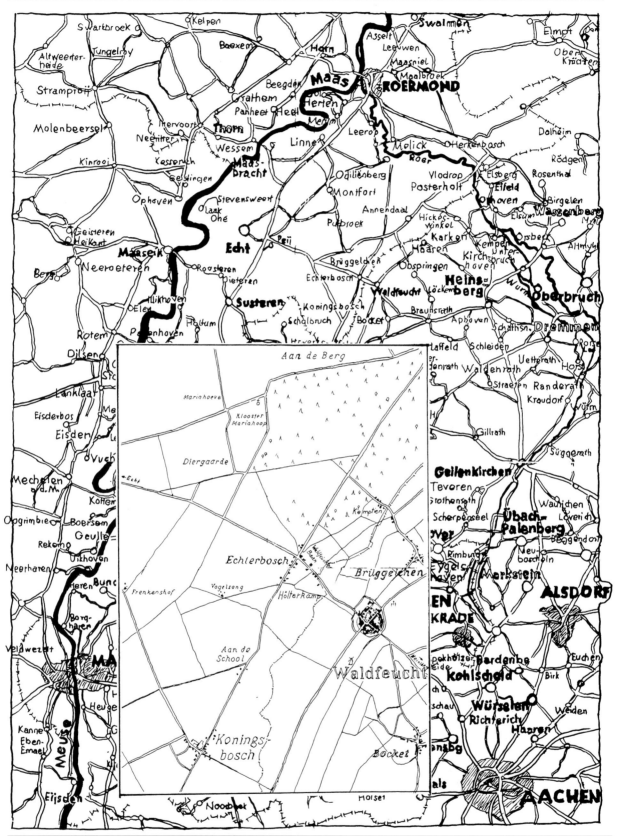

Am Anfang des 19. Jahrhunderts waren Brüggelchen und Echterbosch Satelliten Waldfeuchts. Echterbosch bestand nur aus wenigen Häusern, während Brüggelchen ein mittelgroßes Dorf war . Erst 1866 fiel die Provinz Limburg endgültig an Holland *(siehe Seite 12)*. Doch es siedelten sich noch Deutsche aus der Gemeinde Waldfeucht in Echterbosch an, unter ihnen *Peter* Andreas Houben mit Frau *Maria* Josepha, geborene Schmitz *(meine Urgroßeltern)*. Die ersten Kinder des Paares wurden in Waldfeucht, die folgenden, auch meine Großmutter Wilhelmina *Hubertina,* in Echterbosch geboren, sie heiratete *Johann* Jakob Hülhoven aus Brüggelchen. Dieser Ehe entstammt meine Mutter.

Johann Jakob Hülhoven

Mein Großvater wurde am 13. November 1873 in Brüggelchen geboren und merkwürdigerweise auf den Namen
"Petrus Jacobus" getauft. Seine Mutter war *Anna* Gertrud Knoben, die am 24. Januar 1835 in Obspringen geboren und am 24. Oktober 1862 *Anton* Joseph Hülhoven,
(geboren am 10. November 1830) in Braunsrath geheiratet hat. Die Patin meines Großvaters Jakob Hülhoven,
eine Anna Gertrud Schmitz, geborene Schmitz stammte
aus Brüggelchen, sein Pate Johann Gerhard Knoben aus
Obspringen.
"Mein Vater stammte aus Brüggelchen und mein Großvater auch. Der war von Beruf auch Zimmermann wie
mein Vater." *(Jakob Hülhoven rechnet – rechnet – kommt
aber so schnell zu keinem Resultat.)* "Das kann ich nicht
mehr genau sagen, der ist nicht alt geworden, der hat damals den Napoleonskrieg mitgemacht und ist erfroren
nach Hause gekommen. 1812 ist der eingezogen worden.
"Ja – da kam der aus Russland nach Haus und war sozu-
sagen abgegerbt. Der ist nur 41 Jahre alt geworden. Der
war vor 1800 geboren Siebzehnhundertsoundsoviel" *(am
7. November 1791).*

> Johann Heinrich Hülhoven heiratete am 26. Oktober 1816
> *Anna* Maria Otten, geboren am 2. März 1794 in Brauns-
> rath. Er starb im Alter von 41 Jahren am 29. November
> 1832, genau hundert Jahre vor meiner Geburt.

"Krank kam der aus Rußland zurück," erzählt Jakob
Hülhoven. "Da ist der noch einmal in die Saefeler Kante
gelaufen; da sollte der Napoleon vorbeikommen, als der
damals von Elba zurück, wieder gelandet und Frankreich

erobert hatte. Der hat den ganzen Tag an der Straße gewartet, wollte den noch einmal sehen, dem noch einmal
präsentieren. Napoleon ist aber nicht gekommen, hat einen anderen Weg genommen, ist nach Waterloo geritten.
Da wollte mein Großvater nicht glauben, dass der verloren hatte. Aber dann haben sie den Napoleon doch auf
eine kleine Insel verbannt."

> Die Hülhoven-Geschichte lässt sich zurück verfolgen. Der
> Vater von Johann Heinrich war ein Weber aus Waldfeucht
> und hieß Gerhard Hülhoven. Dieser war geboren am 23.
> April 1756 und hatte *Maria* Katharina Goerds *(Görtz, ge-
> boren am 9. Februar 1753)* am 16. Februar 1779 gehei-
> ratet. Hier ist eine Parallele zu Jakob Hülhoven festzu-
> stellen, der ebenfalls eine drei Jahre ältere Frau heiratet.
> Beide Männer heiraten und ziehen danach außerdem in
> das Haus der Frau ein.
> Vater von Gerhard Hülhoven war Johann Hülhoven, ge-
> boren am 19. April 1728 in Waldfeucht. Er heiratete Ma-
> ria *Elisabeth* Heffels am 4.Mai 1751.
> Vater von Johann Hülhoven war ein Johann Hulhoven,
> der etwa zwischen 1695 und 1700 geboren war. Er heira-
> tete am 28. Februar 1723 eine Barbara Müschen *(oder
> Muschen)*. – Beim letztgenannten Johann Hulhoven steht
> nicht fest, ob sein Geburtshaus in Waldfeucht stand. Er
> hat aber in Waldfeucht geheiratet. Möglicherweise stam-
> men er oder einer seiner Vorfahren aus dem Ort Hülhoven,
> der seinem Namen dem "Haus Hülhoven" verdankt, das
> etwa 3,5 Kilometer von Heinsberg entfernt liegt.

"Wann mein Vater geboren ist, das ist mir abgefallen
(10. November 1830) das kann ich aber schnell nachrech-
nen; der war 32 als er heiratete. Ich habe das alles nach-

Das Hülhoven-Haus in Brüggelchen. Paul Uth nahm die Hülhoven-Geschichte 1958 auf Tonband auf.

gesehen, jetzt im letzten Krieg noch *(er meint den 2. Weltkrieg)*. Mein Vater hat nie ein eigenes Geschäft gehabt, oh wat. Der war jeden Tag fort bei andere Leute. Für 80 Pfennige! Dazu noch auf eigene Kost. Ja" – lacht Jakob, "ich weiß noch dass einmal die Löhne angezogen haben, da hat der 1,20 Mark bekommen pro Tag.

Mein Vater ist 78 geworden, 1908 ist der gestorben, der war so um 1830 geboren, das hält sich um das Jahr. – Der hat, als sein Vater tot war, da waren die Kinder noch klein, aber als die so weit waren, dass die irgendwo dienen gingen, dass die ein bißchen helfen konnten, da wurden die weggeschickt auf einen Hof. Da hat er jedes Jahr 30 Taler verdient.

Danach ist der Zimmermann geworden," Jakob schmunzelt, "dä waas sue gett Tömmermann – sue gett Tömmermann. Ein Tömmermanns Haar ist so breit wie ein Zimmermannsbeil. Der ging auch Holz sägen, hat im Wald gearbeitet, half den Bauern aber auch im Tagelohn. In unserem Haus wurde außerdem noch gewebt. In Brüggelchen hatten wir die Hausnummer 25, direkt neben der Gaststätte Gerartz. Wir hatten ein bißchen Land, ein Schwein und eine Kuh. – Mit sechs Jahren musste ich zur Schule, in die gleiche Schule, die heute noch in Brüggelchen steht. In Echterbosch kannten die Holländer damals noch keinen Schulzwang. Der ist erst gekommen als ich anfangs in Echterbosch wohnte. – Aber als ich zur Schule ging, verließ mein Vater morgens, da war es noch dunkel, das Haus und abends kam der erst im Dunkeln nach Haus. Ja – das war ungefähr eine Stunde weit, wo der gearbeitet hat. Da war so ein reicher Kerl,

Der junge Jakob Hülhoven? Eine Bleistiftzeichnung von mir nach einem Ausschnitt aus einem alten Klassenfoto.

Fränken nannte der sich, der wohnte kurz hinter der Grenze in Holland, für den hat mein Vater viel im Holz gearbeitet. Wenn schweres Holz da war, da musste mein Vater hingehen. Da habe ich dem jeden Mittag zwischen den Schulzeiten, wir hatten ja morgens und nachmittags Schule, das Essen gebracht. Wir mussten in der Pause

Jakob Hülhoven besucht die Volksschule in Brüggelchen. Das Dorf hatte keine Kirche, nur eine kleine Kapelle.

flott hinlaufen, das Essen stand dann schon bereit, und unseren Vätern das Essen bringen, wenn wir um 11 Uhr aus der Schule kamen. Da war noch einer der mitging, so ein Junge. Dem ist dann folgendes passiert: – Ah – da waren wir unterwegs mit dem Mittagsessen, wir mussten durch den Wald laufen, da fiel der Junge auf die Nase. Das Essen fiel in den Spreu und er lag daneben. Die ganze Suppe war in den Spreu gefallen – und da begann der Junge zu weinen. Ich sagte: "Nu wieder rein damit!"
Da begann der mit beiden Händen zu scharren, hat damit alles zusammengeschart. – Ach – der Alte hat das ausgegessen." – Jakob lacht wieder, "das glaubt keiner, was der für einen Hunger hatte. Das war ein Leben. Wir sind dann wieder zurück, haben gegessen und mussten auch schon bald wieder in die Schule, aber die hatte ich ja direkt vor der Tür.
Ja das war ein Leben und eine Armut im Stall – ach – das könnt ihr gar nicht begreifen. – Der größte Bauer hatte kein Stroh, um es den Tieren zu streuen. Wenn die mal Stroh hatten, dann fraßen die Tiere das unter der Kuhscheiße heraus. – Eine Erbärmlichkeit war das! – Die hatten Vermögen genug die Leute, aber die hatten kein Geld. Es waren schlechte Erzeugnisse da.
Die Felder wurden mit Kühen bestellt, ich weiß, in Brüggelchen gab es zeitweise nur zwei Pferde. Und einer, der hatte viel Land, der konnte seine Handwerker nicht bezahlen, und wenn es nur 50 Pfennige waren – nein – die konnten das nicht. Die konnten nichts kaufen. Die Kühe waren ziemlich mager und man bekam 55 später 60 Pfennige für ein Pfund Butter, für ein Pfund. Das war noch in der Zeit als ich Soldat wurde. – Ich kann mich an Jahre erinnern, da waren die Kartoffeln so klein wie Klicker. Da gingen die Leute mit der Waschbütt auf dem Feld die Kartoffeln einsammeln. Mehr als eine Bütte ernteten die auch nicht auf einem Feld. Da gab es noch keinen Kunstdünger.
Das Essen bei uns zu Haus war gut, es wurde lecker gekocht, das war immer Gemüse durcheinander. Dann schlachteten wir immer ein Schwein, daher war gut kochen. Da gab es allerhand Suppen, Gemüse-, Erbsen- und Bohnensuppe oder auch mit Breitlauch. Es gab Suppen genug.
Weihnachten wurde bei uns kein Christbaum aufgestellt, aber in der Kirche war es schön, die wurde immer schön herausgeputzt. – Aber als Geschenk bekamen wir nur so ein Schälchen für um den Hals, so eins für zwanzig Pfennig. Weiter nichts. So ein Schal war schon der billigste nicht, der teuerste aber auch nicht. Gebäck gab es auch keins. – Was meinst du wohl – da kriegten wir sonntags mal so etwas, das war aus ausgesiebtem Roggenmehl gebacken, da bekamst du eine Scheibe von. Sonst gab es Schwarzbrot. Aber das Mittagessen war ziemlich gut, die alten Mütter konnten gut kochen.
Die Schule in Brüggelchen habe ich ab dem 6. Jahr besucht. In der Schule gab es nur eine Klasse von 6 bis 14 Jahren für alle zusammen. Als ich zur Schule ging, da hatten wir noch Öllampen, Rüböl oder was das war. Aus

Zinn waren die Lampen. Stimmt! Etwa von dieser Höhe." Er deutete mit der Hand die Höhe an. "Da war so ein Bassin, da war Öl drin mit so einem Docht aus Baumwolle, glaub ich, der wurde angesteckt. – Später kamen die Petroleumlampen auf. Da mussten wir diese großen Lampen kaufen. Die haben wir noch in Echterbosch bis vor dem 2. Weltkrieg gehabt; wir hatten ja auch da weder Strom noch Gas. – Die neuen Lampen hatten einen Schirm der das Licht heller machte als bei den alten Rüböllampen.

In dieser Zeit wurde die Butter verkauft. Klatschkieß on Siepnat *(Quark und Apfelkraut)* gab es genug. Ach was meinst du – bevor ich ab 1893 zum Militär musste und auch in den zwei Jahren als ich diente, da hätte ich im Jahr auch nur ein halbes Pfund Butter verschmiert? Nichts! – Aber ab da gab es Butter.
Als Kind, ich war der Jüngste, musste ich die Schuhe meiner Brüder tragen. Die wurden immer vererbt. die selbstgemachten Schuhe hielten Jahrzehnte.

> Zu meiner Zeit hatte mein Großvater Schuhgröße 46, lebte bei einer Körpergröße von 1,69 immer "auf großem Fuß."

Als ich 1887 aus der Schule kam, wollte ich erst meinem Vater helfen, aber da musste ich Sammetweber lernen – hym – bei uns. Aber ich wollte das nicht lernen, aber mein Vater sagte immer:
"Jong – du bist noch zu schwach um mein Handwerk zu lernen."
Damals war ich klein, ich wollte immer das Handwerk meines Vaters mitmachen, aber das hat nichts gegeben, ich musste zuerst bei uns zuhaus Sammetweber lernen. Wir haben selbst gewebt. Das war nicht das Sammetweben wie man es eigentlich heute versteht, das war Stücksammet was die anderen machten, der war so meinetwegen wie Kleiderstoff. Da gab es die verschiedenen Sammetarten. Wir brauchten dafür so eine Art Rasiermesser. Damit wurden die Fäden, die über den Nadeln, die wir vorher eingeschlagen hatten, vorstanden, abgeschnitten. Dann wurden die Nadeln herausgezogen und der Sammet war fertig. – Aber wir hatten das anders: das war Blumensammet. Der lag so anderhalb breit, mit zwei Bändern. Hierfür wurden auch Nadeln eingeschlagen, das waren so zwischen 2 und 3000 jedesmal.
Dann wurde die Schablone drübergeworfen. Mit einer extra Kreide wurde dann ganz schön dünn aber schnell über die Schablone gestrichen und danach, nach dem entstandenen Muster, mit dem Messer geschnitten. Das war genauso ein Messer wie die Schuster ihre Messer hatten. Ich glaube nicht, dass wir die noch haben. Das ging danach fertig an die Fabrik nach Krefeld. Da war viel dran verdient, viel!
Aber später ist das Geschäft mit dem Sammet eingegangen. Ich war gerade aus der Lehre als die Sammetweberei in Brüggelchen zusammenbrach, so um 1890. Da machten sie Sammet mit einmal auf Maschinen."

> Jakob Hülhoven sagt statt Samt immer Sammet. Er gerät in eine Strukturkrise, die durch das Einführen von mechanisch betriebenen Samtwebstühlen verursacht worden

war, die ein Gustav Streibler 1878 das erste Mal einführte. Ab dieser Zeit mussten sich die Hausweber immer wieder dem Wandel, dem die Herstellung von Samt, Seide und Plüsch unterworfen war, anpassen. 1883 blühte der Handbetrieb noch. Von 5000 Webern bedienten etwa 4000 den Handwebstuhl. 1882 standen 17812 Handwebstühle im nördlichen Rheinland, die Samt herstellten. Ihnen standen 299 Maschinenwebstühle gegenüber. Die zunehmende Mechanisierung veränderte die Situation aber so stark, dass 1912 noch 119 Handwebstühle betrieben wurden, ihnen standen 1547 Maschinenwebstühle gegenüber.

"Wir kamen nicht mehr mit, konnten uns auch keinen neuen Webstuhl anschaffen. Da hatte ich mein Handwerk umsonst gelernt – und stand da! – Was machen? Möglichkeiten gab es in Brüggelchen nicht sehr viele. Mir blieb nichts anderes übrig, als mit meinem Vater und meinem Bruder Heinrich in den Wald zu gehen. Mein Bruder war vier Jahre älter als ich. Auf einmal war ich stark genug, da haben sie mich beim Holzschneiden eingesetzt. Nein - das Holzschneiden war eine Schinderhannesarbeit. Bei Frost dampfte der Schweiß durch den Pullover und gefror zu spitzen Eisnadeln. – Jeder Stamm wurde vorher mit einer Schnur angerissen, oben und unten. Einer stand auf dem Stamm und der andere darunter in der *Kuhl*, der Sägegrube. Bei uns hieß die *Kuhl*. Es wurde auch *auf dem Bock* geschnitten, das waren zwei stabile Böcke: "Immer das Auge auf den Feind gerichtet," rief mein Bruder mir zu, als ich anfing. Er meinte den Kreidestrich, der auch unten mit der Schnur geschlagen worden war, damit die Säge nicht verlief. Das war aber nicht mein ältester Bruder, das war Gerhard. Der war auf dem Bürgermeisteramt in Waldfeucht.

Da hat der auf einmal eine Krankheit gekriegt, und da waren ja noch keine Ärzte die was kannten und konnten, und er ist dann gestorben. – Ja – der Arzt wurde geholt. Aber der kam aus *Löcken*, das liegt zwischen Brüggelchen und Heinsberg, kann ich sagen, da liegt das Dörfchen. Aber der musste erst geholt werden! Der kam dann, auf sein Gemak kam der an. Der kam zu Fuß, da musste manch einer sterben.

Dann hatte ich noch einen Bruder, der hieß Johannes und war zwei Jahre älter als ich. Der war so zwischen 7 und 9 Jahre, ich ging gerade in die Schule, da holten den die Franziskaner nach Vlodrop. Der ist dann nicht mehr nach Hause gekommen.

Als ich aus der Lehre kam, 1887, da hat der in Harreveld sein Theologiestudium begonnen, ist dann, da war ich schon vom Militär zurück, 1895 zum Priester geweiht worden.

Mit Siezehn musste ich nach Heinsberg ans Gericht, war als Zeuge geladen. Ich hatte da in einem Streit etwas gehört, und da hatte mich einer als Zeuge angegeben. Ich konnte dem Richter ja nur sagen, was ich wusste. Da hat mich auf dem Heimweg der Mann, Dieks oder wie der hieß, das war kein armer Mann, das sah man schon an seinen guten Kleidern, da hat der mich abgepasst und mich mit seinem Regenschirm verprügelt. Der hatte Wut auf mich, weil ich die Wahrheit gesagt hatte. Ich konnte mich ja nicht wehren! Das war damals so! Der hat mich so lange geschlagen, bis ich geheult habe.

Etwas später haben wir Brüggelcher Jungen uns auf das Militär vorbereitet. Die Gedienten haben mit uns exerziert. Wir hatten keine richtigen Gewehre, das waren Gewehrattrappen aus Holz. Und wer keine Attrappe hatte, der exerzierte mit einem Knüppel. Die hatten drei Jahre gedient, die da mit uns exerzierten. Als ich zum Militär kam, da konnte ich alle Griffe.

Ich war noch nicht ganz zwanzig Jahre, da wurde ich eingezogen. Aber ich war mit 22 schon wieder zu Haus. Als ich zum Militär eingezogen wurde, gab es noch keine Eisenbahn bis Heinsberg – nein! In Lindern, das liegt in der Gegend von Lennich oder Linnich, da war eine Station, da hielt der Zug, wenn wir mit der Bahn fahren wollten, der Zug kam von Aachen, hielt in Lindern und fuhr dann nach Erkelenz und weiter nach Gladbach. In Lindern kam die Strecke Köln-Aachen vorbei. Da kamen Züge, die bis nach Berlin fuhren. Ich bin da mal eingestiegen, da stand Aachen-Berlin drauf, ich bin mitgefahren bis Köln.

Von Brüggelchen aus waren es zu Fuß drei Stunden bis Lindern. Wenn man sich die Strecke von Lindern bis Erkelenz sparen wollte, konnt man auch da einsteigen; da brauchte man aber fünf Stunden von Brüggelchen aus. – Auch wenn wir in Urlaub kamen, gingen wir immer von Lindern aus zu Fuß. Es fuhr auch keine Postkutsche – nichts! – Die Post wurde zwar bis Heinsberg befördert und von da aus weiter, aber die nahmen uns nicht mit. Briefe und so, das wurde befördert mit den Postwagen. Vor jeden Wagen spannten die zwei Pferde, die kamen auch täglich bis Vöcht" *(Waldfeucht).*

Die Eisenbahngeschichte begann nach der Trennung Belgiens von den nördlichen Niederlanden. Antwerpen brauchte eine Verbindung zum Rheinland. Der Aachener Hausemann ergriff die Initiative und wurde von der Kölner Wirtschaft unterstützt. Lindern erhielt eine Station. Die Rheinische Eisenbahngesellschaft eröffnete 1843 die Linie Köln-Aachen. 1880 wurde die Bahn verstaatlicht.

"Ich war gerne Soldat. Ich musste mich in Köln stellen, da lagen wir in einer Brauerei. Und sonst? – Ick kann da nicht umhin, und das habe ich immer wieder gesagt, das war halb so schlimm, wie das immer wieder erzählt wurde für einen, der ein bißchen los hatte, für einen der sich bewegen konnte. – Aber die Scheiköpp und die Steifen, die hatten viel zu leiden. Mich bewegen war ich gewohnt und gewandt war ich wie eine Katze. Es hat mir nichts ausgemacht. Wer aber nicht richtig mitmachte, nicht wollte oder nicht konnte, der hatte nichts zu lachen. Heute sind das ja Heilige *(1958)* wenn die einberufen werden. Als ich diente, da waren die Dreijährigen die Schlimmsten - die Dreijährigen. Im zweiten Jahr als ich diente, da kam die dreijährige Dienstzeit weg. So war das – ja!"

Die Dreijährigen

"Von den Dreijährigen habe ich im ersten Jahr noch genügend zu spüren bekommen, da hab ich sie auch noch von gekriegt. – Das Schlimmste war, dass ich den Mund halten musste. Besonders im ersten Halbjahr waren die sehr schlimm, vor allem, wenn du in die Stube der Dreijährigen geschickt wurdest. Das kam schon mal vor, dass du dieses oder jenes Teil für den Korporalschaftsführer holen musstest. – Da war eine Stube, die war mit 17 Mann belegt und hieß die "17er Räuber". Die Räuber waren die Dreijährigen.

Ich hab das schon oft erzählt, da stand ich im ersten Glied, und ein Dreijähriger stand hinter mir im zweiten Glied, und das war das Besondere. Es war nämlich nichts Besonderes im zweiten Glied zu stehen, so beim Exerzieren und Marschieren. – Und da hatten wir mal gerade abgenommen: "Rührt Euch!" – da konnten wir uns mal umschaun.

Da fällt dem Dreijährigen ein Rahmen Patronen auf die Erde und er sagt:

"Du Hammel – heb mir den Patronenrahmen mal auf!"

Ich sagte direkt zu dem, denn ich war schon ein halbes Jahr da, "heb dir selbst auf!"

Damit bekam ich auch schon einen Tritt, hier gerade in die Muskeln am Knie, da waren nach acht Tagen noch die Stiefelnägel zu sehen, und ich bekam ein dickes Bein, ich war froh, dass ich überhaupt noch stehen konnte, so schmerzte das. Ich sagte zu dem, nachdem er das gemacht hatte:

"Männeke, ich hab was läuten gehört, wir kämen in diesem Jahr bei uns in der Nähe ins Manöver. Da werde ich es dir zurückzahlen." – "Hoh!" – Ich soll das Maul halten,

sonst kriegt ich den Kolben ins Genick. – "Ja," sagte ich, "ich weiß! Ich muss jetzt noch schweigen, aber da schweige ich dann nicht mehr, wenn wir im Manöver sind."

Da hatte ich Glück, dass wir nach Jülich kamen, Welldorf hieß das da. Höchstens zwei Tage haben wir dort gelegen. – Da kommt der Kerl, gerade als ich das Holz gemacht, das die Leute uns zu geben hatten, und einen Backofen angezündet hatte. Ich war dabei meine Kleider zu trocknen, den Schweiß. Da kommt der Kerl:

"Du," sagte der, "nimm mal die Brockern da weg, ich muss auch trocknen."

"Ja," sagte ich, "ist gut" und ich dachte 'jetzt ist die Zeit!' Als der da am Aufhängen war, schnapp ich mir den Kerl von hinten am Nacken und am Hosenboden und dann, der Kerl tat einen Schrei: " Wat willst du? Wat willst du?"

"In den Ofen mit dir! Los rein! Du wirst verbrannt, du Schweinhund! – Du hast genug gesabbelt!"

Der hat da geschrien. Ich hab den dann losgelassen, hatte den ja nicht in die Feuerung gesteckt, sondern in das Mundloch, in dem Brot gebacken wird – da habe ich den gut angewärmt. Ich hätte den ja nicht ganz darein gesteckt, ich wollte den ja nicht verbrennen.

Aber da hab ich noch Glück gehabt, als das Spiel vorbei war. Ja – da hatte ich Glück und war gerade nicht da. Den folgenden Tag hat mein Bruder mich besucht und ich war am Abend nicht da, als der mit der Bande kam. – Mein Bruder war zu Fuß von Brüggelchen gekommen, war in der Nacht von dort weggegangen und nach 8 Stunden hier angekommen. Abends kamen dann sieben Dreijährige: "Wo ist der Hammel," hatten sie gefragt. Die anderen Jüngelchen sagten nachher zu mir:

"Da hast du aber Glück gehabt!"

Schießwettbewerb, Schikanen
und ein verlorenes Ohr

"Ja, ja, ich habe niemals einem etwas zuleide getan, als ich noch aktiv diente."

Jakob Hülhoven meint, er hätte niemals einen gewollt oder hinterlistig angegriffen oder schikaniert, wenn man ihn in Ruhe gelassen hätte. Aber man darf ihn nicht schikanieren oder seine Ehre verletzen. Er gibt sich Mühe, ist der beste Schütze in der Kompanie und bei seinen Vorgesetzten wegen seiner Dienstauffassung angesehen. Bei einem Schießwettbewerb seines Regiments ist er einer der Favoriten, als um eine goldene Uhr geschossen wird. Aber ein Rohrkrepierer blendet sein rechtes Auge für Stunden. Er kann nicht mehr richtig anvisieren und schießt zwei Fahrkarten, gibt schließlich auf. Der Hauptmann tröstet ihn mit einer Kiste Zigarren.

Obwohl in keinen Krieg verwickelt stürmt er einmal auf den "Feind" los. Ein Spieß hat ihn auf dem Kasernenhof so gereizt, dass er rot sieht und mit dem Gewehr in der Hand auf den Quäler losgeht. Der Feldwebel "türmt". Normalerweise bedeutet solches Vergehen Festungshaft. Er wird auch von einem jungen Leutnant, der ihn kennt, zur Kommandantur abgeführt. – Der junge Leutnant ist fassungsloser als er und redet auf dem Weg zur Kommandantur auf ihn ein. So hitzig wie Jakob auch reagieren kann, so schnell ist er wieder abgekühlt. Dass ihm ein Offizier zuredet, hat er nicht erwartet und er erkennt,

dass es sich für einen einfachen Soldaten nicht geziemt hinter einem Spieß herzurennen. Der Leutnant fühlt seine Reue, bleibt stehen und fragt:

"Geschieht das auch nie wieder?"

Selbstverständlich geschieht das nie wieder. Der junge Offizier lässt "Gnade vor Recht ergehen" und es geschieht auch nicht mehr, dass Jakob Hülhoven einem Spieß auf dem Kasernenhof nachläuft. Dafür erwischt es aber einen UvD *(Unteroffizier vom Dienst)*.

Auch für ihn gilt Jakobs "ich habe niemals einem etwas zuleide getan" nicht. Er wurde ehrenrührig, und wer unbedingt gewechselt haben will, dem soll gewechselt werden – auch in einem Kölner Tanzsaal.

Jakob, der "in Ehren" mit einer jungen Kölnerin tanzt, sich korrekt benimmt, wird von einem sich zu stark fühlenden Unteroffizier "zur Schnecke gemacht". Die Demütigung durch einen UvD, der sich auf der Tanzfläche profilieren will, verletzt seine Ehre, trifft ihn besonders, weil er die Tanzfläche nicht allein bevölkert und er mit einer jungen Kölnerin tanzt. – Es kommt zum scharfen Disput, der in einer versuchten Festnahme endet. Aber es kommt nur zum Versuch, denn Jakob Hülhofen hat sein Seitengewehr bei sich. Der UvD kann seinen Kopf nicht schnell genug zur Seite ziehen,wird getroffen und muss sein Ohr halten. Es kommt zu keiner Festnahme, Jakob flieht. Kein Mensch verstellt ihm den Weg, kein Soldat und kein Zivilist.

Dieser Fall fürs Militärgericht bleibt nur deshalb ungesühnt, weil Jakob Hülhoven unerkannt entkommen kann.

Das erste Auto

Als die deutsche Schutztruppe in den Garnisonen Freiwillige für Kolonialtruppen anwirbt, spielt Jakob Hülhoven mit dem Gedanken, seine Zukunft im Land der Hottentotten, den *Menschen der Menschen,* in Deutsch-Süd-West-Afrika, oder bei den Kanaken im Bismarck-Archipel zu suchen. Aber seine Offiziere raten ihm davon ab: "Dafür sind Sie zu schade!"

In Köln sieht er danach zum ersten Mal ein Fahrzeug, das weder von einem Menschen, noch einem Pferd, einem Ochsen, einer Kuh oder einem Hund gezogen wird. "In Köln ist mir da ein Ding begegnet, so ein Gefährt, wie ich es bis dahin noch nicht gesehen hatte. Als ich das erste Auto gesehen habe, da war das noch kein Auto, wie man sich heute eins vorstellt. Eine Karosserie mit Türen gab es überhaupt nicht, auch kein Lenkrad. Das hatte so einen einfachen Bretterboden wie ein Frachtwägelchen, dann einen Sitz drauf, auf dem die da oben saßen. Das Ding machte nicht viel Krach – nein! Ich hab mich daneben hingekniet, das war da, wo die Colonia gestanden hat, einen Meter davon. Bevor ich mich gekniet habe, es standen da Leute um das Gefährt herum, habe ich gefragt: 'Was ist das?'

Das hörte ein Mann, dass wir keinen Verstand daraus bekamen, wir waren da mit mehreren Soldaten, und der Mann erklärte uns: 'Das ist ein Graf mit seinen Söhnen. Das ist ein Auto, so nennt man das.'

Da kamen immer mehr Leute gelaufen, standen da mitten auf der Straße rum, damals fuhren noch keine Autos

Daimler Stahlradwagen, Baujahr 1889, V Zweizylinder-motor, automatische Einlassventile, seitlich stehende Auslassventile. Bohrung 60 mm, Hub 100 mm, 1,5 PS, 600 U/min. – Konus-Kupplung, offen liegendes Viergang-Zahnradgetriebe. Stahlrohrgestell, ungefedert. Geschwindigkeit 18-22 km. – Preis 1889/90 = 4000 Mark.

und man konnte ruhig auf der Straße stehen oder gehen. Das war auf der Ringstraße, von Kölns Zentrum aus gerechnet. Wir kamen gerade daher.

'Ja,' fragte ich,' wer zieht denn das Auto, oder wie geht das?'

Das wusste der Herr auch nicht und er konnte mir auch sonst nichts darüber erzählen.

Da sagte ich: 'Verdammt – verdammt, da muss doch was drunter sitzen, was das Ding zieht? Vielleicht ein Hund oder ein paar Hunde?'

Und ich hab mich gekniet und darunter geguckt.

'He,' sagte ich, 'ich kann da nichts drunter finden!' Auf einmal fuhr der Graf ab mit seinen beiden Jungen, aber so langsam, dass man daneben spazieren gehen konnte. Ja, ja, ich habe dann später gehört, wann das erste Auto entstanden ist, das habe ich in der Zeitung gelesen. Aber erst 1894 habe ich das Gestell, das schon nicht mehr ganz neu war, gesehen. Als ich in Köln war, konnte man noch ruhig über die Straße gehen, da gab es nur Pferdewagen. Da ging es auf den Straßen noch geruhsamer zu als heute, da wurde man noch nicht gleich überfahren. Auch beim Militär hatten wir auch bei uns noch keine Autos, da ging alles zu Fuß oder mit Pferd oder Bahn."

Der "lelke" Bürgermeister von Dremmen

"Während der Militärzeit bekam ich in den zwei Jahren dreimal Urlaub. – Wenn wir in Urlaub fuhren, mussten wir immer von Lindern aus zu Fuß nach Hause laufen. Das waren von Lindern aus für mich drei Stunden bis Brüggelchen. – Ja – da haben wir mal schwer Krach gehabt mit einem Polizisten, das war bei meinem letzten Urlaub 1894, im zweiten Jahr.

Von Lindern aus, und das war uns lästig, langweilig, – da marschierten wir mit 6-8 Personen zusammen, von Heinsberg welche, von Aphoven und von Vöcht ein paar, zu denen gehörte ich. – So wie wir durch Dremmen waren, also Dremmen im Rücken hatten, das liegt zwischen Heinsberg und Lindern, kommt uns die Idee und ich sagte:

'Das ist aber so langweilig,' wir mussten noch so weit gehen, bis nach Vöcht und Brüggelchen und ich schlug vor, 'lasst uns mal ein Marschlied singen, dann geht es sich sicher etwas besser.'

Ja – es wurde auch sofort angestimmt von Kasper, der auch gerne sang, der war aus Schoepe, Schafhausen – und da kommt uns auf einmal einer nachgelaufen:

'He – he – hö!' war der am Rufen – wir waren so ins Feld rein zu marschieren, so auf einer Chaussee, wir sollten das Maul halten, war der dran. – Ich dachte mir, was ist denn das für ein Kerl, der uns das Maul zuhalten will?

Es war schon ziemlich dunkel, aber wir marschierten weiter. Auf einmal hatte der mich bei den Achselklappen, da wollte der meine Nummer wissen. Ich stoße den sofort von mir ab, und da erst erkannte ich den. Er war ein Polizist, ein alter Polizist, der verbot uns das Singen!

Die hatten damals in Dremmen einen Geck, einen namens Nötig als Bürgermeister. Vor dem hatte der Polizist Scheu. Da sagte der Kasper aus Schoepe zu mir:

'Pass op die hand ene lelke, scherpe Bürgermesster! Wenn dä oss meld, dann were wir bestrooft!'

Darauf ich: 'Dann well ech ens kieke, wä hie bestrooft wüerd!' Und ich bin weiter gegangen. Aber der Kerl wollte nicht von uns ablassen, der wollte wissen, von welcher Kompanie wir waren. Auf einmal, als ich das leid war, da habe ich den an der Jacke gefasst und gefragt:

'Wie willst du es haben? Auch die Kompanie noch dazu? Oder die Korporalschaft auch noch?'

Da packt er ein und ich schubbste ihn fort und ließ seinen Kragen los und sagte: 'Du erbärmlicher Kerl!'

Das war schon ein alter Mann und ich konnte den ja nicht gut – und die hatten uns beim Militär immer vorgehalten und extra gesagt:

'Wenn der Amtsschimmel zu Hause,' so nannten sie den Bürgermeister, "wenn Sie von dem gefragt werden oder wenn der von Ihnen etwas wissen will, was haben Sie dann zu antworten?'

'Ja!' hatte darauf einer geantwortet, 'wir müssen dem die Urlaubskarte zeigen.'

Der andere wusste gar nichts. – Und – das war streng verboten! Die Zivilbehörden durften einen weder ausfragen, noch etwas abholen, das durfte nur ein Offizier. 'Militärische Institutionen haben Vorrang vor der zivilen Gewalt!' Das hatte der Offizier uns immer gesagt. Aber der Polizist der war ja kein Offizier, und der Kerl musste sich zurück ziehen. Aber ich rief dem noch nach:

'Meine Kompanie kannst du haben aber dann gehst du mit einem blauen Auge nach Hause.'

'Das gibt ein Nachspiel,' sagte der Damen zu mir.

'Warum?' fragte ich. – 'Ja,' sagte der, 'der Bürgermeister ist wie der Teufel, und der steht auch da, wenn wir zurückfahren.'

'Lass ihn nur stehen,' antwortete ich dem.

Wir hatten fünf Tage Urlaub damals. – Als wir dann nach Lindern zurück kamen, hatte der Damen den Polizist sofort gesehen.

'Jakob,' sagte der zu mir, 'da steht der in der Bahnhofstür!'

Ich sagte: 'Da steht der lange gut.'

Der hatte einen Kneifer an und war am lugen, am lugen. Da waren noch mehr vom Militär, von anderen Regimentern. Ich bin da von der Seite auf den Bahnsteig und in den Zug eingestiegen und hab mich an ein offenes Fenster gestellt. Da konnte ich den gut beobachten. Ich habe ihm dann zugerufen:

'Hast du sie jetzt erkannt?'

Ich brauchte den ja nicht zu kennen. Aber der sagte nichts. Aber ich kann dir sagen, ich hatte mein Koppel schon los gemacht. Ich legte mich dann ins Fenster, bis der Zug abfuhr von Lindern. Der hat auch nichts gemeldet, nichts, nichts! Wir haben jedenfalls nichts davon gehört. Da hörte dem sein Einfluss auf.

Ich hatte ja nur dreimal in zwei Jahren Urlaub bekommen, das habe ich schon gesagt, aber die von Neuss, die fuhren abends nach Hause und die Gladbacher fuhren auch sonntags. Aber ich bin nur dreimal in Urlaub gewesen in zwei Jahren – ja!

Ich war noch nicht ganz 20 als ich eingezogen wurde und war bei meinem 22. Geburtstag schon wieder entlassen. 'Zur Reserve beurlaubt,' hieß das damals. Ich bin im September 1895 entlassen worden. – Mein Bruder Johannes, der zu den Franziskanern gegangen war, hatte mit 16 Jahren in Harreveld Theologie zu studieren begonnen und ein Jahr später dort sein Ordensgelübde abgelegt. Einen Monat vor meiner Entlassung vom Militär war der im Alter von 24 Jahren in Paderborn zum Priester geweiht worden.

Die Eisenbahn fuhr damals schon bis Heinsberg, aber die Verbindungen waren für uns nicht immer günstig. Nur als ich entlassen wurde, bin ich mit dem Zug nach Heinsberg gefahren. Wir bekamen 2 Mark an Marschgebühren und einen Militärfahrschein bis Heinsberg. – In Erkelenz musste ich mich dann zur Reserve zurück melden. Wir mussten auch alle Veränderungen angeben in den nächsten Jahren, wenn man verreiste oder den Wohnort wechselte. Wir durften unsere Militärkleidung mit nach Haus

nehmen, wir waren nur beurlaubt, mussten die Bekleidung
jedes Jahr vorzeigen, wer nicht
zur Kontrollversammlung erschien, kam in Arrest. Ich bin
ja später noch einmal zum
Kaisermanöver eingezogen
worden. Aber als ich zurück-
kam, habe ich wieder mit meinem Vater und meinem Bru-
der im Wald gearbeitet."

Die waren so frech
wie der Teufel

"Mit den Zöllnern kamen wir
zusammen, wenn wir an der
Grenze nach Holland in den
Wald mussten. Da waren die
auf holländischem Gebiet und
die in Deutschland. Wir hatten
immer mit zwei Parteien zu
tun. – Aber der Zoll war meistens halb so schlimm. Das
waren auch manchmal arme
Kerle. Die Zöllner mussten oft
8 Stunden auf einer Stelle lie-
genbleiben in der damaligen
Zeit, ob es schneite oder reg-
nete, die mussten im Freien
liegen. Ich weiß, dass die Holländer dafür ein Schafsfell hatten. So wie der Posten aufgeschrieben wurde, so hatte er da
zu liegen. Die wurden fast jede
Nacht mindestens einmal kontrolliert, so ein berittener Oberkontrolleur tat das.
'Da kommt der mit seinem
Adjudanten,' sagte ich immer,
das waren zwölfjährige," *(12
Jahre in der Armee gedient)* "wenn die ausgedient hatten, kamen die zum Zoll. Ja! – die waren frech wie der
Teufel, das heißt, die da ein bißchen zu sagen hatten. Ja –
da hat uns mal einer, als wir müde gearbeitet aus dem
Wald kamen, aus dem Wald bei Haaren, das war im
Haarener Land, es gab ja Althaaren und Neuhaaren, da
hat uns mal einer auf dem Heimweg angehalten. Wir hatten in Neuhaaren Bretter geschnitten, Bretter und Bohlen.
Das war eine schwere Arbeit und wir kamen müde nach
Hause und hatten eine Schubkarre voll dicker Späne bei
uns. Die Späne gehörten uns, die durften wir mitnehmen,
so war das geregelt. Wir hatten an dem Tag lange gesägt
und mussten noch eine Stunde zurücklaufen. – Da kommt
uns da der Oberkontrolleur mit einem zweiten Beritte-
nen entgegen. Der kommt uns in dem Moment entgegen,

Pater Dositheus (Johannes) Hülhoven
ging als Kind nach Vlodrop zu
den Franziskanern, wurde
1895 in Paderborn zum
Priester geweiht und
hielt Kontakt
zu Jakob.

als wir die ersten Häuser von Brüggelchen erreicht hat-
ten, wenn man aus Haaren kommt. Und:
'Halt! – Was haben Sie da?'
Was gab ich damals schon um einen Zöllner, der konnte
mich nicht beeindrucken.
'Kippen Sie die Schubkarre mal um!'
Jakob Hülhoven lacht, als er die Worte des Zöllners, des
'Adjudanten' wiederholt.
'So siehst du aus,' fiel mir da direkt aus dem Mund, der
war zu faul zum Absitzen, 'so siehst du aus!'
Da wurde das aber ein Krach. Der Oberkontrolleur sagte
nichts, riss stattdessen sein Pferd in die Höhe und wollte
es mir auf den Leib werfen. Da hab ich das Pferd an sei-
nen Halsriemen geschnappt, von unten geschnappt, da
hatte das Pferd keine Gewalt mehr. Und da wurde das ein

Spektakel, als ich dem da am Hals hing und ich rief:
'Du grüner Junge, ich bin so gut Soldat gewesen wie du!
Du brauchst dich hier nicht so stark zu machen. – Pack –
nur die Schubkarre mal an um sie umzuwerfen, wenn du
Courage hast!'

Da hätte er ein Recht zu, das sei Gehorsamsverweige-
rung.

'Was sagst du da?' ich duzte den, 'was denn für ein Recht
dazu? Dann werde ich dir dein Recht mal erklären! Ich
werde dir einmal sagen, was du darfst! – Du kannst mit
bis zu unserem Haus gehen, das ist nur ein paar hundert
Meter weit, höchstens. Da kannst du dir das erst erlau-
ben, aber hier auf dem Weg nicht! Und wenn du es hier
machst, dann bleibt noch kein Zentimeter liegen, so lädst
du dann die Schubkarre wieder auf!'

Die Leute kamen über den Krach aus den Häusern und
fingen an zu johlen. Auf einmal warf der Oberkontrolleur
sein Pferd herum und der Berittene musste ihm folgen.
Die Leute, die sich inzwischen um uns versammelt hatten, schimpften hinter ihnen her – für einen Zöllner gab
ich gar nichts! – Die standen da auf ihrem Posten mit
Gewehr, wenn die kontrolliert wurden, mussten die präsentieren. – Als das passierte, war ich noch nicht verheiratet, wohl war ich Soldat gewesen. Das war zwischen
1895 und 1898. Ich habe 98 geheiratet.

Da kam ich gerade aus der Schule, 1877, hat es mal Streit
mit den Holländern gegeben. Brüggelcher Bauern hatten
Land in Holland und mussten über die Grenze. Ich war
nicht dabei, aber da ist sogar geschossen worden."

"Der hier - und du da, ihr geht nach Bocket!"

(Jakob lernt Mina kennen.) – "Das hat damals schnell
gegangen, damals war ich noch nicht mal in deren Haus
gewesen, geschweige, dass ich an sie dachte. – Aber wo
Mädchen waren, da gingen wir kaufen. Da war so ein
Geschäft auf den Echterbosch, das gehörte einem Andreas Houben. Das war ein Deutscher, der vor 1870 *auf dem
Echterbosch* gebaut hatte. Der hatte vorne an der Straße
einen *Wenkel*, ein Kolonialwarengeschäft, in dem hauptsächlich Deutsche kauften. Das Haus hieß "Aan Dreese",
heute würde man sagen "bei Andreas", das war der Vor-
name des Inhabers von dem *Wenkel* – und wir trieben uns
sonntags da immer herum, weil da auch unverheiratete
Mädchen waren, das war 1896-97.

Und da mussten die Mädchen, wir gingen ja da kaufen,
für 10 Pfennig Zigarren, drei bis vier Stück für 10 Pfennig, da mussten die Mädchen einmal ausgehen, die wurden nach Bocket geschickt. Das waren nicht nur die Töchter von dem Andreas Houben, das waren auch Mädchen
aus den Nachbarfamilien. Dabei war, ich kann mich erinnern, auch eine Schwester von "Gilese Lenn" *(Peulen)*
die war auch dabei und die ging auch mit. Wir wussten
aber nicht, warum die Mädchen nach Bocket geschickt
wurden, ob sie einkaufen mussten oder etwas über die
Grenze bringen sollten oder was sonst war. Ich war zu
bang für zu fragen. – Und da drehten und wendeten wir
uns, wir drehten uns, denn wir waren genau soviel Mädchen wie Jungen. Und da kam eine von den Peulens, eine

Das Haus "Aan Dreese" wurde 1867 von Andreas Houben in Echterbosch erbaut, heute Waldfeuchter Baan Nr.124

resolute Tante von den Peulens und sagte:
'Der hier und du da,' sie zeigte auf ein Mädchen, 'ihr geht nach Bocket. – Und du gehst mit dieser und du mit der da!'
So verteilte die uns, und so – bin ich dran gekommen, ich bin neben die Mina gestellt worden. Dann sind wir nach Bocket gegangen, ja, ja, das war nachmittags. Und dann hat das sich so entwickelt. – Aber das war nicht so wie heute, da ging man brav nebeneinander her, hat sich nicht geküsst. Ich glaube wenn du das riskiert hättest, dann hättest du nicht wieder zu kommen brauchen, nein das gab es damals nicht, nein wirklich! – Nein, nein, ich habe Spaß an diesen Fragen." *(Jakob wendet sich an den Fragenden, an meinen Schwager Paul Uth, der dieses Gespräch 1958 auf Tonband aufzeichnet.)*
"Wir waren so! Da standen wir schon auf dem Heiraten, um 9 Uhr abends, da packten wir uns auf und gingen nach Haus. Mein Schwiegervater hatte den Mädchen immer gesagt:
'Um 9 Uhr ...!'
Im Sommer war es noch ganz hell, aber wir mussten gehn."

Der Wehrwoof!

Auf einem Rückweg von Echterbosch nach Brüggelchen hat Jakob Hülhoven eine Begegnung mit einem Wehrwolf, er nennt ihn *Wehrwoof,* der Frauen auf den Rücken sprang und sich von diesen tragen ließ. Als die Tage kürzer wurden, trieb er um Waldfeucht sein Unwesen. "Und da steht der gerade da, der *Wehrwoof,* unter einem Baum steht der. Ich frage:
'Was stehst du hier?'
Da sagt der zu mir, 'ich tue doch keinem was!'
'Du hast ein Messer in der Hand, was willst du damit?'
Da wollte der das Messer nicht abgeben und ich sagte:
'Wenn du das Messer nicht abgibst, dann zerschlage ich dich am Boden, ehe du dich umgesehen hast. – Du musst mich mal tragen lassen! Jeden Sonntag gehe ich hier allein nach Hause.' Das war, als es schon früher dunkel wurde, da stand der da hinter einem dicken Baum auf der Lauer. Aber ich hatte aufgepasst und den rechtzeitig gesehen. Das war ein Waldfeuchter, der ein Jahr älter als ich war. Ich hab den dann gehen lassen, als er das Messer wegsteckte.
Als ich nach ein paar Wochen, es war noch dunkler, einige Sonntage später, wieder an die Stelle kam, da wartete der da mit einem zweiten Mann auf mich. Ohne ein Wort zu sagen, schlug ich den zu Boden und habe den versohlt, der andere Mann sprang auf Seite. Da wurde der am Boden noch nicht ruhig, da hab ich dem etwas getrampelt. – Er ist mir dann am nächsten Sonntag begegnet und hat mir zugerufen: 'Du musst mir meine Uhr ersetzen, du hast meine Uhr kaputt getreten.'
'Ah," fragte ich den, wieviel Uhren willst du denn von mir haben?'

Da ging der aber weg. – So ein dummer Wehrwoof! Hat die ganze Gegend unsicher gemacht. Ja, das war ein Bruder vom *Diexke,* später hat der in Sittard geheiratet. – Vorher hat den ein Polizist von Waldfeucht, wir nannten den *Auwe Hupp,* der hat den gefangen. Der *Auwe Hupp* hat sich Frauenkleider angezogen, da ist der Wehrwoof auf den drauf gesprungen, vor dem Missionskreuz, das steht, wenn man von dieser Seite nach Waldfeucht rein kommt, an der Kirche. Da hat der Polizist, er war ein großer Kerl, von hinten die Arme um den gelegt und hat den direkt zum Pastor getragen."

Obwohl Jakob Hülhoven gerne schoss, gehörte er doch nicht zu den Schützen. Weshalb das so war, weiß ich nicht. Wahrscheinlich konnte er sich weder Uniform noch Gewehr leisten. Wie immer, er gehört den Schützen, den "Schötte", nicht an. – Trotzdem schießt er einmal aus einiger Entfernung mit auf den Vogel.
Er leiht sich von einem Freund ein Gewehr, stellt sich hinter ein Gebüsch in der Nähe des Schießplatzes. Als die Schießerei losgeht, legt auch er an und schießt den Vogel ab. Was für ihn eine Genugtuung, ist für die Schützen eine ärgerliche Störung. Sie müssen den Vogel neu aufrichten. Jakob Hülhoven erzählt nicht, ob es bei einem Kopfschütteln geblieben ist oder ob auch härtere Worte gegen ihn gefallen sind.
Er bekommt aber bald wieder Gelegenheit, eine Flinte in die Hand zu nehmen, denn er wird zu einem Kaisermanöver einberufen.

Das Kaisermanöver

"1895 habe ich noch gedient, zwei Jahre danach bin ich noch zum Kaisermanöver eingezogen worden, und zwar für 96 Tage. Das war damals für mich sehr lange.
Ich bekam damals, als wir die Übung machten, mehr als die aktiven Unteroffiziere. Das war deshalb soviel, weil die Aktiven sich jeden Monat zwangsweise von ihrem Sold soviel zurücklegen mussten, dass sie nach zwölf Jahren für jedes Jahr an die hundert Mark gespart hatten. Auf diese Weise erhielten sie am Ende ihrer Dienstzeit tausend bis zwölfhundert Mark ausbezahlt. Wir nannten das Brotschnalle. Um zu sparen, mussten sie den Gürtel enger schnallen. Die hätten ja sonst doch nichts von ihrem Gehalt übrig gehalten, die versoffen ja alles. Aber so konnten die sich Möbel anschaffen oder was sonst auch immer. Das war ein gutes Ding für die. Das war damals viel Geld!
Nun bekam ich mehr als die, weil mir nichts abgehalten wurde. Die bekamen aber die 1200 Mark und sofort eine Stelle beim Zoll. Aber an dem Sold war das vorher abgespart worden, das war eine Sparkasse für die. Ich war auch Unteroffizier, aber das hieß Unteroffizier der Reserve. Das heißt soviel wie überzähliger Unteroffizier. Als ich aktiv diente, bekam ich keine Unteroffizierslöhnung, wurde immer noch als Obergefreiter bezahlt. Wohl beim

Manöver, als ich die Übung machte. Alle sieben Jahre machten die große Manöver. Als ich zur Übung musste, war es das erste große Kaisermanöver, was je in Deutschland abgehalten worden war." *(War es 1897oder 1898 ?).* "Ich meine 1897! Fünf Armeecorps hatten die aufgeboten, zwei rheinische, das 8. und 11., je ein bayerisches und württembergisches und eines von Berlin. Das war eine Masse Soldaten, das müssen so an die 80 000 Mann gewesen sein. Nein, das waren nicht mehr. Heute sind das noch weniger, durch die Maschinen. Bei uns gab es noch keine Panzer und noch kein Maschinengewehr, da gab es nur Gewehre.

Ich bin wieder nach Köln zum nördlichen Heer einberufen worden, wie die sagten. – In Fußmärschen sind wir von Köln aus durch den Westerwald. – Aber da habe ich eine Armut kennen gelernt, dagegen herrschte bei uns der reinste Wohlstand. Da wohnten arme Leute, richtig arme Leute. Da gab es welche, die hatten nicht mal Ziegel oder Schiefer auf dem Dach, die hatten ihre Dächer mit Stroh gedeckt. Die waren so arm, dass sie arm waren.

Vom Westerwald sind wir nach Nassau marschiert und durch den Taunus. Irgendwo sind wir dann auf die Bayern und Württemberger gestoßen. Ich hab das alles mitgemacht, da haben wir im Biwak gelegen. – Die Verpflegung war schlecht, wir bekamen nur Brot, Brot bekamen wir, aber das andere fehlte. Und wenn wir was anderes bekamen, dann waren das schlechte Kartoffeln. Abends mussten wir dann Graben auswerfen und dann konnten wir uns die schmalen Dingerchen von Kartoffeln selbst kochen. Da gab es keine Feldküche.

Von Zeit zu Zeit wurden dann Konservenbüchsen ausgegeben. Die waren gut, die waren besser als wie wir sie in der Garnison gehabt hatten. Aber allgemein war es ein Fressen, was wir damals bekamen. Das war so schlecht, dass man es kaum erzählen darf. – Nein – wenn ich an die Verpflegung beim Manöver denke, dabei hatte man uns vorher gesagt: "Der gut ernährte und gut angezogene Soldat verspricht die größte Leistung.'

Ich war ja Korporalschaftsführer, der kann ja den Rang eines Unteroffiziers, aber auch den eines Gefreiten haben. Unser Hauptmann sagte immer: 'Ein Korporalschaftsführer hat einen Wirkungskreis im Kleinen, wie ein Kompaniechef im Großen.'

Wir hatten vorher schon gelernt: 'Der Korporalschaftsführer ist dem Range nach der Niedrigste, aber zugleich auf das Gemüt der einflussreichste Vorgesetzte, den der Soldat anerkennen muss.'

Lehrer und Erzieher nannten sie das. Wir mussten auch schon mal exerzieren lassen, mit und ohne Gewehr, Marschbewegungen üben oder bei Schießen aufpassen, richtige Entfernungen einstellen und so. Auch hatten wir auf die Kleidung zu achten, geputzte Stiefel und Schuhe zu überprüfen. – Ich bekam ein Korporalschaftsbuch, ein Notizbuch. Darin wurden Kleider und Wäsche aufgeschrieben und Waffen. Der Hauptmann sagte: 'Was man aufgeschrieben hat, vergisst man nicht!'

Ha, ha – wir mussten uns sogar die Füße zeigen lassen, ob die Füße in Ordnung und auch ob die gewaschen waren oder ob die Blasen hatten, dass die Stiefel richtig passten und sowas, die wurden geschmiert, damit die biegsam blieben, denn es hieß: " Pferdebeine und Männerfüße bringen eine Armee an den Feind!"

Wir waren beim Manöver feldmarschmäßig ausgerüstet. Bekleidung, Helm, Partronentaschen, Zeltzubehör, Mantel, Gepäck, Schnürschuhe, Ersatzstrümpfe, Fußlappen, Waffen, Munition, eiserne Ration, Spaten und Schanzzeug. Alles in allem waren das so an die 30 Kilo zu tragen. Das wurde schwer bei langen Märschen.

An Sold bekam der einfache Soldat 22 Pfennige pro Tag, ein Gefreiter bekam 27 Pfennige und ein Unteroffizier 60 und 65 Pfennige. Was Verheiratete bekamen, kann ich nicht sagen. Wir hatten einen Verheirateten dabei, der hatte schon Kinder und der war aus Aachen.

Der Kaiser war auch mit im Manöver, Wilhelm II. Der hat damals gegen Graf von Häser gekämpft. Wenn ich noch jetzt daran denke, muss ich lachen. Das war ein Mensch, der bestand nur aus langen Beinen und einem kleinen Körperchen. Und dann mager im Gesicht, richtig spitz. Aber das war ein Ganzer!

Ich habe dann auchWilhelm gesehen. Da habe ich vorgestanden von hier bis am Tisch, beim Präsentieren. Da hab ich zum erstenmal gesehen, dass der am Arm lahm war, der hatte den rechten Arm lahm. Ja, der konnte nicht einmal den Degen richtig ziehen. Der musste sich mit der linken Hand den Degen in die rechte Hand legen beim Kommando, 'Achtung, präsentiert das Gewehr!'

Da musste der sich den Degen, die linke Hand hatte der ja gesund, in die rechte Hand stecken. Der Arm war dran und der konnte mit der Hand dann auch festhalten.

Ich wusste wohl, dass der an einem Arm lahm war, aber die meisten wussten das nicht. Das hätte auch keiner gemerkt. Nur weil ich genau vor dem gestanden habe, ist mir das aufgefallen. Der war ja ziemlich groß, genau so wie man den auf Porträts sieht. Das war ein richtig ausgemeißelter im Gesicht, hat auch einen tüchtigen Schnurrbart gehabt.

Als wir dann auf die Bayern trafen, fingen die rechts und links sofort an zu prügeln. Die schlugen aufeinander los mit Gewehrkolben. Da waren welche, die prügelten sich bis das Signal kam. – Ich hab das nicht mitgemacht. Ich habe mit meinem Gegenüber das Gewehr gekreuzt und gesagt: 'Ist gut Kamerad!'

Damit war die Schlacht geschlagen und das Manöver war vorbei. Wir sind zurück nach Koblenz marschiert. Hier hab ich auf der Mosel ein böses Erlebnis gehabt. – Wir waren alle Nichtschwimmer und hatten uns einen Nachen gemietet, keiner hatte Ahnung von der Strömung. Da drehte sich der Nachen mit einmal. Zuerst dachten wir, das ist ja wie im Karussell und hatten Spaß daran. Doch mir verging das Lachen und es fingen welche an zu jammern. Ich dachte hier kommen wir nicht mehr lebend raus und sagte: 'Lasst uns nur Reue und Leid erwecken!' Doch dann ließ der Strudel uns los.

Wilhelmina Houben und Jakob Hülhoven heiraten

Während der 96 Manövertage erhält Jakob Hülhoven nur einmal Post von *Mina.* Jakob schreibt zwar öfter, doch es sind kein Briefe oder Karten erhalten. Mina schreibt nur einmal, weil sie nicht schreiben kann. Sie hat weder Schreiben noch Rechnen gelernt, weil es in Echterbosch und seiner holländischen Umgebung keine Schule gibt. In Waldfeucht, Brüggelchen oder wo immer im Selfkant, muss dagegen jedes Kind zur Schule.

Nach der Loslösung der Provinz Limburg vom Deutschen Reich vernachlässigte die holländische Regierung das Grenzgebiet. Vorher hatten sich die wenigen Echterboscher nach Waldfeucht orientiert. Andreas Houben konnte seine Kinder nur zum Nachhilfeunterricht schicken, den ein alter Küster erteilte. Richtig schreiben und rechnen lernten die Kinder aber nicht. Mina kann ihren Brief deshalb nur mit Mühe und mit fremder Hilfe abfassen. Das ist peinlich genug. Jakob Hülhoven:

"Da war zwar immer ein Kloster in Koningsbosch, das ist später vergrößert worden. Da war auch ein Internat für höhere Töchter, auch für Deutsche, aber eine Schule gab es sonst nicht. – Ja, da hab ich erlebt, da gingen in dieser Zeit welche nach Vöcht, da gab einer so ein bisschen Unterricht, da gingen viele hin, den nannten sie den "auwe Köster". Von Echterbosch die Kinder, aber auch die Jugendlichen von dort, die so alt waren, dass sie aus der Schule hätten sein müssen, die nahmen bei dem in Vöcht Stunden. Die konnten weder richtig Deutsch schreiben und erst recht kein Holländisch. Da waren genug, wenn die heirateten, dann konnten die das Vaterunser nicht. Das ist die Wahrheit! Ja, die lernten dann etwas vom Pastor, die mussten ja in die Christenlehre gehen, immer, denn Christenlehre wurde abgehalten. Auf Königsbusch war damals so eine gute Kapelle, bevor die Kirche, wie sie jetzt ist, gebaut wurde. Als die gebaut wurde, das war in der Zeit, da kam der erste Lehrer aus Holland, da ist auch die Schule *an Hötz,* wo der Polizist wohnt, gebaut worden."

Als die Bindung zwischen Mina und Jakob enger wird, bemüht sich noch lange ein Verehrer aus der Nachbarschaft um Mina. Als die Hochzeit unabwendbar ist, warnt er: "Du kriss mar nu eene Nette, evel die Nette were laater fies." *(Du bekommst zwar jetzt einen Schönen, aber die Schönen werden später hässlich.)*
Aber Mina hat ihre Wahl längst getroffen. Immerhin ist sie 28 Jahre alt, es ist für sie an der Zeit zu heiraten. Jakob ist drei Jahre jünger. Am 1. Juni 1898 gehen Paar und Trauzeugen zu Fuß nach Haaren zum Standesamt. Der Termin der kirchlichen Trauung ist etwas umstritten, meine Mutter gibt den 23. Juni an, aber Jakob bestreitet energisch:
"Nein, nein! Am 28. Juni habe ich geheiratet!
Kirchlich geheiratet haben wir nicht in Waldfeucht, sondern in der Kirche in Königsbusch, in Echterbusch war das Hochzeitshaus. – Wir konnten ja nicht gut mit der Pferdekarre dahinfahren, nicht gut mit Hochzeitskleid und Hochzeitsanzug uns auf die Kaar setzen, deshalb sind wir die vierzig Minuten zu Fuß gegangen. Danach haben wir uns in Echterbusch zusammengesetzt. Meine Eltern waren auch dabei. – Was es damals zum Mittagessen gab, weiß ich nicht mehr. Was die damals gekocht haben, Kartoffeln oder so, ist mir entfallen.
Ich weiß wohl, dass die für nachmittags zum Kaffee, am Tag der kirchlichen Trauung eine Art Kuchen gebacken hatten. Das war damals für uns etwas Seltenes. Wie heißt der auch wieder? – Kranz nannten sie den. – Mein Vater, der ja auch dabei war, hatte dann da, nachdem der Kranz in Scheiben geschnitten war, auf diese Scheiben Butter geschmiert, ha,ha! – Darauf sagte mein Schwiegervater zu dem, der konnte ja den Mund nicht halten, der musste das sagen:
'Josef, da ist die Butter doch reingebacken worden!'
Da wurden die Mädchen bös und haben den später ausgeschimpft. Das hatte mein Schwiegervater aber so gemeint, und mein Vater hatte im Leben noch keinen Kranz gegessen. – Ja – da war der Zucker und die Butter, da waren sogar Rosinen mit eingebacken.

Als wir dann verheiratet waren, bin ich von Brüggelchen auf den Echterbosch gezogen und wohnte da in Holland. Wir bekamen im Haus zwar eine 'Kaamer', aber der Haushalt wurde weiter gemeinsam geführt. Mina kochte und war auch im *Wenkel.* Nönk *(Heinrich)* Franz und Gertrud wohnten mit im Haus meines Schwiegervaters, wir aßen gemeinsam und wohnten auch sonst zusammen.
Wir haben das Brot noch selbst gebacken. Der Teig wurde vorher mit den Füßen geknetet. Bei uns wurden die Füße vorher gewaschen. Ha,ha! – Ob man das überall so machte, weiß ich nicht. Man hörte ja so allerhand, aber bei uns wurden sie gewaschen, gründlich! – Und das war dann ein Gedöns! Das hatte ich bis dahin noch nicht mitgemacht; gebraucht wurden immer zwei Mann am Trog, das war ein großer Holztrog, der hieß Moll.
Einer musste den Teig immer umstechen mit einer Stechschippe, wenn die eine Seite geknetet war, der andere Mann machte in der Zeit die andere Seite parat. Das dauerte eine Stunde bis der Teig fertig war. Ich sagte aber sofort: 'Ich will keinen in der Moll haben, ich mache das allein oder gar nicht!'
Dem widersprach keiner, auch mein Schwiegervater nicht. – die hätten mich verrückt gemacht, die Brüder, denn die arbeiteten nicht gern. Da hab ich den Teig dann allein geknetet und auch umgestochen. Anschließend ging es dann in unser Backes, wir hatten ein eigenes und darin wurde das Schwarzbrot gebacken."

Das Sagen im Haus hatte Jakobs Schwiegervater *Peter* Andreas Houben, seit 1895 Witwer. Er hatte Haus, Stallungen und Scheune vor 1870 gebaut, war bei der Hochzeitsfeier 64 Jahre alt. In der Familie lief nichts ohne seinen Willen. Jakob kam mit ihm zurecht, weil er, im Gegensatz zu den etwas trägen Söhnen, fleißig zupackte.

Heirathsurkunde.

Nr. *6*

Haaren am _auf_ ten

Juni tausend acht hundert _neun_ zig und _acht_

Vor dem unterzeichneten Standesbeamten erschienen heute zum

Zwecke der Eheschließung:

1. der *Ackerer Johann Jakob Hülhoven*

der Persönlichkeit nach

bekannt,

katholischer Religion, geboren den _zwanzigsten_

November des Jahres tausend acht hundert

zwei und siebzig zu _Brüggelchen_

, wohnhaft zu _Brüggelchen_

Sohn der *Eheleute Acker und Ackerleute Anton Joseph*

Hülhoven und Gertrud geborenen Knoben

beide wohnhaft

zu _Brüggelchen_

2. die *unverehlichte Wilhelmina Hubertina Touben*

der Persönlichkeit nach

bekannt,

katholischer Religion, geboren den _neunzehnten_

Maerz des Jahres tausend acht hundert

siebzig zu _Echterbusch_

, wohnhaft zu _Echterbusch_

Tochter der *Eheleute Ackerer und Ackersleute Andreas Houben und*

Maria Josepha geborenen Schmitz erstere noch

zu _Echterbusch letztere verstorben zuletzt dort_ wohnhaft

zu _Echterbusch_

Heiratsurkunde von Jakob und Wilhelmina Hülhoven

Peter **Andreas Houben**

Er wird am 1. Oktober 1834 in Waldfeucht geboren und in das Taufregister der katholischen Kirche eingetragen. Pate ist ein Peter Andreas Houben aus Bocket und Patin ist eine Barbara Wirtz, ebenfalls aus Bocket. *(Die Beziehung zu Bocket wird für den soeben Getauften noch von Bedeutung sein.)*
Der Vater von Andreas Houben ist der am 22. August 1773 in Waldfeucht geborene Gerhard Houben, der als 45-Jähriger, am 6. Juli 1818, die 22 Jahre jüngere Maria Anna Mevishen *(in der Taufurkunde als "Maria Theresia" bezeichnet)* aus Bocket geheiratet hat. Als 39-Jährige gebiert sie den Sohn *Peter* Andreas. Ihr Mann ist damals schon 61 Jahre alt.
Paten von Gerhard Houben sind Gerhard Nyshen und Agnes Boven de Erd. Paten von Anna Mevishen sind Maria Anna Hamächer und Arnold Jütten.
Die Familie Gerhard und Maria Anna Houben, geborene Mevishen, also meine Ururgroßeltern, wohnen zum Zeitpunkt der Heirat im Steinweg Nr.12 *(später Metzgerei Bischofs)*. Mein Ururgroßvater Gerhard Houben stirbt am 21. September 1855 in Waldfeucht. Meine Ururgroßmutter überlebt ihren Mann um 6 Jahre. Wahrscheinlich ist das Paar umgezogen, die Witwe wohnt jedenfalls in der Jakobstraße Nr. 75, hält 1855 zwei Kühe, 2 Schafe und ein Schwein. *(Die Familie lässt sich noch weiter zurück verfolgen, doch führt das in diesem Rahmen zu weit.)*

Dem windigen Winterausgang des Jahres 1861 folgt ein stürmischer Frühling. In Waldfeucht ist man damit beschäftigt, die vernachlässigten Wege instand zu setzen. Bürgermeister Schmickels hat vom Staat hierzu einen Zuschuss von 900 Talern erhalten. Der März ist "stürmisch und für den Gesundheitszustand nicht besonders günstig," notiert der Waldfeuchter Chronist. Für meine Urugroßmutter Maria Houben, geborene Mevishen trifft die Notiz zu, denn sie erlebt den Frühling 1861 nicht mehr, sie stirbt am 11. März.
Wenige Monate nach dem Tod seiner Mutter heiratet mein 27-jähriger Urgroßvater Peter Andreas Houben am 10. Mai 1861 die 27-jährige *Maria* Josepha Schmitz, die am 26. April 1834 geboren, also knapp 4 Monate älter als er ist. Auch Josepha hat Verbindungen nach Bocket, ihre Patin Maria Josepha Evertz, die Ehefrau von Johann Schmitz, wohnt mit ihrem Mann dort. Ihr Pate ist Jakob Phlippen, der mit Maria Agnes, geborene Rademächer verheiratet ist. Der Name weist darauf hin, dass einer ihrer Vorfahren einmal Rademächer war, also spezialisierter Wagner.

Trotz des wechselhaften Sommers wird die Getreideernte des Jahres 1861 gut, doch für Kartoffeln ist das Jahr zu regnerisch. – Die Jungverheirateten wohnen wahrscheinlich zunächst in beengten Verhältnissen in Waldfeucht, Andreas betreibt eine Landwirtschaft und Josepha versorgt den Haushalt. – Barbara wird am 2. September 1863 in Waldfeucht geboren. Die zweite Tochter, Josepha, wird wahrscheinlich 1865 ebenfalls in Waldfeucht geboren. Im Jahr darauf, 1866, erblickt Anna dort das Licht der Welt. Die Wohnverhältnisse zwingen Andreas Houben, spätestens in diesem Jahr in sein eigenes Haus in Echterbosch umzuziehen.

An Zimmermannszeichen kann man noch heute erkennen, dass am Neubau Gebälk eines älteren Hauses mit verarbeitet wurde, das einmal in Bocket gestanden hat.

In Waldfeucht, Bocket und Umgebung herrscht seit Jahrzehnten Aufbruchstimmung. Die Wirtschaft bietet für nur wenige Berufstätige ein Auskommen, dazu zählen Ziegelbrenner, Schnapsbrenner, Schreiner, Zimmerleute, Wagner, Schmiede, Schlosser, Klempner, Dachdecker, Schuhmacher, Weber, Schneider, Bäcker, Metzger, Lebensmittelhändler und Gastwirte. Die Gewerbetreiben bleiben auf landwirtschaftlichen Nebenerwerb angewiesen. Tagelöhner verpflichten sich als Knechte, Frauen als Mägde. Verwaltungsangestellte, Posthalter, Küster, Bürgermeister, Lehrer, Pastor, Polizist, möglicherweise ein Arzt und Apotheker oder ein Viehhändler, runden die Berufsmöglichkeiten ab. Reiche Familien sind selten.

Die genannten Berufe dienen einer Gesellschaft, die überwiegend von Landwirten geprägt wird, die ihrerseits von Ernteerträgen und von der Größe ihres Grundbesitzes abhängig sind. In etlichen Hauswirtschaften wird gewebt, gesponnen oder Flachs verarbeitet. Die Produkte werden für Händler oder Fabriken hergestellt.

In vergangenen Jahrhunderten regelte die hohe Kindersterblichkeit den Bevölkerungszuwachs. Dank preußischer Gesundheitsvorsorge nimmt die Kindersterblichkeit ab und die Bevölkerung wächst.
In Waldfeucht, Bocket und Umgebung drängen die daraus resultierenden Probleme schon seit Jahrzehnten die Familien zum Auswandern, weil Arbeitsplätze fehlen. Ein Ausweichen in übersetzte Berufe und Handwerke ist nur in beschränktem Umfang möglich. Auch auf Waldfeucht passt eine Beschreibung der Berufssituation Westfalens, die besagt, dass "das platte Münsterland schon lange an Handwerkern übersättigt war."

Andreas Houben entschließt sich als 30-Jähriger in Echterbosch zu bauen. – Fünf Familien wandern mit insgesamt 32 Personen von Bocket nach Amerika aus. Zwei Familien aus Waldfeucht folgen mit insgesamt 15 Personen. Die Auswanderer karren ihre Habe zum Teil auf Schubkarren zum Hafen von Antwerpen, andere lassen sich von Verwandten mit der Pferdekarre an die Scheldemündung fahren.
Andreas Houben wandert in die Provinz Limburg aus, die eben noch dem Deutschen Reich angehörte, aber genau 1866 endgültig an Holland fällt. Die Niederlande sind für die Waldfeuchter nun Ausland. Andreas Houbens neues Haus liegt in Echterbosch an der Waldfeuchter Baan *(heute Nr. 124).*

Um das Rechteck des Innenhofes, der durch ein großes Rundbogentor auf die Waldfeuchter Baan führt, baut er rechts *(von der Straße aus gesehen)* in die Tiefe des Grundstückes ein Wohnhaus, hinten quer eine Scheune und Kuhställe, links Schweine- und Hühnerställe und Ställe für Rinder, zur Straße baut er den Pferdestall und einen weiteren Raum mit oberem Getreidespeicher.
Er wird, wie schon gesagt, aus Bocket unterstützt, verwendet zum Teil Eichenbalken eines älteren Bocketer Hauses. An Einstemmungen erkennt man, dass die Balken schon einmal verbaut worden waren. Wilhelmina *(meine Großmutter)* Heinrich, Gertrud und Franz werden in Echterbosch geboren.
Die Waldfeuchter Baan und ihre Fortsetzung nach Echt wird nach der Beschwerde von 1863 an die Gemeinde Echt, verbreitert. Der Gemeinderat von Echt kommt 1865 dieser Bitte nach und beschließt den Ausbau des zerfahrenen und verschlammten Weges, er bewilligt die hierfür erforderlichen 34 000 Gulden für die Verbesserung der Straße. Damit haben die Waldfeuchter eine befahrbare Verbindung zur Bahnstation Echt und damit einen besseren Anschluss an das internationale Schienennetz.
Genau zu dieser Zeit, 1866, kommt es zum deutsch-deutschen Krieg unter dem preußischen König Wilhelm I. und Bismarck einerseits, und den Bayern und Österreichern andererseits. Die Folge ist die Auflösung des Deutschen Bundes. Für die in Limburg wohnenden Deutschen bewirkt der Krieg die Einschränkung Jahrhunderte alter Bindungen, die Grenzbewachungen werden verstärkt und Waldfeucht wird durch zwei Zollämter von Echterbosch getrennt.
1867 ist für Andreas ein durchwachsenes Jahr, der Roggen hat unter starkem Frost gelitten, deshalb gerät das Stroh nur mittelmäßig. Als Ausgleich bekommt er aber mehr für sein Getreide, der Getreidepreis steigt durch die Verknappung. Mit der Kartoffelernte kann er zufrieden sein, nur kann er seine Ernte nicht nach Deutschland verkaufen, denn die Grenze wird zeitweise unter dem Vorwand der Rinderpest geschlossen. Wirtschaftlich leidet die deutsche Bevölkerung immer noch unter den Folgen des deutsch-deutschen Krieges.
Ein Jahr später, meine Großmutter ist noch nicht geboren, werden hauptsächlich die Wälder auf holländischer Seite der Grenze von einer Raupenplage befallen. In Deutschland kommt man zu der Erkenntnis, dass die Vertilgung der Raupen allein nicht ausreicht, um eine Wiederholung zu verhindern. Man proklamiert den Schutz der Singvögel. Auf holländischem Gebiet wird aber der Vogelfang weiter mit einfachen Fallen betrieben. Drahtkäfige werden beispielsweise im Schnee aufgestellt und die Vögel mit einer Körnerspur unter die Kästen gelockt. Mit einer langen Schur zieht dann der lauernde Vogelfänger ein Stöckchen, das den Käfig einseitig hochstützt, weg, und die Falle schnappt zu. Danach dreht der Fänger Vogel um Vogel das Genick um. *(Diese Art des Vogelfangs konnte ich noch während des 2. Weltkrieges bei unserem Nachbarn "Klöere Schang" beobachten.)*

Wilhelmina Hubertina Houben wird geboren

Am 19. März 1870 wird meine Großmutter mütterlicherseits, Wilhelmina *Hubertina* im Haus an der Echter Baan, als Tochter des Ehepaares Houben geboren. Aus dem langen Namen wird bald eine "Mina", die im Gegensatz zu ihren älteren Geschwistern nicht in Waldfeucht, sondern in Koningsbosch getauft und auch nicht auf dem Standesamt in Waldfeucht, sondern in Echt eingetragen wird.

Kurz vorher oder kurz nachher folgt der aus Waldfeucht stammende Neffe Peter, der sieben Jahre älter ist als Andreas, seinem Onkel auf den Echterbosch und baut direkt gegenüber, heute Waldfeuchter Baan 108, ein Haus fast im gleichen Stil, wie es sein Onkel gebaut hat. Peter Houben ist zu der Zeit mit der Holländerin Wilhelmina Hubertina, geborene Wolters, aus Echt verheiratet, die im gleichen Jahr wie Andreas geboren ist. Es ist nicht nur möglich, sondern sogar wahrscheinlich, dass sie die Taufpatin meiner Großmutter ist *(Namensgleichheit)*. Die beiden Häuser sind die ersten Häuser ostwärts der Princebaan von Echterbosch. Der Bau der beiden Häuser erfolgt etwa gleichzeitig mit dem Ausbau der Waldfeuchter und Echter Baan.

1870, als der Deutsch-Französische Krieg beginnt, erlebt "Mina" ihr erstes von den insgesamt 12 Kriegsjahren, die sie erleben wird. Es erweist sich für die beiden Houben-Familien als Vorteil, in Echterbosch zu wohnen, sie werden nicht in den neuen preußischen Krieg mit Frankreich, den Napoleon III. erklärt hat, hineingezogen. Für Andreas Houben und auch für seinen Neffen ist es von Vorteil, im neutralen Holland zu wohnen, einem Land, das sich mehr um die Ausbeutung seiner Kolonien kümmert, als sich in europäische Kriege zu verwickeln. – In Holland bleiben die Pferde im Stall, während die gekürten der deutschen Bauern in Waldfeucht mitten aus der Ernte abgezogen werden.

Eine wahrscheinlich direkte Folge des Deutsch-Französischen Krieges ist die zwischen Echterbosch und Waldfeucht errichtete Zollstation, die ab 1870 vom "Commies-Ontvanger" Adolf Raebel geleitet wird. Das erste holländische Zollamt wird im Haus von Kann, direkt an der Kreuzung der heutigen Princebaan-Waldfeuchter Baan errichtet.

Während im Holländischen die Pferde den Bauern zur Ernte zur Verfügung stehen, haben die Bauern auf der deutschen Seite ihre Pferde dem König von Preußen abzuliefern, nicht nur die Pferde, auch Fuhrwerke und Fuhrmänner. Außerdem werden viele Bauern- und Handwerkersöhne zum Militär eingezogen. Der Waldfeuchter Chronist schildert auch Einzelschicksale:
So haben sich die "Pferdefuhren zum Fouragetransport, nach Trier, in Schmidtheim des Kreises Schleiden zu stellen." – Bei diesen Transporten geraten der Fuhrmann Goertz aus Waldfeucht, der Knecht Hubert Zweipfennig und der Bauer Casper Mertens aus Langbroich mit ihren Pferden und Fuhrwerken in französische Gefangenschaft,

die erst nach 65 Tagen endet. – Sie kehren ohne Pferde und Fuhrwerke, kurz vor der Krönung Wilhelms I. zum deutschen Kaiser, zurück. Nur das abgenommene Bargeld hat man ihnen wiedergegeben, Pferde und Fuhrwerke sollen noch ersetzt werden. Tiere leiden schrecklicher als die Menschen, kehren, wenn überhaupt, nur krank zurück.

Dieses Beispiel zeigt, wie es Bauern auf deutscher Seite ergehen kann. Hätte Andreas Houben noch in Waldfeucht gewohnt, wäre er möglicherweise von einem ähnlichen Schicksal betroffen worden. So aber bleiben seine Pferde und er selbst gesund, weil er nicht eingezogen werden kann. In den folgenden Jahrzehnten profitiert er von den sich erhöhenden Lebenshaltungskosten in Deutschland und vom Verteuern der Waren im Reich.

Ein Gefälle der Kosten für Waren, vor allem von denen, aus den holländischen Kolonien, entsteht. In Holland können Kaffee, Tabak, Tee, Schokolade und Südfrüchte preiswerter angeboten werden als in Deutschland. Waren, die man aus den Niederlanden nach Deutschland einführt, werden zusätzlich mit Zoll belegt. Dadurch werden diese Waren noch teurer und verstärken das Gefälle, das durch den günstigeren Zugang der Holländer zu den Erzeugnissen besteht. Man will den deutschen Außenhandel stärken und Staatseinnahmen erhöhen. Die unentwegte Aufrüstung verschlingt riesige Summen. Die Erhebung von Zöllen fördert den Schmuggel.

Das Grenzland wird auf holländischer Seite zum Angebotsland und Andreas Houben bietet mit an. Er eröffnet in einem Zimmer an der Waldfeuchter Baan einen "Wenkel", ein Winkelgeschäft und wird "winkelier".

Vorher am Ende der Welt wohnend, wird sein Haus in den nächsten Jahrzehnten zur bevorzugten Einkaufsgelegenheit für Waldfeuchter und Bewohner der Umgebung. Als günstig erweist sich auch, dass in Echt eine Bahn hält, während auf deutscher Seite zunächst nicht einmal Heinsberg an das Eisenbahnnetz angeschlossen ist. Die Grenzbewohner erreichen in anderthalb Fußstunden Echt. Die neu ausgebaute Straße begünstigt den Verkehr.

Wenn holländische und deutsche Zöllner auch während des deutsch-französischen Krieges die Grenze schärfer bewachen, benutzen doch nach dem Krieg wieder hunderte Deutsche die holländische Eisenbahn. Und wenn sie über Waldfeucht nach Echt gehen, bleibt ihnen als nächster befestigter Weg die Waldfeuchter Baan, müssen an "Aan Dreese" vorbei. Andreas Houben gewinnt aber nicht nur Reisende als Kunden, sondern auch Bewohner aus Waldfeucht, Brüggelchen, Bocket, Frilinghoven und darüber hinaus. Und für deutsche Bauern, die ihre Felder in Holland bestellen oder Heu von der Maas einfahren, wird es selbstverständlich, den erlaubten Warenteil nach Waldfeucht mitzunehmen. Der genehmigte Teil wird vorgezeigt und der ungenehmigte unter Heu, Stroh oder Rüben eingeschmuggelt.

"Opp dorr Bosch" kann Andreas auch aus holländischen Blättern politische Neuigkeiten erfahren.

Er muss sich allerdings um die holländische Sprache bemühen, wenn er den Inhalt verstehen will, aber auch aus Geschäftsgründen, z.B. beim Einkauf. Wenn er Geschäfte machen will, und er will Geschäfte machen, kommt er um das Aneignen einiger holländischer Sprachkenntnisse und auch um das Kennenlernen von geschäftlichen Gepflogenheiten nicht herum. Fürs Üben stehen ihm an Zeitungen *Maasbode*, *Nordbrabanter* und das religiöse Blatt *De Tyd*, das mehr vom Klerus gelesen wird, zur Verfügung. Mit den französisch beeinflussten Blättern, wie der *Courier de la meuse* oder *Anni du Limbourg*, weiß er nichts anzufangen. Hin und wieder hält er auch eine deutsche Zeitung in den Händen, die ihm die Verwandtschaft aus Deutschland überlässt.

1873 errichtet auf einem Grundstück, das in Richtung Waldfeucht liegt, ein Franz Josef Peulen aus Waldfeucht ein großes Haus. Er baut es gegenüber der *Kohderenk* an der Waldfeuchter Baan. In ihm wird das "Officiéle instelling grenzkantoor" eingerichtet. Es ist das dritte Haus, das östlich der Kreuzung mit der Waldfeuchter Baan mit der heutigen Princebaan liegt, und es ist der dritte Deutsche, der nach dem Verfall des Deutschen Reiches *(1866)* auf dem Echterbosch ansiedelt.

Der Schmuggel, vor allem der mit holländischen Kolonialwaren, wird zur erheblichen Schattenwirtschaft und wird von der streng religiösen Grenzbevölkerung nicht als Verbrechen, eher als "Ehrensache" angesehen, der Staat ist der Verbrecher! Man spricht öffentlich nicht viel darüber, doch wer diesseits und jenseits der Grenze Gelegenheit hat, der schmuggelt.

Nicht nur Andreas Houben, sondern viele Familien in Echterbosch profitieren vom kleinen Grenzverkehr. Im Laufe der Jahrzehnte hat jedes Haus an der Waldfeuchter Baan einen "Wenkel" und in allen Häusern klingeln die Kassen.

Andreas Houben ist ein Sparer, der mit dem Pfennig rechnet. Frau Josepha zieht die Kinder groß und pendelt zwischen "Küek" und "Wenkel". Andreas beackert seine Felder, versorgt das Vieh und geht sonstigen Geschäften nach. Die ältesten Töchter lernen früh, die Kühe zu melken und die Ställe auszumisten.

1880 ist die älteste Tochter Barbara 17, Josepha 15, Anna 13, Heinrich 11, "Mina" 10, Gertrud 8 und Franz fast 7 Jahre alt. Nach der Geburt von Franz kündigt sich kein neuer Nachwuchs mehr an. Barbara hat Hilfe im Haushalt und in *Wenkel* und Stall bekommen. Allerdings besuchen die Kinder keine Schule, weil Koningsbosch, geschweige denn Diergarde oder Echterbosch keine Volksschule hat, wie in Waldfeucht, Brüggelchen oder Bocket. Viele Kinder wachsen deshalb auf der holländischen Seite als Analphabeten heran. Die Kinder lernen weder Schreiben noch Rechnen. In fast allen Familien können nur die deutschsprachigen Eltern versuchen, ihren Kindern einige Grundkenntnisse beizubringen. In der Familie Houben versucht man mit einem Rechenrahmen, mit 10 Reihen à 10 Perlen, den Kindern zumindest das Zusammenzählen und Abziehen bis einhundert beizubringen. Das ist die einzige Art, wie meine Großmutter "Mina" rechnen lernt. Multiplizieren und dividieren lernt sie nicht, sie erlangt nur eine hohe Fertigkeit mit dem Rechenrahmen, kann am Ende so schnell damit rechnen wie ein normal ausgebildetes Schulkind.

Bezüglich des Schreibens schickt Andreas Houben seine Kinder zeitweise nach Waldfeucht zu einem alten Küster *(auwe Köster)*, der Nachhilfeunterricht erteilt, um damit seine Einkünfte aufzubessern. Aber Andreas Houben ist ein Sparer, und er spart auch an der Ausbildung seiner Kinder, kann auch nicht so wie er will, wird erst mit der Zeit "flüssiger", aber da ist es zu spät.

Auch wird die Grenzüberwachung schärfer. Man hat immer noch einen Zwischenfall von 1877 in Erinnerung, als ein Brüggelcher oder Haarener Bauer wegen einer Fuhre, beladen mit Mist, angegriffen wird. Die uralten Wege sind noch nicht dem neuen Grenzverlauf angepasst, der Bauer gerät deswegen auf holländisches Gebiet, wird aber von einem Zivilisten vor einem nahenden holländischen Husaren gewarnt. Der Bauer wendet und versucht durch die Felder wieder auf deutsches Gebiet zu gelangen. Als er merkt, dass der Husar schneller als seine, von einer Kuh gezogene Mistkarre, ist, spannt er das Tier aus und flieht mit ihm auf deutsches Gebiet. Er alarmiert eine Anzahl Männer im Dorf. Der Husar hat inzwischen die Mistkarre erreicht und überschüttet den Warner, wahrscheinlich ein Bauer, der sein Feld bestellt, mit Vorwürfen. Im Dorf rotten sich derweil an die dreißig Männer zusammen, es kocht unter den Grenzbauern schon seit längerem, und ehe der Husar sich versieht, ist er von Männern umringt, von denen ihn einer als den verrückten Beamten bezichtigt, vor einigen Tagen auch seine Mistfuhre beschlagnahmt zu haben. Als dem Husaren ein Rechen zu nahe kommt, schlägt er mit dem Säbel zu und verletzt einen Mann an der Brust. In dem nun eskalierenden Scharmützel werden mehrere Männer durch Hiebe und Stiche des Husaren verletzt. Doch schließlich geht es auch dem Husaren ans Fell.

Echterboscher Zöllner sehen dem aber nicht tatenlos zu. Angeführt von einem Wachtmeister mit mehreren Mannschaften eilt er dem Husaren zu Hilfe, erkennt aber, dass dem so schnell nicht zu helfen ist, lässt anhalten und aus der Ferne in Richtung der Streitenden schießen.

Es wird aber niemand durch die Schüsse verletzt. Gegen die gewehrbewaffnete Streitmacht haben die deutschen Bauern kein Chance, sie ziehen sich zu ihrem Dorf zurück.

Solche und ähnliche Zwischenfälle werden von Beamten auf beiden Seiten verursacht. Es sind Übereifrige, die sich entweder silberne Sporen verdienen wollen oder die ihren Dienst zu ernst nehmen. Sie erleichtern den deutschen Landeigentümern in Holland die Bearbeitung ihrer Felder nicht. Zöllner allgemein wissen natürlich auch nicht, ob sich unter Mist, Stroh oder Heu nicht Schmuggelware verbirgt. Die Behinderung des kleinen Grenzverkehrs kann im Einzelfall der Grund für Landverkäufe gewesen sein, aber im Regelfall sind es Versteigerungen von Erbschaften. Dass deutsche Bauern Felder auf holländischem Gebiet nicht so gerne ersteigern, darf nur vermutet werden. Aber es finden Verkäufe statt, bei denen beispielsweise der in Holland ansässige Andreas Houben Felder von Deutschen auf holländischem Gebiet ersteigert. Aber ob keine Waldfeuchter oder Brüggelcher Bauern mitbieten, kann nicht festgesellt werden. Wahrscheinlich entscheidet der flüssigere Geldbeutel. Mein Großvater Jakob Hülhoven erzählt ja, dass selbst bei vermögenden Bauern das Bargeld sehr knapp war. Einnahmen aus dem Kolonialwarenhandel halten Andreas Houben flüssiger. Er hält seine Ohren im "Wenkel" oder sonntags vor der Kirche offen, wird besonders hellhörig, wenn Felder in seiner Nähe verkauft werden. Das Ehepaar verfügt über kleine Barschaften, was liegt also näher, als diese für die Vergrößerung des gemeinsamen Besitzes einzusetzen. Über allzuviele Äcker verfügen sie ja nicht. Es dürften einige Felder mehr sein. Sie rechnen auch mit heranwachsenden Söhnen, möglicherweise mit dem einen oder anderen Schwiegersohn.

Im Spätsommer 1877 hört er von einer öffentlichen Versteigerung, die in Waldfeucht stattfinden soll. Rechtzeitig sitzt er "zu Waldfeucht in der Wohnung des Wirtes Heggen" wo "in Gegenwart der beiden Zeugen Nikolas Roggen, ohne Geschäft aus Heinsberg und Martin Bischof, Gemeindediener in Waldfeucht wohnend," wo der "Königlich preußische Notar Johann Wilhelm Gronen, wohnhaft in seinem Amtssitze der Stadt Heinsberg, im Landgerichtsbezirke Aachen" eine Versteigerung eröffnet. Es geht um den "Öffentlichen Verkaufe der unten näher beschriebenen Liegenschaften". Ein "Herr Aloys Vogels, Advokat in Krefeld wohnend," beabsichtigt freiwillige Verkäufe im Auftrag einer Maria Agnes Vogels, die ein Geschäft in Frilinghoven betreibt.

Es kommt aber nur zum Verkauf eines Grundstückes, das auf dem Holländischen liegt. Die Preise für die vier weiteren angebotenen Grundstücke erscheinen der Verkäuferin zu niedrig, auch Andreas Houben ist nicht daran interessiert.

"In der Gemeinde Echt im Holländischen 31", werden "einunddreißig Aren und neunzig Meter Ackerland, Auf dem Kamp, neben Witwe Andreas Bischofs, anzutreten am ersten September folgenden Jahres, für das Letztangebot von dreihundert Mark, dem Andreas Houben, Kleinhändler in Echterbusch wohnend, welcher nach Vorlesung" unterschreibt, zugeschlagen.

Andreas Houben blättert dem Notar die 300 Mark nicht sofort hin, vereinbart eine Ratenzahlung, weil er das Land nicht sofort nutzen kann. Er hat die dreihundert Mark vom 1. Oktober 1877 an mit 5 % zu verzinsen. Er braucht keine Bürgen zu stellen.

Die Zahlungen werden auf fünf Raten verteilt, die erste ist am 1. Dezember 1877 zu zahlen, die weiteren jeweils am gleichen Tage in den darauffolgenden Jahren.

"Dem Ankäufer soll es jedoch gestattet sein zu jeder Zeit während obiger Termine, jedoch nicht unter fünf und siebenzig Mark Zahlungen zu machen."

Das Grundstück wird zur Zeit noch von einem Pächter bewirtschaftet, der noch bis zur Ernte des Jahres 1878 das Feld nutzen darf. – Die nur zum Teil erfolgreiche Versteigerung ist um halb acht Uhr abends beendet, hat sich demnach über viereinhalb Stunden hingezogen.

Im Mai des folgenden Jahres neigt sich der "Kulturkampf" gegen die katholische Kirche dem Ende zu. Bis 1878 sind die Oberhirten von 9 Bistümern vertrieben und über tausend Pfarreien verwaist. Aber nicht aus diesem Grund verübt der Klempnergeselle Hödel am 11. Mai ein Attentat auf Kaiser Wilhelm I. Der König überlebt die politisch motivierte Tat, von der man auch in Waldfeucht liest. Sechs Monate später findet in Waldfeucht eine Versteigerung im Namen des angeschlagenen Monarchen statt. Wieder heißt es "Wir Wilhelm von Gottes Gnaden König von Preußen, thun kund und fügen hiermit zu wissen, das Unser hiernach genannter Notar folgende Urkunde aufgenommen hat:"

Diesmal heißt der Notar Dohmen und stammt aus Gangelt. Die Versteigerung findet am 6. November 1878 um 13 Uhr "zu Waldfeucht im Hause des Wirthen Franz Breitkopf" statt. Die Urkunde führt als Zeugen "Andreas Houben, Ackerer" auf, "2. Peter Leonhard Kleef, Ackerer, 3. Johann Houben, Schneider, 4. Franz Houben, Schuster, 5. Peter Gottfried Houben, Schuster und 6. Jungfer Cornelia Houben, Näherin. Diese alle in Viersen wohnend, diese alle für sich im eigenen Namen sogleich sich aber auch solidarisch stark sagend für 1, die oben genannten beiden Minorennen Peter Josef und Anna Maria Kleef, worüber jener Peter Andreas Houben Nebenvormund ist."

Unter den aufgeführten Erben des verstorbenen Peter Andreas Houben, der zugleich Pate von Peter Andreas Houben aus Echterbosch ist, befindet sich noch ein Peter Andreas Houben aus Bocket.

Mein Urgroßvater *Peter* Andreas Houben ist jetzt 44 Jahre alt. Er ist zwar Nebenvormund der Kinder, aber trotzdem an zwei der Grundstücke interessiert und ersteigert für 336 Mark einen *halben Morgen* "auf dem Kamp" und für 150 Mark ein *halbes Viertel* "auf dem Kulchen".

"So geschehen am Tag im Jahre, im Monate, am Tage und Orte wie Eingangs bemerkt ..."

"Alle Zalungen geschehen in guter courshabender Landesmünze frei, ohne Abzug und ohne Comsennsation irgend einer Gegenforderung an den hiermit zeitlichen Notar zu Gangelt auf dessen Amtsstube und Niemanden anders unter Strafe doppelter Zalung.

Die Ankäufer haben binnen 14 Tagen, von heute an gerechnet, zur Bestreitung der Kosten dieses Verkaufs die üblichen zehn Prozent an Aufgeld zu zahlen ..."

Die Versteigerung wird um 16 Uhr beendet.

Notar Dahmen quittiert den Erhalt von 534,60 Mark am 15. November 1888, verschreibt sich also offensichtlich um zehn Jahre.

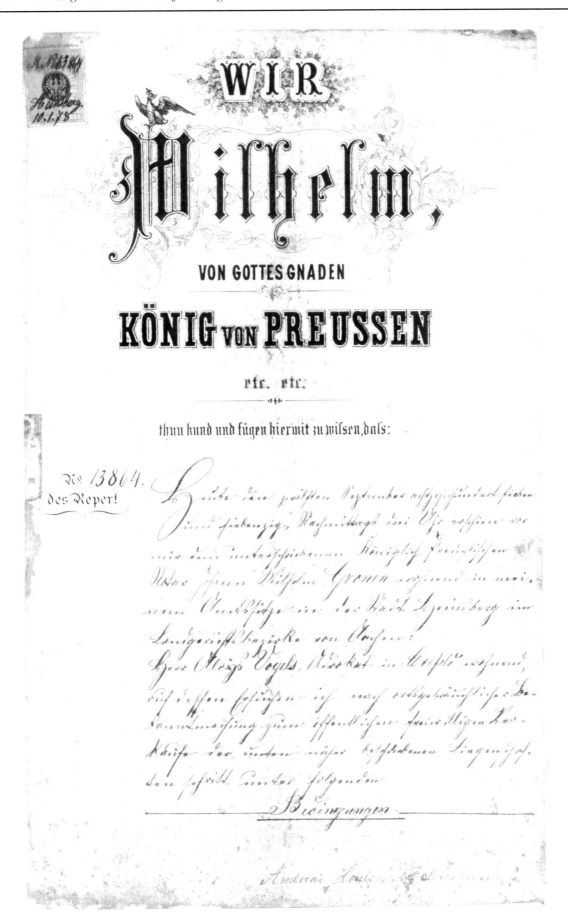

Andreas Houben kauft 1877 ein Grundstück "auf dem Kamp" in Echterbosch

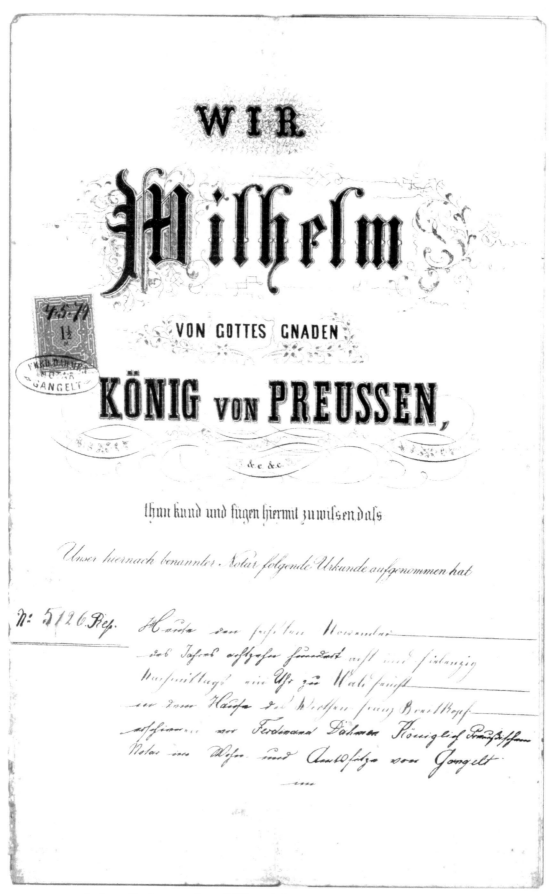

Andreas Houben ersteigert 1878 zwei Grundstücke, eins "auf dem Kamp"
und eins "auf dem Kulchen" in Echterbosch

Lehmböden im Wohnhaus

Am 11. Februar 1880 kauft Andreas Houben aus dem Nachlass der Eheleute Christian Joseph Fuhs und Maria Josepha von Krüchten aus Waldfeucht, "in der Gemeinde Echt im Holländischen", 25 Ar Ackerland, *hinter dem Kamp*, für 375 Mark. Ob Andreas bis 1892 noch weiter Grundstücke kauft, ist nicht nachzuweisen.

Der Wohlstand der Familie beruht auf Sparen. Wie eisern gespart wird, beweist die Zuteilung des Kirmesgeldes, das anlässlich der Waldfeuchter Kirmes den Jugendlichen gezahlt wird. Wenn Andreas sie nach Waldfeucht zur Kirmes gehen lässt, erhält jedes Mädchen und jeder Junge 4 Pfennige. Die Älteste muss verteilen. Sind es fünf Jugendliche, dann erhält sie vom Vater 20 Pfennige, die sie an die Geschwister auf dem Kirmesplatz zu verteilen hat. Einmal Karussell fahren kostet 2 Pfennige, Süßigkeiten sind für unter einem Pfennig zu haben. Wer zweimal Karussell fährt, sieht danach zu. So lernt auch "Mina" ihr Geld einzuteilen und zu sparen.

Aber allgemein sind die Lebenshaltungskosten niedrig. Hundert Heringe kosten 5,50 Mark, und eine Tageszeitung abonniert man das Vierteljahr für 2,50 Mark. Die Brotpreise werden beipielsweise in verschiedenen Städten mit Namen der Bäcker veröffentlicht. Wer aber Steuern benörgelt, beleidigt Majestät und Kanzler.

Wenn auch die Schulfrage in Echterbosch ungelöst bleibt, heißt Wohlstand für die Familie nur soviel, dass jedes Mitglied sich ausreichend kleiden und ernähren kann.

Auch mit dem Wohnen begnügt man sich mit dem Einfachsten. So hat der Boden der großen Wohnstube weder einen Holz- noch einen Steinbelag. In den anderen Zimmern des Erdgeschosses ist es auch so, nur die Kammern unter dem Dach haben einen Dielenboden. Das Erdgeschoss des Wohnhauses hat den gleichen Lehmboden wie die Ställe, ist nur besser geglättet. Der festgetretene Lehmboden wird sonntags von zwei Mädchen sauber ausgekehrt und dann mit weißem Seesand bestreut, der sich im Laufe der Zeit in den Lehm eintritt und so den Boden verfestigt. Das Auskehren erfolgt, wenn die andern Familienangehörigen in der Kirche sind. Die Mädchen, die Hausdienst haben, müssen die "Frömess" besuchen. Dafür dürfen sie die Sandmuster ausstreuen, eine gern verrichtete Arbeit, die Geschmack und Können erfordet. Der Raum darf erst betreten werden, wenn alle Mitglieder vom Kirchgang zurück sind, alle sollen die Muster bewundern, bevor sie verblassen. Und noch eine Aufgabe haben die Daheimgebliebenen zu erledigen: Alle Messingklinken der Türen werden geputzt, bis sie strahlen. Auf diese Weise erhält der Sonntag seinen Glanz. Er ist ein besonderer Tag, man zieht Sonntagskleider an und geht zur Messe und zur Andacht oder Christenlehre in die Waldfeuchter Kirche. Ist die Grenze geschlossen, was fast nie vorkommt, geht man die vierzig Minuten zu Fuß bis Koningsbosch. Dort ist eine Kapelle. Naturgemäß besteht aber stärkerer Kontakt zu Waldfeucht, dem Ort aus dem die Eltern stammen und wo sie bekannt sind.

Sonntags wird auch der Unterschied in der schulischen Bildung zwischen der Waldfeuchter und der Echterboscher Jugend deutlich, obwohl geschickt versucht wird, ihn zu vertuschen. Die Waldfeuchter können in ihrem Gebetsbuch lesen und die Echterboscher nur so tun als ob sie lesen können. Wenn der Pastor ein Lied anstimmt, schlagen die Waldfeuchter ihre Gebetbücher auf und singen den Text mit. Die Echterboscher finden nur durch Zufall die Seite, weil sie nicht lesen können, oder singen den Text mit, so gut sie ihn auswendig gelernt haben. Der schulische Bildungsunterschied ist gravierend.

Aber an einen Besuch der Schule der Schwestern in Koningsbosch ist wegen der hohen Kosten nicht zu denken. – An Religion mangelt es in der Familie dagegen nicht, die katholische Kirche hat auch die Gewissen der Houben-Familie fest im Griff. Aber an anderem hapert es, zum Beispiel an Aufklärung.

Den Unterschied zwischen Mann und Frau erklären weder Pastor noch die Eltern. So bilden sich in den Köpfen der nicht aufgeklärten Houben-Mädchen die verrücktesten Vorstellungen, die darin gipfeln, dass vornehme Fräuleins *(Fröeles)* keine Toilette aufzusuchen brauchen. Die "Froeles" stehen auf einer Nonnenstufe, sind wie die Begine in Koningsbosch geschlechtslos und brauchen nie "Pipi zu machen und oder gar zu puppele".

Die männlichen Jugendlichen werden nicht aufgeklärt, wie Kinder entstehen und wie sie geboren werden. Zwischen Vater und Mutter spielt sich Geheimnisvolles ab. Nie hört und sieht man etwas, man hat weder Vater noch Mutter jemals leicht bekleidet oder gar nackt gesehen. Die Mutter belehrt höchstens ihrer Tochter, "du musst dich nur gut von unten waschen". Das ist der "Tage" wegen unumgänglich. Auf ein neugieriges "Warum" gibt es die alles erledigende Antwort "Darum!" Kein Wort mehr!

Die Phanthasie gaukelt dem Houben-Nachwuchs die "Besseren" als andere Wesen vor – es gibt eben Dinge zwischen Himmel und Erde, die man nicht versteht – die Glocken fliegen Karfreitag ja auch nach Rom und sind zu Ostern pünktlich wieder da.

Ein neuer deutscher Zolltarif sorgt für eine Erregung, in die sich sogar der Waldfeuchter Bürgermeister und die Verwaltungen von Havert und Saeffeln einschalten. Nach ihm soll sogar Getreide, das deutsche Bauern auf ihren holländischen Feldern ernten, oder Holz, das sie in ihren holländischen Wäldchen schlagen, mit Zoll belegt werden. Auf die Proteste hin wird der Zoll abgeschafft.

Die Währungen sind in den siebziger Jahren in Holland und Deutschland umgestellt worden. Die Mark lässt sich mit 10 Groschen à 10 Pfennige leichter rechnen als der Taler, der dreißig Groschen à 12 Pfennige hatte. In Holland ersetzt der Gulden den Stuiver. Der Gulden wird in den Anfangsjahren mit 1,687 Mark gewechselt.

Die Houben-Töchter "dienen" in Roermond

Ob Gulden oder Mark, Andreas Houben schätzt den Wert beider Währungen. – Mit den beginnenden achtziger Jahren lenkt er ein neues Cent-Rinnsal in die Familienkasse und staut es zu einem kleinen Guldenteich an. Er vermittelt zunächst eine Tochter in die Dienste einer wohlhabenden Familie nach Roermond. Die Jüngeren schließen nahtlos im Haushalt auf, als ihre Schwester und später zwei weitere Schwestern in Roermond in Dienste treten. Für gehobene Arbeiten wären einige Houben-Töchter zwar geeignet gewesen, wenn sie über eine entsprechende Schulbildung verfügt hätten, aber da sie weder Deutsch richtig lesen noch schreiben können, noch weniger die holländische Sprache beherrschen, außerdem nur an einem Rechenrahmen rechnen können, bleibt ihnen, obwohl geistig rege, eine höhere Stellung verwehrt.

Die "Mädchen" sind keinesfalls sich selbst überlassen, ihr Vater vermittelt sie, hat öfter in Roermond zu tun, und geht auch an jedem Monatsende zu Fuß nach Roermond, überzeugt sich, dass alles seine Richtigkeit hat, dass Sitte und Anstand gewahrt werden, seine Töchter keinen schlechten Umgang haben, vor allem aber, dass der Lohn nicht vergeudet wird. – Er erkennt schnell den realen Wert, den jede Tochter verkörpert, sammelt monatlich die Löhne ein und überlässt jeweils nur ein Taschengeld für den persönlichen Bedarf. Sobald eine Tochter ein dienstfähiges Alter erreicht hat, wird sie vermittelt. In Roermond passen die Älteren auf die Jüngeren auf, die Moral ist immer gewahrt. Die Töchter fügen sich und fühlen sich nicht ausgebeutet. Sie haben ein sicheres Zuhause und wissen, das kein Cent vergeudet wird.
1886 arbeiten drei Töchter in Roermond: Josepha, Barbara und Anna. Meine Großmutter "Mina" ist fest eingeplant und wird in den nächsten Jahren folgen. Der Sohn Heinrich arbeitet in der Landwirtschaft und auch Franz wird schon zu kleineren Arbeiten herangezogen. Sie entlasten den Vater. – In Haus und Wenkel helfen die Mädchen Mina und Gertrud. Mina wird in den folgenden Jahren nach Roermond gehen, Andreas hat für sie schon eine Zusage in einem Geschäftshaushalt.
Er legt für jedes Kind zu Hause ein Sparkonto an, ist übrigens privat so ausgelastet, dass er sich nicht groß um Politik, auf die er sowieso keine Einfluss hat, kümmern kann. Ihn scheren weder Sozialismus noch Septenatsgesetze und auch nicht die Aufrüstung, die Bismarck im Namen seines alten Herrn in immer schwindelndere Höhen treibt. Er hat auch keinen Einfluss auf die Zentrumspartei, weiß nur, dass sie eine katholische Partei ist, die von einem Windhorst geleitet wird.
Nur mit der Religion nimmt er es genau, glaubt den Worten von Leo XIII., der das Verhältnis zwischen der katholischen Kirche und dem deutschen Staat neuerdings wieder ins Lot gebracht hat.
Auch 1888 geht Andreas Houben monatlich den Putbroekerweg nach Roermond. Das ist er seinen Töchtern

ebenso schuldig wie seinem Geldbeutel. Aber er ist ein redlicher Verwalter. Mina soll noch im Haus helfen und den *Wenkel* bedienen. Sie ist begabt für den Verkauf, immer freundlich und hat die beste Veranlagung, eine gute "Geschäftsfrau" zu werden. Gertrud ist zu jung, die älteren Mädchen sollen in Roermond bleiben.

In Waldfeucht hatte er schon vorher gehört, dass Kaiser Wilhelm I. am 9. März im Alter von 91 Jahren gestorben ist, neuer Kaiser ist Wilhelm II. Zehn Tage später wird Mina 18, am gleichen Tag haben seine Frau und seine Tochter, die beide Josepha heißen, Namenstag.

Erst 1890 kommt Mina nach Roermond, ist schon dort, als am 23. November der König der Niederlande, Willem III. in Schloss "Het Loo", bei Appeldorn, stirbt. Mit dem Tod des Königs scheidet Luxemburg aus der Personalunion mit den Niederlanden aus und wird eigenständiges Großherzogtum. Der Verstorbene hätte das Land zwar gerne den Franzosen gelassen, aber dagegen war Bismarck. Obwohl in Luxemburg nur 3-4000 Einwohner französisch sprechen, wird in Franc und Centimen gerechnet, mit französischen Maßen gemessen und mit französischen Gewichten gewogen.

Noch keine zwei Jahre nach diesem Thronwechsel in den Niederlanden und der Verselbständigung Luxemburgs bietet sich für Andreas Houben die Möglichkeit des Erwerbs einer Immobilie. Über Jahre hat er sich auf diese Gelegenheit vorbereitet und ist am 6. Juli 1892 gerüstet. Er findet sich rechtzeitig in der Wohnung des Wirten Hubert Gerats in Brüggelchen ein, um an der Versteigerung des Wohnhauses von Heinrich Peulen aus Brüggelchen und seiner verstorbenen Frau Gertrud teilzunehmen. Der "auwe Schuster Hein" hatte sich an seinem Lebensabend in ein Gangelter Kloster zurückgezogen. Sein Haus "gelegen in der Gemeinde Haaren; Flur 2 Nummer 1388/508 und 1389/508 im Dorfe Brüggelchen, Haus und Ackerland, groß zusammen 31 Ar 55 Meter, nebst aufstehenden Wohnhause, allen sonstigen Gebäulichkeiten, allem An- und Zubehör, neben Peter Heinrich Houben und Gerhard Ramacher, *(ist)* am ersten September dieses Jahres anzutreten."
Zugeschlagen "für die Summe von Eintausendvierhundert und achtzig Mark, dem Andreas Houben, Ackerer zu Echterbusch in der Provinz Limburg wohnend, welcher nach Vorlesung unterschrieb.   gez. A. Houben
Gezeichnet auf der Urschrift: Heinrich Peulen, Pet. Heinrich Peulen, Gottf. Peulen, Frenken" *(Notar)*.
Zum angegebenen Betrag kommen noch die Kosten für den Notar, der am 17. August 1892 1633 Mark 50 Pfg. zu Gunsten von Andreas Houben quittiert.

Das Ehepaar Houben ist zufrieden mit dem Kauf des Anwesens, sichert es ihrer Tochter Josepha doch die Zukunft. Josepha heiratet Mathias Blank, zieht nach Brüggelchen. Echterbosch verliert mit ihr einen Bewohner.

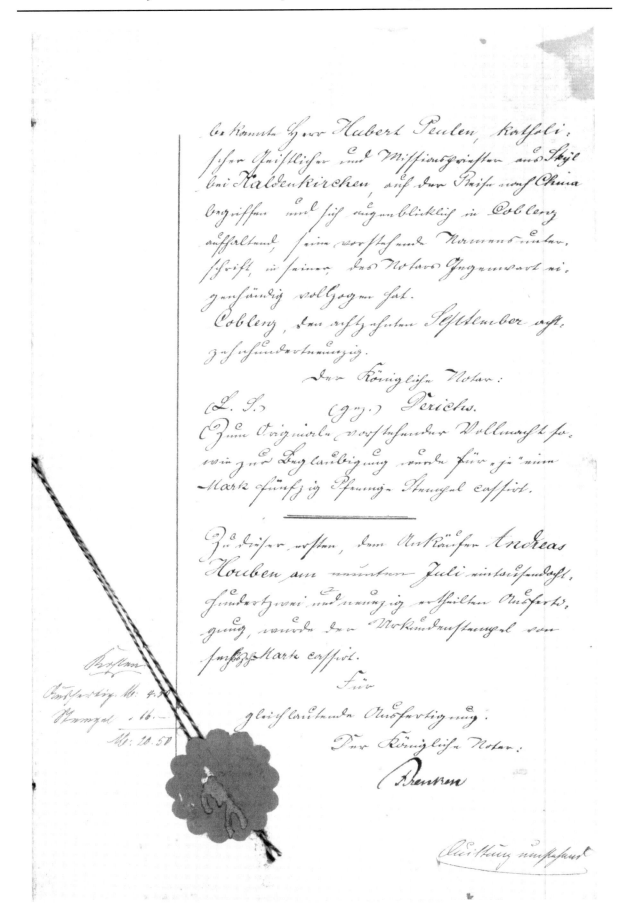

Auszug aus einer notariellen Urkunde von einem Hauserwerb in Brüggelchen, 1892, durch Andreas Houben

Anna Houben

Im Haus "Aan Dreese" in Echterbosch hätte es nach dem Hauskauf so weiter gehen können, Josepha hat ihre Mitgift. Barbara wird am 2. September 1893 dreißig und ist mit Peter Hendric Coenen befreundet. Letzterer ist Pächter eines großen Bauernhofes am Ausgang Diergardes in Richtung Putbroek/Kemptien. Sie heiraten am 4. Oktober 1899. Es ist bekannt, dass in den neunziger Jahren des 19. Jahrhunderts in der Waldfeuchter Gegend verhältnismäßig spät geheiratet wurde.

Wie schon gesagt, verliert Echterbosch 1893 nach der Heirat von Josepha Houben durch ihren Umzug nach Brüggelchen einen Bewohner, gewinnt aber ein Haus und zwei Bewohner hinzu, eine Maria Geratz und einen Leonardus J. Peulen. Das Haus wird unmittelbar an der deutsch-holländischen Grenze, aber noch auf holländischem Gebiet erbaut *(auf Seite 17 beschrieben, Leonardus ist mir als der"auwe Lenn" bekannt)*.

Im Mai des Jahres werden die Bewohner von Echterbosch, Waldfeucht, Frilinghoven, Bocket, Brüggelchen, Haaren, Obspringen, Diergarde, Camp-tien, Koningsbosch und vieler Orte darüber hinaus von einem Mord erschüttert, der das Haus "Aan Dreese" für einige Zeit in den traurigen Mittelpunkt der Echterboscher und Waldfeuchter Umgebung stellt. Der Tod der Anna Houben erregt den ganzen Selfkant und das Echter Land.

Nach mündlicher, nicht mehr kontrollierbarer Aussage von Mina, soll Anna seit 12 Jahren in den Diensten einer Baroness stehen, das hieße, dass sie im Alter von 15 Jahren nach Roermond gekommen wäre. Aber diese Angabe ist nicht zu überprüfen. *(Das Kinder im frühen Alter in Dienste treten, geht auch aus der Erzählung meines Groß-vaters Jakob Hülhoven hervor, als er über die Jugend seines Vaters berichtet.)*
Mina selbst arbeitet 1893 seit ihrem 20. Lebensjahr in Roermond in einem Lebensmittelgeschäft. Wo Barbara zu der Zeit arbeitet, ist nicht bekannt. Mina erzählte immer nur von Anna, die nicht mit ihr zusammen, sondern bei der Herrschaft wohnte, in deren Diensten sie stand.

Die 27-jährige Anna Houben ist mit einem "Schang" *(Jean oder Johann)* befreundet, dessen Nachname nicht bekannt ist. Sie wird 1893 siebenundzwanzig. In Roermond bemüht sich noch ein 40-jähriger Daniel um sie, aber sie hat eine Abneigung gegen diesen Mann, er ist ihr nicht sympathisch und außerdem zu alt und zudem "geht" sie mit ihrem *Schang*. Aber Daniel ist beharrlich und versucht immer wieder mit ihr ins Gespräch zu kommen, fordert sie sogar auf, mit ihr einmal an der Roer spazieren zu gehen. Das kommt Anna unheimlich vor und sie teilt ihre Sorge Mina mit, die ihr darauf rät:
"Tu das nur nicht, der stößt dich noch in die Roer!"
Als verhängnisvoll entpuppt sich das Wochenende zum

1. Mai 1893. Mina und Anna verabreden sich, bis Echt mit der Bahn zu fahren und von dort aus zu Fuß zu gehen. Das sind vom Echter Bahnhof noch 8-9 Kilometer über einen Weg, der nicht nur besser und sicherer, sondern auch kürzer ist. Am nächsten Tag wollen sie gemeinsam nach Bocket zur Kirmes.
Mina ist vor Anna am Bahnhof Roermond und steigt ein, als der Zuge einläuft. Sie sieht, dass Daniel auch mit dem Zug fahren will. Anna kommt aber nicht. Wie sich später herausstellt, wird sie von der Chefin mit einer Arbeit festgehalten. – Als der Zug losfährt, springt Daniel im letzten Augenblick ab. Mehr sieht Mina nicht.

Nachdem die Chefin sie gehen lässt, macht Anna sich unverzüglich zu Fuß allein auf den Weg nach Echterbosch. Daniel beobachtet es, geht ihr nach und holt sie ein, muss sie eingeholt haben, denn die beiden werden am "Schnöffels Hüske", dem Haus eines Besenbinders im Putbroeker Wald gesehen. Bis "Aan Dreese" sind es noch etwa drei Kilometer.
Anna lehnt sich müde an den Zaun und bittet den Besenbinder und seine Frau, sie kennt beide, um ein Glas Wasser. Die Besenbinder erzählen später, Anna hätte den Eindruck gemacht, als wolle sie nicht weiter gehen, als wäre sie am liebsten bei ihnen geblieben: "Als ob sie eine Ahnung gehabt hätte!" Sie hören Daniel aber ruhig sagen:

Anna Houben

"Komm nur etwas weiter, gleich kannst du rasten!"

Zu Hause sieht man Anna an diesem Abend nicht mehr, und Mina, die längst aus Echt angekommen ist, nimmt an, dass Anna , nachdem sie den Zug verpasst hat, auf ihr Zimmer zurückgegangen und bei der Chefin geblieben ist. Da es nicht das erste Mal ist, misst niemand dem Bedeutung bei. Man feiert die Bocketer Kirmes ohne sie. *Schang* fällt auf, dass Daniel, der ihm begegnet, ihn sonst nie grüßt, sagt:
"Tach Schang!"
Man findet auf der Roerbrücke in St. Odilienberg unter einem Hut, der neben einer Jacke liegt, einen Brief, der an Andreas Houben adressiert ist. Er ist in holländischer Sprache abgefasst, in ihm heißt es sinngemäß:
"Ich habe Anna um ihr Leben gebracht, für das Begräbnis könnt ihr selber sorgen!" *(für de begravenis kunt u selver sorgen).*
Erst nach diesem Brief und nachdem sich der Vater in Roermond erkundigt hat, beginnt in Echterbosch die große Suche. Brüder, Verwandte und Bekannte schwärmen aus, "Nönk", Annas Bruder, leiht sich einen Revolver, für den er keine Munition hat. Anna wird nicht sofort gefunden. Schließlich geht "Onkel Juen" *(Johann)* noch einmal ein Dickicht ab, das in einiger Entfernung von der Straße steht und findet Anna. Als er sie hochhebt, fällt ihr Kopf nach hinten herunter, baumelt an einem Hautfetzen. Arme, Hände und Brust sind zerstochen. Sie war eine kräftige Frau und muss sich verzweifelt gewehrt haben.

Daniel hatte sich bei einem Bekannten ein Schlachtermesser geliehen. Als dieser erfährt, zu welchem Zweck es gebraucht worden ist, ruft er entsetzt:
"Mein Gott, was habe ich getan?"
Vom Mörder findet sich keine Spur, keine Leiche, aber man findet auch keinen lebendigen Daniel. Die Polizei nimmt an, dass er von der Ruhr in die Maas geschwemmt wurde. Die Bewohner der Gegend glauben an das schlechte Gewissen, das Daniel in den Tod getrieben haben soll und dass der Abschiedsbrief echt ist. – Allerdings fehlt der Beweis.

Mit dem Mord an Anna endet die jahrzehntelange Glückssträhne der Houben-Familie. Die Mutter trifft es am härtesten. Sie flüchtet sich in Gebete und Vorstellungen. Je mehr sie sich in ihrer Trauer versteigt, um so schwermütiger wird sie. Eine Frage wird in der Familie nie offen ausgesprochen, wird nicht ehrlich beantwortet und folglich auch nicht wahrheitsgemäß überliefert:
War Anna vergewaltigt worden?
Wahrscheinlich wurde es nicht überprüft. Es durfte auch nicht sein. Wenn Daniel sie vergewaltigt hätte, wäre sie mit einer Todsünde befleckt, also nicht im Stande der "Heiligmachenden Gnade" gestorben. Auf Todsünde steht nach katholischer Auffassung "die ewige Verdammnis", wer in diesem Zustand stirbt, kommt in die Hölle. – Die Vorstellung, dass es so gewesen sein könnte, bringt

"Schang", der Verlobte von Anna. Mehr als Bild und Vornamen überliefert uns die Geschichte nicht.

die Mutter buchstäblich um den Verstand. Körperlich verfällt sie innerhalb weniger Jahre. Vor ihrem Tod erscheint ihr Anna in einem weißen Gewand und verkündet ihr, "rein" gestorben zu sein. Josepha Houben stirbt am 6. April 1895, knapp zwei Jahre nach dem Mord an Anna. "Sie war zuletzt durcheinander," erzählte mir meine Mutter.
In unserer Familie wurde über diesen Punkt mehr geschwiegen als gesprochen. Ich habe in meiner Kindheit nur Fetzen aus Erwachsenengesprächen aufgeschnappt, an denen Mina, Jakob Hülhoven und meine Mutter beteiligt waren. Solche Themen waren für uns Kinder tabu, dann hätte man uns ja den Begriff "rein" erklären müssen. "Sie ist kurz danach gestorben," hieß es nur.

Josepha Houben stirbt im Alter von 59 Jahren, nach fast 34-jähriger Ehe. Zurück bleibt ein Mann, der weit mehr als die Hälfte seines Lebens zurückgelegt hat. Aber es ist immer noch der Andreas Houben, der seinerzeit nach Echterbosch zog und dort als erster unterhalb der Kreuzung sein Haus baute. Er bleibt der Baas der Familie und behält seine Linie bei. Er holt Mina aus Roermond zurück. Sie versorgt zusammen mit Barbara den Haushalt und bringt neuen Schwung in den *Wenkel.*

In Roermond hat Mina gelernt, immer freundlich zu Kundinnen und Kunden zu sein. Die Erfahrungen, die sie in dem Roermonder Geschäft sammelte, wendet sie nun auch im Wenkel in Echterbosch an. Sie hantiert schnell mit ihrem Rechenrahmen, dass es den Kunden meistens nicht auffällt, jemand vor sich zu haben, der nur wenig schriftlich rechnen kann. – Barbara ist jetzt die älteste Frau im Haus. Josepha, ihre Schwester, ist, wie wir wissen, mit Mathias Blank aus Brüggelchen, verheiratet und wohnt in dem Haus, das ihr Vater 1893 erSteigert hat. Barbara wird 1899 den Holländer Peter Hendric Coenen heiraten. ab dann nicht mehr in "Aan Dreese" , sondern auf einem "Gutshof", in der Nähe von *An de Berg wohnen*, den ihr Mann als Pächter bewirtschaftet.

Echterbosch ist auch weiterhin ein Stiefkind der holländischen Regierung, obwohl es in Limburg liegt, einer der wenigen holländischen Provinzen, die über Mineralvorkommen verfügen.
In der Südprovinz wird Eisenerz und Kohle gefördert, sogar Torf abgebaut. Aber Echterbosch und auch Koningsbosch profitieren von diesen Vorkommen nur in der Weise, dass der eine oder andere Mann in einer Zeche, einer "Kuhl", Arbeit findet.
Die Landwirtschaft arbeitet nach alten Vorstellungen und beteiligt sich

Das weiße Grabkreuz wurde an der Stelle errichtet, an der man Anna fand

nur wenig an der fortschrittlichen Agrarentwicklung. Eine Anzahl niederländischer Bauern hat sich allerdings schon umgestellt, erzeugt und exportiert Milchprodukte, Butter und Käse und auch lebendes Vieh. Der Ackerbau wird in verschiedenen Provinzen rationalisiert; einige Bauern verlegen sich auf Obst und erzeugen Gärtnereiprodukte in größerem Umfang. Es entstehen regelrechte Handelsgärtnereien. Andere Landwirte betreiben Gemüsebau in größerem Stil und betätigen sich als Zulieferer für die wachsenden Städte.
Die Industrie entwickelt sich nicht in dem Maße wie in benachbarten Staaten Deutschland oder Belgien, dafür nimmt der Handel eine dominierende Stellung ein. 60% des holländischen Handels wird auf dem Seeweg abgewickelt, 25 % auf den sonstigen Wasserstraßen und nur 15% mit der Eisenbahn. Amsterdam ist der bedeutendste Handels- und Umschlagplatz nach London und Hamburg. Echterbosch kann die Süd-Nord-Achse der Eisenbahn, die Limburg der Länge nach durchquert, in Echt erreichen. Von Echt aus sind die Tuch- und Seifenfabriken

von Roermond nicht fern. Die Gerbereien und die Tuch- und Glasfabriken von Maastricht liegen im Süden an der gleichen Bahnlinie, nur etwas entfernter.
Bedeutend für Holland sind Kolonien wie Niederländisch-Indien, Java, Madura, die Perle der holländischen Kolonien, Sumatra, Banka, Biliton und Borneo. Mit ihnen haben die Holländer Zugang zu Reis, Zucker, Kaffee, Tee, Baumwolle, Kautschuk, Gewürzen, Diamanten, Eisen, Gold, Kohle und Holz. Wie stark das kleine Land dort vertreten ist, zeigen die 47 000 Europäer, die allein Madura bewohnen. – Zu nennen sind noch Celebes, die kleinen Sundainseln, die Molukken, der westliche Teil von Neuguinea, die südamerikanischen Besitzungen Caracas und Guyana *(auch Surinam genannt),* Kakao- und Mahagonilieferanten. – Deutschland ist, was Kolonien angeht, gegenüber den Niederlanden ein Zwerg.
Im Mutterland ist der Norden protestantisch (61%) und der Südwesten überwiegend katholisch (37%). Im Land arbeiten und handeln 80 000 Juden, viele von ihnen sind aus Portugal eingewandert.

Die letzten Landkäufe

Am 16. Juni 1894, Josepha Houben lebt noch, findet in der Wohnung des Wirten Anton Schmitz zu Waldfeucht unter Notar Frenken aus Heinsberg eine freiwillige Versteigerung statt. Andreas Houben ist wieder "flüssig" und nimmt an der Versteigerung, veranlasst durch Erbengemeinschaft des Verstorbenen Ehepaares Conrad Salden und Frau Gertrud, geborene Houben, teil. Versteigert werden zwei Grundstücke "im Freifeld" der Gemeinde Haaren, Flur 2 unter den Nummern 719/1, 15 Ar, 89 Meter und 720/2, 15 Ar und 94 Meter. Erben sind:
Anna Margaretha Timmermanns, geborene Salden, verheiratet mit Johann Timmermanns, Ackerer zu Posterholt in der Provinz Limburg, 2. Maria Katharina Storms, geborene Salden, verheiratet mit Johann Storms, Ackerer wohnhaft zu Hoeg. 3. Anna Knoben, geborene Salden, verheiratet mit Johann Knoben, Leineweber zu Waldfeucht, 4. Elisabeth von Huck, geborene Salden, vertreten durch ihren Ehemann Gerhard von Huck, Tagelöhner zu Krefeld, 5. Barbara Siemes, geborene Salden, verheiratet mit Hermann Siemes, Ackerer zu Benrath bei Hüls, 6. Wilhelm Salden, Dachdecker zu Waldfeucht.
Andreas Houben ersteigert die Grundstücke für 651 Mark. Außerdem steigert er ein Grundstück "im Külchen" in der Gemeinde Echt für 288 Mark. Zu den 939 Mark kom-

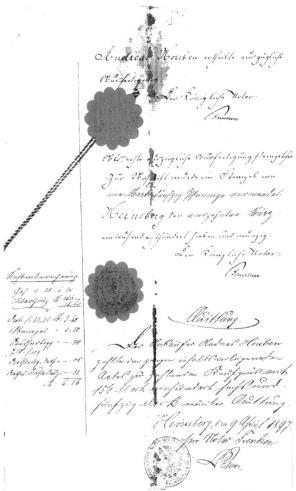

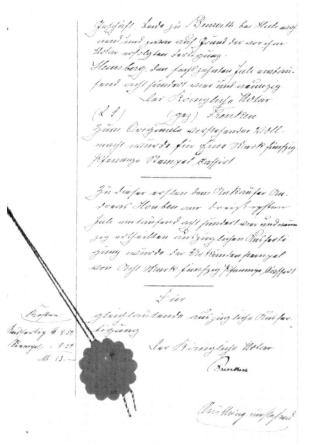

men 10% für den Notar, 93Mark 90 und 13 Mark Schreibgebühr für eine Ausfertigung der Urkunde für Andreas Houben, zusammen 1045,90 Mark, dem zwei Zahlungsziele eingeräumt werden, die erste Hälfte zum 1. Dezember 1894, die zweite Hälfte zum 1. Dezember 1895. Verzinst wird das Kapital ab sofort zu 5 %. Andreas zahlt die gesamte Summe aber schon am 4. November 1894. Frau Anna Timmermanns und Herr Hermann Siemes konnten nur mit einem Kreuzchen unterschreiben.

Der letzte bekannte Grundstückskauf, den Andreas Houben selbst tätigt, findet am 18. Februar 1897 statt. Ab diesem Zeitpunkt werden nur noch Käufe durch seine Söhne oder Schwiegersöhne bekannt, zu den Käufen trägt er aber immer noch maßgebend bei.
Man trifft sich am 18. Februar 1897 in der Wohnung von Johann Evertz in Waldfeucht *(Wirt)*. Verkäufer ist ein Heinrich Blank aus Brüggelchen. Angeboten werden 12 Ar 70 Meter Ackerland "im Kamp" in Echterbosch aus einer Erbschaft, für 156 Mark. Die Summe kann in drei Raten entrichtet werden, das erste Drittel ist am 1. April 1897 fällig, das zweite am 1. April 1898, das dritte am 1. April 1899. Verzinst wird die Summe mit 5 %. An Kosten werden 21 Mark 76 zugeschlagen. Andreas Houben ersteigert, scheut aber die Zinsen und bezahlt am 9. April 1897 die ganze Summe. Er wird im Oktober 63 Jahre alt.

Jakob Hülhoven wird staatenlos

Jakob Hülhoven entschließt sich 1900, auf die deutsche Staatsangehörigkeit zu verzichten. Dass sich der Unteroffizier der Reserve zu diesem Schritt entschließt, hat seine Vorgeschichte, die auf das Kaisermanöver 1897 zurückgeht. Er bewohnt nach der Heirat mit Mina eine Kammer in Andreas Houbens Haus. Auf dem Kleiderschrank des Zimmers bewahrt sein Schwiegervater den Teil seiner Ersparnisse auf, der Mina und Jakob zugedacht ist, obwohl das nicht erwähnt wird. Die beiden wissen zwar davon, doch welchem Verwendungszweck das Geld einmal zugeführt werden soll, dazu äußert sich der *Baas* nicht. Für Mina und Jakob ist selbstverständlich, dass man nicht an den Geldbeutel rührt. Andreas Houben weist auch nicht darauf hin. Er vertraut den beiden.

Im Mai 1898 hatten Mina und Jakob geheiratet und im Mai 1899 erwartete Mina ein Kind. Am 12. setzten die Wehen ein. In einer komplizierten Geburt brachte Mina einen schweren Jungen zur Welt. Zwölf Pfund waren zuviel. Der kleine Josef überlebte die Tortur nicht, starb noch am gleichen Tag. Mit Anna war dies der dritte Todesfall in sechs Jahren. So traurig es auch war, das Leben musste weiter gehen.

Jakob Hülhoven hat Probleme mit seinem Beruf. Seinem Lernberuf als Sammetweber kann er nicht mehr nachgehen, seitdem maschinelle Webstühle ihn arbeitslos gemacht haben. Er hat immer noch keinen festen Beruf, hilft seinem Schwiegervater oder anderen Bauern als Tagelöhner, steht jedem zur Verfügung, der eine Arbeitskraft braucht, bei der Ernte, im Wald, beim Dreschen oder beim Steine brennen.

Aber er will sich weiterbilden. Man hatte beim Manöver durchklingen lassen, dass er Aussichten habe, als Gendarm oder Polizist in den Staatsdienst übernommen zu werden. Bezüglich Ausbildung zu einem solchen bespricht er sich mit seinem Bruder, dem Franziskanerpater Dositheus. Dessen Anregungen tragen mit dazu bei, dass Jakob sich für ein Privatschule in Köln entscheidet.

Noch ist er deutscher Staatsbürger, der auf eine Einstellung in den Staatsdienst hoffen darf. Er fährt nach Köln und mietet dort ein Dachkämmerchen und sieht sich schon als zukünftigen Polizisten. Welche Schule er genau besucht hat, ist nicht bekannt. Es ist zu vermuten, dass sein Bruder, der Pater Dositheus, ihm dazu verholfen hat.

Jakob hat nach dem Lehrgang oder was immer es auch war, nicht den erhofften Erfolg, wird nicht in den Staatsdienst übernommen. Er spricht später wenig darüber, klagt nur über abendliches Studieren bei ungenügendem Licht, über eine "Funzel", die ihm die Augen verdorben hat.

Sein halbes Jahr rackern findet kein Echo, der Staat benötigt ihn nicht, obwohl er die Voraussetzungen für eine Einstellung geschaffen hat. Die geplante Stelle wird anderweitig vergeben.

Gott sei Dank wird sie das, denn Jakob Hülhoven wäre mit seinem Temperament und seiner Genauigkeit nicht geeignet gewesen. Dafür war er zu gewissenhaft, zu übergenau und zu ungestüm – dem Selfkant bleibt damit ein zu strenger Polizist erspart.

Mit zur Ablehnung beigetragen haben wird auch sein Ruf, den er sich als furchtloser Junggeselle vor der Heirat erworben hatte. In den Dörfern der näheren Umgebung war er zwar nicht als Schläger berüchtigt, doch als Kirmesraufer hatte er einen geachteten Namen: "Wu wellste legge?" *(Wo willst du liegen?)* war einer seiner jugendlichen Sprüche. So mancher Vorlaute hatte sich nach dieser Frage in einem deutschen oder holländischem Chausseegraben wiedergefunden. Jakob pflegte seine Feinde von vorne anzugehen, mit beiden Händen in ihre Kniekehlen zu greifen und ihnen mit den Kopf in den Bauch zu stoßen. Mit dieser Kampftechnik ersparte er dem Gegner blaue Augen, sie fanden sich höchstens in Gras gepolstert, auf dem Rücken liegend, wieder. Dem Widerspenstigen konnte er dann, wie im Fall des *Wehrwolfs*, "noch etwas trampeln", das heißt, in den Hintern treten.

Die ruhige und immer freundliche Mina hatte ihn zum Aufgeben des Rauferdenkens veranlasst. Raufereien schadeten dem Geschäft, außerdem war er jetzt verheiratet und brauchte keinem Mädchen mehr zu imponieren. Seine Burschenabenteuer schienen sich aber in der Verwaltung herum gesprochen zu haben, die Einstellung eines Polizisten wurde wahrscheinlich hinter verschlossenen Türen entschieden.

Auch hatte Jakob zu der Zeit schon einschlägige Erfahrungen als Schmuggler, war zwar noch nie erwischt worden, hatte aber dennoch, ein Fall ist uns bekannt, mit Zöllnern Bekanntschaft gemacht. Auf den Ämtern wird man ihn jedenfalls gekannt haben. Außerdem war er sicherlich nicht der einzige Bewerber.

Er ist über die Entscheidung aber so zornig, dass er dem Staat nun auch nicht mehr als Soldat zur Verfügung stehen will – der kann ihn nämlich jederzeit zu einem dreimonatigen Manöver einziehen. Er beantragt deshalb die Entlassung aus der deutschen Staatsangehörigkeit.

Im Juni 1900 wird Peter Andreas Hülhoven geboren. Der Knabe wächst in den folgenden Monaten zu einem aufgeweckten Kind heran. Gegen Mitte des folgenden Jahres beginnen seine ersten Gehversuche.

Im Mai 1901 leben im Haus "Aan Dreese" noch zwei Töchter, Mina verkauft im Wenkel, versorgt Mann und Sohn, Vater und Brüder, kocht und wäscht außerdem für die ganze Familie – Gertrud Abeitet nicht gerne im Haus, übernimmt lieber Arbeiten in den Ställen, tränkt, füttert, melkt das Vieh und mistet auch aus.

Drei Töchter haben das Haus verlassen, zwei sind verheiratet, Josepha und Barbara – das Schicksal von Anna und der Mutter kennen wir. – Heinrich, der älteste Sohn, hat immer noch keine Frau ins Haus gebracht. Andreas Houben sorgt sich um die Zukunft des Hauses und bespricht mit Jakob und Mina dessen Übernahme. Er will auf seine alten Tage keinen Hof ohne Frau erleben.

Entlassungsurkunde.

Dem Ackerer Jakob Johann Hülhoven zu Brüggelchen, Kreis Heinsberg, ist auf sein Ersuchen und behufs seiner Auswanderung nach Holland nebst seiner Ehefrau Wilhelmine Hubertine geborenen Houben, die Entlassung aus der preußischen Staatsangehörigkeit erteilt worden.

Die Entlassung bewirkt für die ausdrücklich genannten Personen mit dem Zeitpunkte der Aushändigung den Verlust der preußischen Staatsangehörigkeit. Sie wird jedoch unwirksam, wenn die Entlassene nicht binnen sechs Monaten vom Tage der Aushändigung der Entlassungsurkunde ihren Wohnsitz außerhalb des Landesgebiets verlegen, oder die Staatsangehörigkeit in einem anderen Bundesstaate erwerben. (§ 18 des Gesetzes über die Erwerbung und den Verlust der Landes- und Staatsangehörigkeit vom 1. Juni 1870 (B. G. B. S. 355.)

Aachen, den 18. April 1900.

Der Königlich Preußische Regierungs-Präsident.
In Vertretung.

Boehm

I. № 7686.

Aus diesem Grund sollen Mina und Jakob im Haus bleiben. Andreas ist sowohl mit ihrer als auch mit Jakobs
Arbeit zufrieden. Wenn am Hof nichts drängt, verdingt
Jakob sich an andere Bauern, hilft seinem Bruder im Wald
oder handlangert einem Feldbrenner bei der Herstellung
von Ziegelsteinen. Sein Schwiegervater erlaubt diese
Arbeiten ausdrücklich, ermuntert sogar dazu:
"Wenn du dir etwas verdienen kannst, dann darfst du das
ruhig tun!"
Andreas Houben verlässt sich nicht auf Gertrud, weil auch
sie das Haus in absehbarer Zeit verlassen wird. Ein Heinrich Schmitz aus Brüggelchen bezeichnet sie im Mai 1901
als seine "so sehr geliebte Braut". Sie wird, wie Josepha
und Barbara, ihrem Mann nach der Heirat folgen und den
Hof verlassen. So erkennt er es, als er seine Entscheidung zu Gunsten von Mina und Jakob fällt. Wenn Gertrud verheiratet ist, wird nur noch eine Frau im Haus sein.
Der jüngste Sohn, Franz, hat eine Deutsche kennen gelernt, eine Gertrud, keine "Drüdd" sondern ein "Traudchen", die humpelt und ein Bein nachzieht. Sie stammt
aus keinem Grenzort, sondern aus Schierwaldenrat (?)
ist von Beruf Köchin und dient bei einer deutschen Herrschaft, als Franz sie kennen lernt. Sie spricht und schreibt
einwandfreies Deutsch und ist Franz bildungsmäßig überlegen. Wegen der Behinderung war ihr noch kein Partner
beschert worden. Für den Hof ist sie ungeeignet, sie
kommt aus keinem Bauernhaus, sondern aus einer Ar-
beiterfamilie. Einen Kuhstall betritt sie nur zögernd, ist
sich ihrer besseren Schulbildung bewusst und distanziert
sich auch später etwas von der angeheirateten Familie in
Echterbosch.

Gertrud Houben dagegen kämpft wacker mit den Kühen
und ringt ihnen, mehr oder weniger geschickt, täglich
Milch ab, wird schon einmal von einer tollpatschigen Kuh
von ihrem Melkschemel ins Stroh gestoßen. – Ihr Bräuti-
gam, geboren am 15. August 1873 in Brüggelchen, ist
drei Monate älter als Jakob und hat im selben Jahr gedient wie er, nur mit dem Unterschied, dass er nicht in
Köln, sondern in Berlin stationiert war. Bei seiner
Entlassung im September 1895 wird ihm die Führungs-
note "gut" bescheinigt, er hat in seiner Dienstzeit keine
gerichtlichen Straftaten begangen und auch keine Diszi-
plinarstrafen mit strengem Arrest erhalten.
Heinrich Schmitz stammt aus einem Bauernhaus und hat
sich 4 Jahre nach der Militärzeit, vom 1. Oktober 1899
bis zum 1. Mai 1901, in Waldfeucht zum Molkerei-Ge-
hilfen ausbilden lassen. Der Betriebsleiter Storms bescheinigt ihm eine musterhafte Führung, die sich auch auf die
Buchführung der Molkerei bezieht:
"Herr Schmitz ist ein fleißiger, tüchtiger und zuverlässi-
ger Molkerei Gehülfe und kann denselben bestens empfehlen."
Heinrich Schmitz will sich aber weiterbilden zum Mol-
kereifachmann, muss deshalb einen Lehrgang an einem
milchwirtschaftlichen Laboratorium absolvieren, das hat
eine zeitweise Trennung von seiner Braut zur Folge.

Der missverstandene Brief

Heinrich Schmitz, der Verlobte meiner Patin und Großtante Gertrud, bewirbt sich schon vor dem Ende seiner
spät begonnenen Lehrzeit um die Teilnahme an einem
Lehrgang des *Milchwirtschaftlichen Laboratoriums* in
Fulda. Er wird angenommen und bezahlt die Lehrgangs-
kosten von 90 Mark am 6. Mai 1901.
Im Mai reist er ab und schreibt sofort an Gertrud. Am 8.
Juni schreibt er zum dritten Mal und hat bereits zweimal
Antwort erhalten. – Für seine Reise nach Fulda benutzte
er ab Heinsberg die neue Nebenstrecke der Bahn bis Lin-
dern, fuhr von dort nach Köln und musste umsteigen.
Möglicherweise stieg er, um Fulda zu erreichen, noch ein-
mal um. In Fulda angekommen, schrieb er sofort an Ger-
trud und schickte den Brief postlagernd nach Waldfeucht.
Gertrud holte den Brief ab und beantwortete ihn nach
einigen Tagen.
Heinrich ist begeistert und verfasst umgehend einen zweiten Brief, schickt ihn wieder postlagernd nach Waldfeucht.
Gertrud holt ihn auch ab, antwortet auch darauf, aber
Heinrich vermisst etwas Zärtlichkeit. Leicht verunsichert,
beginnt er seinen dritten Brief, den "berühmten" vom 8.
Juni 1901.
Bevor ich daraus zitiere, muss ich an den Bildungsnot-
stand erinnern, der in Echterbosch bis gegen Ende des
19. Jahrhunderts herrschte, bis in Koningsbosch eine
Schule gebaut wurde und der Ort Lehrer erhielt. Gertrud
war ein Opfer der spät erkennenden holländischen Regierung, die es versäumt hatte, in der den Niederlanden
zugefallenen Provinz Limburg allerorts eine Schule einzurichten. Deshalb kann Gertrud Houben auch nur
schlecht schreiben, lesen und rechnen. Im Haus können
nur Andreas Houben und Jakob Hülhoven schreiben und
rechnen, "Schönschreiben" nur Jakob halbwegs. Andreas Houben kann zwar seinen Willen in deutscher Sprache zu Papier bringen, auch lesen und rechnen, aber so
geübt wie sein Schwiegersohn ist er nicht.
Gertrud benötigt selbst zum Lesen der Briefe Hilfe. Mina
wird ins Vertrauen gezogen – aber die kann selbst nicht
richtig lesen. Sie wendet sich an ihren Mann und hält
damit die neugierige Nase ihres Vaters aus den Briefen.
Jakob verspricht, über den zu schreibenden Brief nicht
zu sprechen. Das erweist sich aber nur als guter Vorsatz,
denn alle Handlungen des täglichen Lebens, außer Schlafen, spielen sich im Wohnraum ab. So ist nicht zu verhindern, dass alle Familienmitglieder vom Brief an Heinrich erfahren. Jakob schreibt ihn schließlich in "Schön-
schrift" vor, textet aber zusammen mit Mina, Gertrud
schreibt dann, so gut sie kann, ab.
Heinrich ist begeistert und antwortet sofort. Er weiß nicht,
dass seine Braut das Briefeschreiben, das ihm so schwung-
voll von der Hand geht, nicht gelernt hat.
Der zweite Brief Gertruds wird weniger sorgfältig vorbereitet und auch durch Bemerkungen von Franz und
Heinrich Houben gestört. – Es kommt ein Brief zu Stande, der den Empfänger leicht irritiert, sogar beunruhigt.

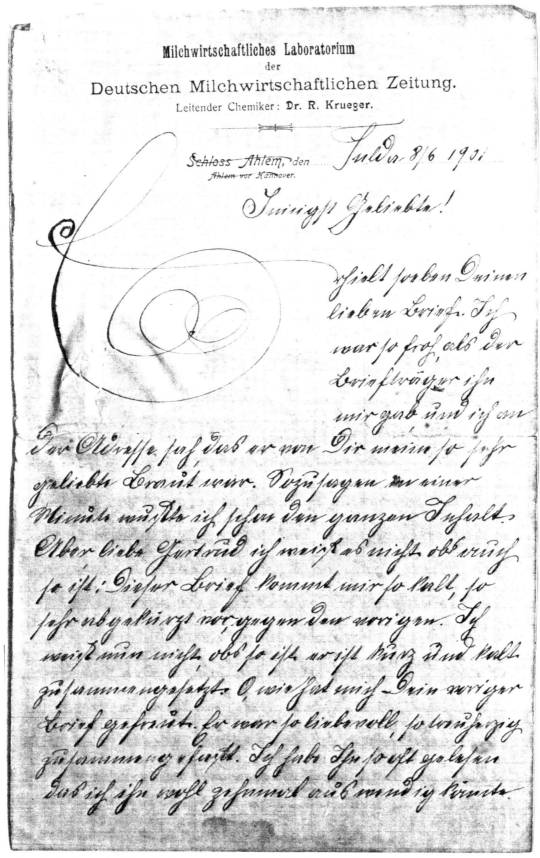

Die Briefe, die Heinrich Schmitz seiner Braut schreibt, dokumentieren die Folgen der rückständigen Schulpolitik auf der holländischen Seite der Grenze bis gegen Ende des 19. Jahrhunderts. Zwischen Echterbosch und Waldfeucht gab es den gravierenden Unterschied, dass Waldfeucht eine Schule hatte, Echterbosch-Koningsbosch aber keine. – Die Kinder Echterboschs konnten keine Schule besuchen.

Einen Brief vor spottenden Brüdern zu schreiben, die selbst mehr Analphabeten als Alphabeten sind, ist leichter gesagt als getan. Jakob lacht zwar mit, aber ärgert sich. Deshalb werden die Briefe hölzern, kurz und ohne Zärtlichkeiten abgefasst. Heinrich Schmitz reagiert erstaunt und verwendet für die Antwort seine schönste Schrift: "Aber, liebe Gertrud ich weiß nicht ob's auch so ist: Dieser Brief kommt mir so kalt, so sehr abgekürzt vor, gegen den vorigen. Ich weiß nicht, ob's so ist, er ist kurz und kalt zusammengesetzt. Oh, wie mich Dein voriger Brief gefreut. Er war so liebevoll, so treuherzig ...". Es folgen vier beschwörende Seiten.

Heinrichs Sorge ist unbegründet – Gertrud bleibt ihm treu. Und je schöner seine Briefe werden, um so mehr erkennt sie, dass sie auf diesem Gebiet nicht antworten kann. Und Jakob hat auch nicht gelernt, Liebesbriefe zu schreiben, vor allem nicht unter den Augen von Grinsern. Gertrud reagiert entweder knapp, oder verzögert die Antworten. Aus der "Innigst Geliebte(n)" wird eine "Liebe Gertrud", auf deren Briefe Heinrich ungeduldig wartet:

"Liebe Gertrud! – Kann mir gar nicht denken, weshalb du nicht schreibst. Warte nun schon 14 Tage auf einen Brief. Bin in großer Unruhe."

Aber statt Post von der Gertrud erhält Heinrich einen Brief von seinem Bruder Theodor, der ihm am 7. Juli 1901 mitteilt, dass der Hafer deshalb gut steht, weil es acht Tage vorher ausgiebig geregnet hat. Theodor schreibt den Brief an einem heißen Sonntagabend, nachdem er nachmittags in Bocket ein großes Sängerfest besucht hat. Die Musikveranstaltung hatte viele Menschen angezogen, unter anderen die Houbens aus Echterbosch.

Fünfzehn Vereine aus Holland und Deutschland trafen sich – aus Echt, Odilienberg, Melik, Schimfeld, Waldfeucht, Braunsrath, Breberen, Saeffeln, Havert, Kirchhaaren, Haaren usw.

Im Festzug marschierten die Vereine, "in einem zweispännigen Wagen dem Zug voraus durch ganz Bocket", führte Bürgermeister Müllem aus Waldfeucht die Sänger an.

Theodor hatte Gertrud zwar nicht gesehen, dafür aber Neuigkeiten erfahren, die ihn, Heinrich, sicher interessieren würden. Sie würden auch in Brüggelchen auf seine Heimkehr warten:

Auf dem Sängerfest "habe ich gehört, das Peter Tolen in Fulda gewesen ist, nur um auf die Molkereischule zu kommen, und ich habe gehört, daß Du am 18. des Monats nach Hause kämest. Wie verhält sich das? Das kleine Mariechen wächst sehr gut und sagt immmer: 'Nönk kömmt net mehr, morge kömmt eh'."

Heinrich, der "Nönk", der Onkel von Mariechen, antwortet bald seinem Bruder. Er hat ein Angebot von einer Molkerei und fragt den Bruder, was er davon halte. In Waldfeucht ist anscheinend für Heinrich Schmitz kein gut honorierter Posten frei. Die Molkerei ist personell gut besetzt. Die wenigen zu vergebenden Arbeitsplätze sind umworben. Am Sonntag darauf antwortet Theodor auf

Heinrichs Frage: "Wenn Du eine Stelle, eine einträgliche haben kannst, die würde ich nehmen, ob Du nun zehn oder zwanzig Stunden von hier bist, bleibt sich doch gleich, Hauptsache, Du hast eine gute Stelle. Wenn eine hier in der Nähe offen ist, kannst Du noch immer Dich verändern. *(Theodor rechnet in Wegstunden, die zu Fuß zurück glegt werden, nicht in Kilometern.)*

Gestern war hier sehr heißes Wetter; da hatten die in Waldfeucht sehr viel Arbeit gehabt mit der Butter in der Molkerei. Die wäre nicht zu halten gewesen, sagt Storms, und sie hatten auch noch etwas in der Maschine." – Schuld sei die Hitze und der Nord-Ost-Wind. Waldfeucht und Brüggelchen sei "vollauf mit der Ernte beschäftigt", nur der Rübsamen leide unter der Hitze.

Auch in Echterbosch wird gemäht. Gertrud muss mit aufs Feld. Das entschuldigt nicht geschriebene Briefe. – Als die Arbeit fast geschafft ist, kommmt Heinrich heim.

Jakob Hülhoven erzählt vom Wettmähen, das morgens beginnt und den Tag dauert. Wer zu stürmisch beginnt, den verlassen tagsüber die Kräfte. Ausdauer zählt, nicht Hektik. Das Mittagsessen und die Vesper werden auf den Feldern serviert. Abends kommt man durstig zurück.

Gertrud Houben heiratet Heinrich Schmitz. Das Glück dauert nur wenige Jahre. Heinrich Schmitz stirbt unverhofft am 23. 11. 1903   Gertruds Bild von etwa 1912-14

Koningsbosch erhält eine Schule

Jakob Hülhoven erinnert sich an den ersten Lehrer der nach Koningsbosch kommt. Gegen 1900 wird dort eine Schule gebaut. Was für Mina und Gertrud noch nicht möglich war, wird jetzt für alle holländischen Grenzkinder zur Pflicht:

"Da bekam der Lehrer Arbeit mit den Kindern – die konnten weder richtig Deutsch, noch konnten die Holländisch. Da war die alte Schule an Hötz, wie wir sagten, gebaut worden. Da kam ich sonntags mit dem Lehrer zusammen aus der Kirche von Koningsbosch. Da war ein Gesangverein in der Kirche, darüber lachten wir uns kaputt. Die konnten nichts. Das hat mir der Lehrer gesagt, der wollte den Gesangverein in der Kirche hochbringen. Das hat der mir unterwegs auf dem Heimweg alles erzählt. Er musste denselben Weg gehen, den auch ich heimging. Da sagte ich ihm:

"Da könnt ihr aber noch Spaß kriegen!"

"Ja," sagte er, "Hülhoven – das bin ich hier schon gewahr geworden – das ist ein Volk hier, die haben nichts gelernt."

Der Lehrer stammte aus dieser Gegend, nicht allzu weit von uns entfernt. Er hatte eine Frau von da, die stammte aus einer deutschen Familie, von Tönke. Der Lehrer musste denen aber auch alles, buchstäblich alles von Grund auf beibringen."

Jakob, der mit den Jahren auch holländische Zeitungen lesen, sich zumindest den Inhalt zusammenreimen kann, erzählt weiter:

"Ich habe noch selbst erlebt, als ich anfangs verheiratet war, ich wohnte noch fünf Jahre im Haus meines Schwiegervaters, dass ich anderen Bauern ausgeholfen habe. Mein Schwiegervater sagte:

"Wenn du dir etwas verdienen willst, kannst du das tun!"

Einige Bauern hatten mich vorher gefragt, ob ich ihnen ein bißchen helfen könnte. Das war im Winter so, aber auch im Sommer. Eine Mark und zwanzig pro Tag, dazu kriegt ich wohl die Kost. Bei vielen Bauern, aber auch bei Handwerkern war es damals üblich, dass man um elf Uhr morgens ein *Dröpke* trinken ging. Für fünf Pfennige kriegt man zwei *Dröpkes*. Da kamen alle Leute aus dem Feld und stellen ihre *Schuffeln* oder was sie sonst dabei hatten, vor den Wirtschaften ab. Ja – da kann ich mich noch dran erinnern, richtiger Schnaps, weißer Kornschnaps war das. – Die hatten in Waldfeucht eine gute Brennerei, da hab ich auch gern ein Dröpke getrunken. Die brannten selbst – die hießen Nobis in Waldfeucht.

Damals in Echt, da haben sie das noch lange beibehalten; um elf Uhr gingen die auch in die Wirtschaft. Da standen die *Schuffeln* dutzendweise vor den Türen, vor den Cafés. Wieviel die bezahlten, weiß ich nicht. Da habe ich nicht drauf gewartet, denn ich konnte, als ich gebaut hatte, mich nicht gut in die Sitte schicken, wenn ich mal nach Echt kam.

Wenn die mit dir zu sprechen begannen, dann war damit schon gesagt, die kommen um ein Schnäpschen – so gefährlich waren die. – Ach – die konnten sich so schön mit dir unterhalten – aber ich war gewarnt worden von dem Mann auf dem Standesamt, das war 1902, als ich die "Josepha" *(meine Mutter)* angemeldet habe, der kannte die und sagte zu mir:

"Gib dich nicht mit denen ans Sprechen, dann bist du noch nicht zu Hause. Die wollen nur ein Schnäpschen von dir haben!"

Bild oben: Das Gemeindehaus in Echt, in dem Jakob Hülhoven im Juli 1902 sein Tochter Josepha anmeldete. Der Standesbeamte von Echt warnte ihn vor Schnapstrinkern . – Bild unten: Jakob Hülhoven nach einem Foto.

Das mit den Hexen im Wald

"Die glaubten an alles, diese Leute – die glaubten an
Hexen und glaubten an *Spoken*, wie sie sagten. – Da kam
aber auch jede Nacht jemand ans Fenster meiner Schwägerin *(Barbara)* krabbeln. Hundert Meter vom Haus weg
stand ein schwerer Kastanienbaum, und unter dem wurden jeden Abend Dummheiten gemacht. Meine Schwägerin hatte Angst. Sie hatte die Scheune voll Frucht sitzen, und wir mussten den Winter die Scheune leer dreschen – mit dem Flegel noch. Mein Schwager aus Brüggelchen half mir dabei. Mit Absicht blieben wir abends
immer lange bei der Barbara sitzen, denn wir kannten
den Weg auch in der Dunkelheit. Spät abends sind wir
dann nach Hause gegangen.

Wir mussten in die Höhe gucken, wenn wir durch den
Wald gingen, um zwischen den Wipfeln den Weg zu erkennen, weil wir das Pfädchen nicht sehen konnten. Ich
ging vor und der Mattes, mein Schwager Mathias Blank
aus Brüggelchen, der mit der *Sev (Josepha),* der Schwester meiner Frau verheiratet war, der ging hinter mir.

Die ganze Zeit hatte ich schon etwas gehört, und der Mattes merkte das auch. Wir hörten ein Brummen, konnten
aber nicht feststellen wo und wie weit das war. Der Schwager aus Brüggelchen hatte mehr Scheiße in der Hose wie
was anderes. – Angst! – Der war an einem dran:
"Geh doch! – Geh durch!"

Der hatte mehr Angst als eine Frau. – Auf einmal machten die dahinten ein Manöver, als ob wir sie noch nicht
gehört hätten. Die wurden immer ein bißchen lauter. Ohne
viel zu denken setzte ich mich in Gang – rutsch – die
Hand vors Gesicht, damit ich nicht mit dem Kopf gegen
einen Baum anlief, bin ich dahin gegangen und auf einmal seh ich da, von dieser Höhe etwa, so gut ein Meter
hoch, kann das gewesen sein - da meinte ich eine Gestalt
zu sehen. Ich geh noch ein bisschen weiter und frage:
'Wer bist du?' – Keine Antwort.
'Wer bist du?' – Noch immer nichts.
Ich sagte: 'Wenn ich dich noch einmal auffordern muss,
wer du bist, hast du den Kopf eingeschlagen!'
Da sagte die ihren Namen.
'Aah --,' das war eine Frau. Da sagte ich zu ihr:
'Aah-- du bist die Stien!' Stien hieß die, das war die Frau
von einem den ich kannte.
'Du bist also dem seine Frau?' – 'Ja!'
Ich sagte: 'Das ist gut – endlich habe ich die Hexe gefun-
den, die hier die Gesellschaft in Bewegung gesetzt hat.
Aber ich setze dich auch noch in Bewegung, das kannst
du glauben, wenn das nicht aufhört!'

Nichts mehr davon gehört! – Die war sonst normal. Aber
die war nun einmal so, die wollte andere Leute bang
machen, bang machen, bang machen. – Ich wollte noch
wissen, worauf ich da los gegangen war und erkundigte
mich danach, ich musste wissen, was das war. – Da war
das so ein großer Sack, so einen Sack voll Spreu hatte die
sich gemacht – da saß die hinter, das Biest!"

*Witwe Barbara Coenen, geborene Houben, mit ihrem
Sohn Peter. Ihr Mann war mitten in der Ernte 1902 nach
Überanstrengung an einem Herzinfarkt gestorben. Die
Aufnahme entstand wahrscheinlich im 1. Weltkrieg.*

"Ja – da hab ich mal einen Witz im späten Herbst 1902
oder im Frühjahr 1903 gemacht. – Da war ich allein, der
Mattes konnte an dem Tag nicht – das war an der gleichen Stelle, an der ich die Hexe rausgeholt hatte, als es
so stark zu regnen anfing. – Ja, dachte ich, du kommst
nicht mehr aus dem Wald raus. Da bin ich langsam zurück und hab eine Sturmlaterne geholt. – Stockfinster war
es! – Es war kurz vor zwölf – solange hatten wir ge-
schwätzt. – – So – ja– und die da gerade im Wald arbeiteten, hatten viele Stangenbohnenstöcke geschlagen, davon habe ich mir eine Stange genommen. – Aber was die
Leute damals alles glaubten!

Als ich aus dem Wald kam, habe ich die Sturmlaterne
oben an die Spitze der Bohnenstange gebunden, ich hatte
so einen Bindfaden in der Tasche. Und indem ich den
Wald verließ, trug ich die Laterne ganz hoch. Ich ging
weiter und ließ die Laterne immer wieder blitzschnell zur
Erde absinken. – Mich hat keiner erkannt. – Da ist weiß
Gott was von geredet worden, aber ich schwieg immer
und sagte nur: 'So,so – dann muss das wohl doch ein
Spokgeist gewesen sein'.

Barbara kehrt zurück

Ich war damals schon fünf Jahre verheiratet, das war 1903, und mein Schwiegervater hatte im Jahr zuvor schon alles mit mir geplant. Ich hatte das Haus von dem bekommen, das heisst, das Haus in dem wir wohnten, da wo der Peter jetzt wohnt. Das war damals besser in Ordnung.

"Die Jungens," sagte mein Schwiegervater, "unter denen ist kein einziger Geschäftsmann, da sitzt nichts drin!"
Die tranken gerne einen. Er sagte weiter: "Ich weiß nicht wie ich das machen soll, wie ich das anders machen soll? Du musst dir das mit Mina überlegen, dann könnt ihr das Geschäft weiter führen."
Ja – und da kam Barbara zurück, das war 1903 im Frühjahr. Mitten in der Ernte war der im vergangenen Jahr der Mann gestorben, drei Wochen bevor der Peter geboren wurde. – Der Peter *(Peter Hendrik Coenen)* der Mann von der Barbara, hatte tagsüber die Ente eingebracht und dann noch bis spät in die Nacht hinein sich überanstrengt, bis dem das Herz versagt hat. Da stand die Barbara mitten in der Ernte allein da mit einem Kind, und das zweite war unterwegs. Die hatten den Hof da gepachtet und mussten danach raus.
Da kam die wieder nach Hause mit ihren beiden Jungen. Einer davon, der *(Peter)* Andreas ist später gestorben. Der

war eineinhalb Jahre alt – der kleine Peter *(Jakobus)* war drei Wochen nach dem Tod seines Vaters geboren *(am 13. August 1902, Pate war Jakob Hülhoven).* Ich habe dann in der Ernte mitgeholfen. – Danach kam die Barbara, die Schwester von der Mina, mit ihren beiden Kindern zurück – unerzogene Kinder muss ich sagen. Da funktionierte das nicht mehr richtig, das wurde zu eng im Haus. Inzwischen hatten wir auch zwei Kinder. Vierzehn Tage nach dem kleinen Peter Coenen war unsere Josepha geboren worden *(am 25. Juli 1902 wird Josepha Anna Maria Hülhoven, meine Mutter geboren).*

Da kam auf einmal mein Schwiegervater zu mir und sagte:
'Jung – was meinst du – willst du nicht bauen?'
'Ja, gern,' sagte ich, 'aber wo denn?'
Er sagte, da und da: Der hatte da noch ein Grundstück an der Waldfeuchter Baan. Da war ich mit einverstanden und habe das denn auch gemacht."

Andreas Houben findet nicht nur eine Lösung in der veränderten Situation, er hat auch die Mittel, seine Vorstellungen zu verwirklichen. Im Haus ist ein *Wenkel*, wohnen vier Enkel, Heinrich, Mina, Jakob, die zurückgekehrte Barbara, er selbst, möglicherweise auch noch Franz.

Der gepachtete Hof

"1903 hab ich das Haus gebaut"

"Fünf Jahre hab ich bei meinem Schwiegervater gewohnt. 1898 hatten wir geheiratet und 1903 habe ich das Haus gebaut. Ich hatte tausend Mark als ich gebaut habe, die hatte ich von meinem Schwiegervater bekommen und das Grundstück dazu. - Außerdem hatte ich noch dreihundert Mark, das war der Erlös aus der Ernte, die wir im Winter bei der Schwägerin ausgedroschen hatten. Die bekam das Geld für die Ernte und hatte es immer noch da liegen. Da hab ich das auch angenommen.

Drei Jahre hab ich für die Rückzahlung gebraucht, dann ging ich zu ihm. – Das war köstlich mit meinem Schwiegervater, der mit mir gearbeitet hatte, obwohl er das nicht nötig hatte. – Der hatte für jedes Kind, das wusste keiner außer meiner Frau und mir, zusammen hatte der 6000 Mark in Gold liegen – in meinem Schlafzimmer, wo wir schliefen.

Ja – und der war so korrekt in allem, bang, dass einer mehr bekam als der andere. Um Streitigkeiten unter den Geschwistern zu vermeiden, war der so. – Als ich von dem das Geld bekam, sagte der zu mir:

'Du musst mir aber 3 1/2 % Zinsen dafür geben!'

Ich sagte: 'Daran hab ich schon gedacht, das ist gewiss!'

'Ja, weißt du,' sagte er, 'damit keine Unannehmlichkeiten dadurch enstehen.'

'Mach dich da nicht bang vor," sagte ich und da ließ ich den ---, aha – nein, so war das – da kam der jedes Jahr acht Tage vor der Fälligkeit der Zinsen, wenn die Zeit vorbei war und erinnerte mich:

'Jong – denkst du auch dran?'

'Woran?' fragte ich dann immer. Ich verstand sofort was der wollte.

'Wo dran?' fragte ich dann noch einmal.

'Du musst die Zinsen bezahlen, das sind doch noch acht Tage.'

'Ach – das hätte ich vergessen,' sagte ich dann immer. So habe ich den drei Jahre verkohlt. Als ich ihm dann alles zurückzahlte, sagte er zu mir, und das war sein Hauptwort:

"Esel! – Du brauchst doch nur die Zinsen zu bezahlen!"

Die Geschwister meiner Frau wussten, dass ich nur so tat, das wussten sie alle. – Und da war der da, als ich kam. Ich hatte alles bei mir in Silbergeld. Das war so, dass ich dem in einem Schlag alles zurück zahlte, das ganze Ding, und ich sagte damals zu ihm:

'Heute muss ich dich mal sprechen!'

'Wat ist dann?' fragte er, der sonst so gut sprechen konnte – schlau war der!

'Ich wollte das Haus ausbezahlen!'

'Du Esel,' sagte er da, 'das bringst du fertig!'

Und da wollte der das Geld nicht annehmen.

'Nein,' sagte er und kam damit heraus, was ich schon lange wusste. Mir war ja bekannt, dass er soviel Geld im Haus hatte. Das war ja ein Unding. Aber ich blieb dabei:

'Ich will es nicht mehr!'

'Ja, ja, ja – dann will ich es anders machen,' sagte er,

'dann gehst du mit dem Geld, das du mir jetzt zurück geben willst, und setzt es auf eine Kasse. Dann hast du das Deine, dann hast du die tausend Mark!'

'Ja,' sagte ich, 'das ist gut!'

So war mein Schwiegervater, das war typisch für ihn. – Ich musste das Haus damals genau so bauen, wie der wollte. Eigentlich hatte ich moderner bauen wollen, aber es musste so gebaut werden wie sein Haus, mit Scheune und so. Verkehrt war das ja nicht, so zu bauen, wie immer hier gebaut worden war. Aber damals bauten die in Deutschland und auch in Holland schon anders, nicht so *altfränksch*.

Der war viel dabei und hat immer angefasst, als ich dran war. Der musste dabei sein und aufpassen. Mein Vater und mein Bruder haben mir bei den Balken geholfen, bei den Decken und beim Dach. Da waren genug die anfassten. Aber die Maurer mussten wir haben und die Dachdecker, das ging nicht anders. Die Decken haben wir selbst gemacht. Aber die Pfeiler für die Anker setzten die Maurer. Die *Juschen* für die Decken haben wir wieder selbst zwischen die Balken gebogen, die wurden dann mit Lehm und Stroh verschmiert. Auch *gebünnt* haben wir selbst *(Dielen verlegt)*. Wir nahmen biegsame Stöcke, Stroh und Lehm bis unter die Füßböden. Von unten verkleidete dann der *Pliesterer* die Balken. Das konnten wir nicht, das musste der machen."

Schließlich ist das zweite Haus ostwärts der beiden Houbenhäuser soweit fertig, dass Fenster und Türen eingebaut werden können. Endlich ziehen Jakob, Mina und die beiden Kinder ein, Das Haus erhält später die Hausnummer Waldfeuchter Baan Nr. 150.

"Als dann der Kunstdünger aufkam – ich war zu der Zeit vielleicht zehn bis fünfzehn Jahre verheiratet *(es werden sechs bis sieben Jahre gewesen sein, denn Andreas Houben stirbt 1908)* als der Kunstdünger bei uns eingesetzt wurde, und alle lachten darüber, und wenn einer vom Kunstdünger anfing, dann sagte mein Schwiegervater sofort:

"*Haut doch dinn Muul* mit deinem Kunstdünger, dann könne wir doch gleich ein bißchen Dreck auf die Felder werfen!"

Aber es hat sich heraus gestellt, dass er Unrecht hatte. Da kam immer einer aus Bocket, der kam immer zu meinem Schwiegervater in die Familie – das war auf Kirmes – die saßen noch keine fünf Minuten zusammen, dann hatten die sich über den Kunstdünger in der Wolle."

Jakob Hülhoven ist zu der Zeit schon "flüssig" und Mina hat einen *Wenkel* eingerichtet. Jakob scheut sich auch nicht vor nächtlichen Grenzgängen. Was Landkäufe anbelangt, so tritt er in die Fußstapfen seines Schwiegervaters. Als am 21. Mai 1904 beim Notar Frenken eine Landversteigerung stattfindet, bietet er mit und ersteigert zwölf Ar und 76 Meter "Hinterm Kamp" in Echterbosch. Die letzte Rate bezahlt er am 11. Juni 1905 in Heinsberg. Er darf das Feld aber nach der Haupternte 1904 bearbeiten.

Peter Andreas Hülhoven

Die beiden Hülhoven-Kinder wachsen gemeinsam mit den Kindern der "Tant Barbara" im Houben-Haus auf. Die Verbindungen bleiben auch eng, als das neue Haus bezogen wird, so eng, dass sie sich noch nach Jahrzehnten wie Geschwister fühlen.

1904 ist der kleine Peter Andreas Hülhoven von den Kindern der Aufgeweckteste. Er findet den Weg von "Aan Dreese" bis zum Haus, das sein Vater, der "Hülloves Jakkob", zur Zeit baut – macht sich darüber hinaus allein auf den Weg nach Waldfeucht. Dort trifft er in der Kirche den erstaunten Küster Janssen, der ihn fragt:

"Wu bös du dann van?"*(Von wem bist du denn?)*
"Ech bön von oss!" *(Ich bin von uns!)*
"Wie heesch dann dinn Mamm?" *(wie heißt denn deine Mutter)*
"Mina!"

Ein anderes Mal nimmt er seine kleine Schwester Josepha *(meine Mutter)* bei der Hand und geht mit ihr zur Baustelle seines Vaters, um nachzusehen, wie die Maurer arbeiten. Beim Zusehen fällt ihm ein, dass er sein Siebchen vergessen hat. Er führt die kleine Josepha in eine sichere Ecke und sagt:

"Pass du mar wier opp die Müerer opp, dann goen ech öt Sievke hoele!" *(Pass du nur weiter hier auf die Maurer auf, dann gehe ich das Siebchen holen.)*
Er fährt auch mit seinen Onkeln Heinrich und Franz aufs Feld, darf auf der "Kaar" stehen und die Leine halten. So

geht er am verhängnisvollen Morgen des 24. Dezember 1904, das Hülhovenhaus ist schon bezogen, nach "Aan Dreese" und darf mit seinem Onkel Franz auf ein Feld fahren, das zwischen den beiden Häusern an der Waldfeuchter Baan liegt. – Franz muss dort eine gefrorene Rübenmiete aufhacken, das Pferd und der kleine Peter Andreas sehen dabei zu.

Es ist eine harte Arbeit bei grimmiger Kälte. Franz ist verärgert, weil er sie verrichten muss, während andere hinter dem "Bärenklau", einem Ofen, sitzen und Kaffee schlürfen. Das Pferd und der kleine Peter Andreas werden während des Wartens steif vor Kälte. Als Franz die gefrorene Lehmhülle der Rübenmiete entfernt hat, Karre und Pferd aber nicht sofort so reagieren, wie Franz es will, tritt er dem Pferd wütend in den Bauch. Das Pferd scheut und droht auszubrechen.

Franz glaubt den Kleinen gefährdet und fordert ihn laut auf, weg zu gehen. Der steif gefrorene Peter Andreas reagiert aber nicht so schnell und erhält von Franz eine Ohrfeige, die Mina bis ins Haus hört.

Als sie nach draußen geht, ahnt sie nicht, was vorgefallen ist, sieht aber den Kleinen auf sich zu torkeln.

"Wat häs du dann, Kellke?" *(Was hast du denn, Kerlchen?* "Onkel Franz häd mech geschlage!"

Danach legt er sich hin und steht nicht mehr auf, stirbt zwei Tage später, am zweiten Weihnachtstag.

Jakob Hülhoven ist zur Zeit der Tat nicht im Haus. Obwohl sie in der Houben-Familie bekannt wird, erfährt er nicht den wahren Hergang – auch Mina verschweigt

sie dem 31-jährigen Jakob – aus Angst, er würde sich rächen. – Dieser erfährt es erst über vier Jahrzehnte später, als Franz und Mina gestorben sind.

Trotzdem ahnt er etwas und bringt den Tod mit Franz in Verbindung. Als er im Winter 1904-1905 mit Heinrich und Franz in der Houbenscheune drischt, kommt es zu einem Streit zwischen Franz und ihm. – Nur mit Mühe verhindert der friedliche Heinrich, dass beide aufeinander losdreschen. – Wenn eine Eskalation in der Scheune auch verhindert wird, so werden sich die beiden nie mehr richtig "grün", auch im Alter nicht.

Josepha Hülhoven bleibt ein Einzelkind. Aus der Verbindung Mina und Jakob Hülhoven gehen keine Kinder mehr hervor. Die schweren Geburten verursachen bei Mina Beschwerden, wegen der sie in Aachen operiert wird, sie kann keine Kinder mehr bekommen. – Josepha schließt sich an ihren Cousin Peter Coenen an, dessen Bruder als Baby stirbt. Die beiden Einzelkinder spielen fast täglich zusammen, wie zwei Geschwister, die sich gut verstehen. Peter wird Josephas "Bester". Die Freundschaft hält.

Nach dem tragischen Ende von Peter Andreas Hülhoven muss das Leben weiter gehen. – Das Haus ist bewohnt, der *Wenkel* beginnt zu florieren, aber die Scheune ist noch nicht ganz ausgebaut. Wo er nur kann, verdingt sich Jakob als Tagelöhner zum Ernten und Dreschen, schmuggelt, wenn sich die Gelegenheit bietet, und scheut auch nicht eine schwere Arbeit bei einem Steinbrenner anzunehmen – es ist derselbe Steinbrenner, der ihm nur hundert Meter vom Haus entfernt, direkt gegenüber dem holländischen Zollamt, die Steine für sein Haus gebrannt hatte. Die Feldbranntsteine werden auf dem Feld gegenüber dem holländischen Zollamt, gegenüber *Klör,* am *Kohderenk (Kuhtränke)* geformt und gebrannt.

Dem Brenner imponiert der fleißige Jakob und er bietet ihm zu seinem Lohn noch eine Schubkarre Steine an.

"Wieviel Steine darf ich denn laden?" fragt Jakob.

"Soviel wie du auf einmal ohne abzusetzen bis nach Hause fahren kannst."

"Gut!"

Jakob belädt die Schubkarre mit Bedacht, legt zusätzlich Bretter quer und verteilt das Gewicht hauptsächlich auf der Achse, stapelt so im Verbund, dass kein Stein herunterfallen kann. Er stapelt soviel, bis der Brenner ihm zuruft, das schaffst du nie!"

Jakob schweigt und denkt, "Warte du nur ab!"

Um das Rad nicht einsinken zu lassen legt er Bohlen bis auf die Straße. Es gelingt ihm, die Schubkarre anzuheben, in Bewegung zu setzen und ohne abzusetzen bis vor das Scheunentor zu fahren.

"Davon hab ich dann den Schweinestall gebaut. Ich hab dem Brenner danach wieder geholfen, aber der hat mir keine Schubkarre Steine mehr angeboten."

Er trennt den Schweinestall von der Scheune ab. Über dem Teil, der als Einfahrt dient, baut er eine Tenne, den *Dänn* der als Getreidespeicher dient. In der äußersten hinteren Ecke wird ein Plumpsklosett gebaut, mit Brettern abgedeckt, ein rundes Loch hinein geschnitten, das mit einem Deckel abgedeckt wird. Als Klopapier dient säuberlich zerschnittenes Zeitungspapier, keine normales Klopapier – das ist zu teuer. Eine Tür verschließt den Raum. Jakob streicht sie, wie das Brett mit dem runden Loch, grün.

Für die Hühner trennt er einen Stall in der Scheune, die sich hinter dem Wohnhaus erstreckt, ab. Es bleibt noch Platz für zwei - drei Kühe. Aber ob er je Kühe hält, ist nicht bekannt – eher nein als ja. Hühner werden dagegen immer gehalten, zeitweise bis zu zweihundert. Für deren Auslauf ist eine Maueröffnung zur Wiese hinter dem Haus gelassen. Eier werden an die "Mien" abgeliefert, an eine Eiersammelstelle.

Schweine werden nur in den ersten Jahren gehalten, später nicht mehr. Das Haus wird von einem Hund bewacht. Er gehört ebenso zur Familie wie eine Katze, die zum Mäusefang gehalten wird.

Parallel zu Einfahrt und Wohnhaus legt er zur östlichen Grenze einen Blumengarten an und pflanzt am Durchgang zur hinteren Wiese, vor dem Südostgiebel der Scheune einen Rebstock, der sich mit den Jahren über die ganze Sonnenseite der Scheune ausbreitet. Aber nur in warmen Jahren kann Wein aus Reben gekeltert werden, in mäßigen Jahren reifen die Trauben zu spät, bleiben klein und sind zu sauer. Die Trauben sind eine Idee seines Bruders Johannes (Pater Dositheus), inzwischen Franziskaner, der auch das Kloster auf dem Apollinarisberg in Remagen kennt, das zwischen Weinbergen eingebettet ist. Aber das Echterland ist kein Traubenland.

Das schmale, aber sehr tiefe Grundstück fasst er in seiner ganzen Länge beidseitig und hinten mit einer Hainbuchenhecke ein. Die Setzlinge holt er aus dem Brüggelcher Bruch, in dem sein Vater einen kleinen Wald hat.

Hinter Haus und Scheune umfasst eine Hecke drei Grundstücksparzellen. In der ersten haben die Hühner ihren Auslauf, steht ein *Röekes,* in dem Fleisch geräuchert wird. Auf ein *Backes* verzichtet er und bäckt zunächst weiter bei seinem Schwiegervater. Mina kauft aber dann ihr Brot in Waldfeucht oder bei einem holländischen Bäcker, der die einzelnen Häuser in Echterbosch anfährt. – Ferner pflanzt Jakob im ersten Teil einen Nussbaum, zwei Pflaumenbäume, saure und süße Kirschen, einen Birnbaum, einen Pfirsichbaum und frühe Apfelsorten.

Um die Hühner aus dem Gemüsegarten fernzuhalten, pflanzt er eine Querhecke, stutzt allen Hühnern, da sie auch die seitlichen Hecken überfliegen, die Flügel, grenzt das Mittelstück des Grundstücks, das sein Prachtstück wird, durch eine zweite, obere Querhecke ab.

Im Gemüsegarten wird jetzt nach der Schnur gegraben und gepflanzt – Kohl, Salat und Zwiebeln wachsen wie die Soldaten heran – die Bohnenstangen werden ausgerichtet wie Zelte, alles steht schließlich stramm wie auf einem preußischen Kasernenhof. Der Garten wird zum Paradeplatz des *Unteroffiziers zur besondern Verwendung.*

Im Garten dürfen die Frauen nicht pflanzen. Alle Samen zieht er selbst oder lässt sie sich schicken. Über den Garten korrespondiert er mit seinem Bruder, der von der kleine Josepha "Onkel Dosi" genannt wird. Der Pater berät sich mit Brüdern der Klostergärtnereien.

Über den Durchgang vom Garten zur oberen Wiese lässt er die Buchenhecke zusammenwachsen und beschneidet sie zu einem überdimensionalen Pferd.

Hinter der Hecke folgt ein Beerengarten, rote und schwarze Johannisbeeren *(Wimbere)* Stachelbeeren *(Kruschele)* und Himbeeren. Die Beerenernte, an der sich auch Frau und Kind beteiligen, wird zu Wein verarbeitet, der nach dem Pressen in großen Glasballons zur Gärung angesetzt wird. Aber es wird auch Gelee gekocht.

Jakob lässt einen Schattenabstand und pflanzt in der großen Obstwiese haltbare Apfelsorten. Kein Apfel darf einen Stoß erhalten. Im Keller, in dem sie gelagert werden, garantiert ein Lehmboden gleichmäßige Temperatur und Luftfeuchte. Die Sorgfalt zahlt sich aus, die Äpfel halten sich bis in den Mai des nächsten Jahres hinein.

Außer dem Garten und den Wiesen hinter dem Haus bearbeitet er noch den kleinen Acker, den er 1904 ersteigert hat, erntet dort Kartoffeln und Roggen.

Am 24. Juni 1907 stirbt meine Urgroßmutter Anna Gertrud Hülhoven, geborene Knoben. Sie wird 72 Jahre alt.

Anton Josef Houben bleibt zunächst in Brüggelchen, zieht aber im Herbst 1907 nach Echterbosch, wohnt ein halbes Jahr bei Jakob und Mina und stirbt am 4. April 1908 im Alter von 77 Jahren und drei Monaten in dem Haus, an dem er noch selbst Hand angelegt hat.

Andreas Houben lässt 1908 auch nach. Sein einziges Lebenszeichen ist eine verwischte Unterschrift *(siehe Seite 109 unten)*, sie stammt von einem Pachtvertrag vom 24. Juli 1905 zwischen ihm und W. G. Bischoffs aus Waldfeucht.

Gertruds Mann, der vor einem Jahrzehnt in seinem ungeduldigen Liebesbrief schrieb: "Ich könnte sechs Bögen voll schreiben, dann hätte ich dir noch nicht alles ausgekramt", ist schon seit dem 26.11.1903 tot, nachdem er noch ein Grundstück gekauft hatte. – Es wird ruhiger in "Aan Dreese", seitdem der Baas am 8. November 1908 gestorben ist. Nur Gertruds Schwester Barbara, deren Sohn Peter und der Bruder Heinrich wohnen dort, nachdem Kind und Mann gestorben sind.

Peter Andreas Houben erlebt wohl noch, dass sein Enkel, der kleine Peter Coenen, in Koningsbosch zur holländische Volksschule geht – was für seine Kinder noch nicht möglich war – und dass seine Enkelin, die kleine Josepha Hülhoven, Ostern 1908 – sie ist noch keine sechs Jahre – in Waldfeucht zur deutschen Volksschule geschickt wird.

Volksschule in Koningsbosch. Andreas Houben erlebt noch, dass sein Enkel Peter Coenen (*im Bild unterste Reihe, vierter von links*) 1908 eine Schule in Koningsbosch besuchen kann. Seinen Töchtern und Söhnen bot sich diese Möglichkeit noch nicht, weil Koningsbosch noch keine Schule hatte.

Nach den Lehrpersonen zu urteilen, bildet das Foto drei Klassen ab, was allerdings nicht besagt, ob pro Klasse nur ein Jahrgang unterrichtet wird. Über viermal soviel Jungen als Mädchen sind zu erkennen. Ob die Klassen gemischt sind, ist nicht zu klären, eine Klasse mit nur zehn Mädchen erscheint zu klein. Eine Lehrerin und zwei Lehrer scheinen die unteren Klassen zu unterrichten. Die Oberstufen werden wahrscheinlich von anderem Lehrpersonal unterrichtet. Neben dem rechts auf dem Bild stehenden Lehrer steht unten ein Junge in Holzschuhen.

Reisen nach Köln und Aachen
Wallfahrt nach Kevelaer

Anlässlich des Jahrgedächtnisses für Anton Josef Hülhoven, das am 3. April 1909 stattfindet, vereinbart Pater Dositheus Hülhoven schriftlich mit seinem Bruder Jakob ein Treffen in Köln. Er muss erst mit seinem Guardian sprechen, denn der beliebte Geistliche ist fest als Seelsorger in verschiedenen Schwesternklöstern und Krankenhäusern verplant. Für ihn muss erst ein Vertreter gefunden werden. Darüber vergeht der Sommer 1909, denn es ist auch auf Ferien Rücksicht zu nehmen.
In der ersten Septemberwoche hat Pater Dositheus frei, auch den Hülhovens ist der Monat recht. – Sie müssen ihre Abwesenheit vorbereiten, denn Hühner, Hund, Katze, Schweine und auch der *Wenkel* können sich nicht selbst überlassen werden. Eine von Minas Schwestern, Gertrud oder Barbara, wahrscheinlich Barbara, wird für den Tag das Haus hüten.

Am 2. September steht man früh auf, denn Jakob will den Zug nicht verpassen. In der Familie wird seine Überpünktlichkeit bespöttelt. Er wartet lieber zwei-drei Stunden auf den Zug, ehe er auch nur fünf Minuten zu spät kommt.
Mina, Jakob und Josepha mieten wahrscheinlich eine Kutsche bis Heinsberg. Sie hätten auch zu Fuß gehen können, doch wegen des Staubes, der sich an Schuhen und Kleidern festsetzt, nehmen sie einen Landauer. Ab Heinsberg benutzen sie den Zug bis Lindern, steigen in einen Schnellzug, der von Aachen kommt, um. Sie treffen "Onkel Dosi" am Kölner Hauptbahnhof.
Man besucht den Dom und Mina und Josepha sehen zum ersten Mal den Rhein, außerdem soll Josepha in ihrem Marinekleid fotographiert werden.
Jakob kennt Köln aus seiner Militärzeit besser als sein Bruder und weist auf diese oder jene Sehenswürdigkeit hin, auf Kirchen, Befestigungsanlagen und die gewaltigen Rheinbrücken. Für Mina und Josepha ist es ein besonderes Erlebnis, sind sie doch nie über Roermond oder Heinsberg hinaus gekommen. Die Reise endet noch am gleichen Tag – übrig bleibt das erste Foto, das von meiner Mutter gemacht wurde.

1910 muss Mina ihre zweite Reise unternehmen. Seit den schweren Geburten hat sie Unterleibsbeschwerden. Ein Arzt rät zur Operation in einer Aachener Klinik. Der Chirurg verkompliziert die Beschwerden. Mina liegt auf Leben und Tod. Ihre Haare werden in wenigen Wochen so weiß, dass Josepha, die bei einem "Fräulein" untergebracht ist, ihre Mutter nicht wieder erkennt.
Jakob ist vom Verfall seiner Frau sehr betroffen. Für den Fall von Minas Genesung gelobt er eine Wallfahrt nach Kevelaer. Mina wird entlassen, obwohl ihr Problem nicht vollständig gelöst ist. Beschwerden bleiben, aber sie wagen es nicht, gegen die Leistung der Aachener Chirurgen zu protestieren – Mina klagt noch nach Jahrzehnten.

Josepha Hülhoven am 2. September 1910 in Köln

Josepha ist 8 Jahre alt, als ihre Mutter aus Aachen zurück kommt und den Haushalt wieder übernimmt. – Jakob muss nun sein Gelübde einlösen. – Als er seine Schuhe mit Erbsen füllt, "mit trockenen, ungekochten, muss ich sagen", wird es ein peinigender Bußgang nach Kevelaer, wo er unter Schmerzen der Mutter Gottes für Minas Genesung dankt und wieder den Heimweg antritt.
Auf der Höhe von Haaren brennen die Füße so unerträglich, dass er sich spontan hinsetzen muss und – Maria hin, Maria her – seine Schuhe auszieht und die Erbsen ins Feld schüttet. Die Fußsohlen sind aufgescheuert. Aber Jammern hilft nicht, er muss über die verstaubten Feldwege zurück nach Echterbosch humpeln. – Die Wallfahrt ist ihm nachher peinlich. Er, der gerne erzählt, erwähnt sie später kaum. – Im Garten baut er zwar weiterhin Hülsenfrüchte an, aber Erbsen, die mag er nur noch gekocht.

Der Weg nach Roermond

Die Mutter Gottes bewertet die gute Absicht Jakobs – Minas Gesundheit wird wieder hergestellt. – 1910 wird Jakob Hülhoven Waldbesitzer, ein väterliches Erbe wird ihm und Mina überschrieben, "Im Vogelbruch" 27 Ar und 82 Meter. Damit verfügt er über eigenes Holz, eigenen Garten und Feld und im *Wenkel* erwirtschaftet Mina die hauptsächlichen Einnahmen. Jakob bietet sich nicht mehr als Tagelöhner an. Er holt in Roermond Waren oder bezahlt Rechnungen, geht aber auch nachts über die Grenze, wenn jemand einen Sack Kaffee bestellt.

Nach Roermond benutzt er denselben Weg wie Anna, den durch den Putbroeker Wald. Er kennt ihn aus der Zeit, da er im Wald gearbeitet hatte. Wenn er nach Roermond muss, benutzt er nicht den Zug ab Echt, denn ehe er in Echt ist, hat er schon über den halben Weg nach Roermond zurückgelegt.

Es ist allerdings auch ein Grenzwald, der von illegalen und zwielichtigen Grenzgängern benutzt wird, auch von solchen, denen der Boden in Deutschland oder Holland zu heiß geworden ist. Wer den Zöllnern nicht begegnen will, wählt den Weg durch den Wald, obwohl dabei auch nicht gesagt ist, dass man keinem Grenzwächter begegnet. Aber wenn man erst einmal einige Kilometer über die Grenze ist, wird man kaum angehalten.

Jakob Hülhoven weiß, dass er einem Fremden begegnen kann, als er nach Roermond geht, um Lieferanten zu bezahlen, hält Baum und Strauch neben dem Weg im Auge, und ist doch überrascht, als plötzlich ein Mann aus dem Wald tritt und ihn anspricht:

"Wohin Kamerad?"

"Nach Roermond!"

Jakob fasst seinen Spazierstock, der oben einen schweren Messingknauf hat, in halber Schafthöhe und geht weiter. Der Fremde schließt sich, ohne zu fragen, an und erkundigt sich nach dem Zweck der Reise. Jakob antwortet ausweichend.

Der Fremde wechselt von der linken auf die rechte Seite. Bei jedem Wechsel weicht Jakob aus und legt den Stock von der linken in die rechte Hand, immer bereit zuzuschlagen.

"Da macht der auf einmal einen Satz zur Seite und bleibt stehen. Ich ging weiter. Da ruft der mir zu: 'Adieu Kamerad', verschwindet im Wald. Was der wollte, weiß ich nicht, aber ich habe den nie aus den Augen gelassen. Aber ganz geheuer war er mir doch nicht – wenn der nun einen Revolver gehabt hätte?"

Diese Begegnung, aber auch das Zusammentreffen mit Schmugglern, die nachts in seinem Haus Kaffee abholen, lassen ihn vorsichtiger werden. Er beschließt einen Revolver zu kaufen, keinen großen amerikanischen, auch keine Pistole, keinen Browning, sondern einen Revolver, der gut in seine Tasche passt. Er kauft einen fünfschüssigen versilberten Revolver, den er allerdings nie mitnimmt, wenn er über die Grenze geht, um sich eventuell gegen Zöllner wehren zu können. Er hat ihn aber bei sich, als er das nächste Mal nach Roermond geht.

Am 8. Apri 1911 werden ihm auf Anordnug des königliche Amtsgerichtes Grundstücke in der Gemeinde Haaren übertragen, ein Erbteil seiner verstorbenen Eltern.

"In den Brüchen"	Holzung	14 Ar	6 Meter
"In den Brüchen"	Holzung	34 Ar	23 Meter
"In den Brüchen"	Holzung	26 Ar	27 Meter
"Hans *(Jasmann?)*"	Holzung	15 Ar	85 Meter
"Im Haarene Feld"	Acker	25 Ar	37 Meter
"Vogelbruch"	Acker	27 Ar	82 Meter

Jakob Hülhoven tritt damit kein reiches Erbe an, aber sein Waldbesitz vergrößert sich um 100 Ar und 41 Meter, seine Äcker um 53 Ar und 19 Meter. Er zahlt für die Erbschaft 6,16 Mark Grundsteuer. Er ist zwar nicht auf Wald und Äcker angewiesen, doch erhöht Holz aus eigenem Wachstum seine Unabhängigkeit, er schlägt darin Bohnenstangen für den Garten und Brennholz als Ergänzung zu Kohlen.

Das Jahr 1911 beschert einen ungemein trockenen Sommer. Alle leiden unter der Hitze. Die Bauern können ihr Vieh nicht ernähren und die Bestände leiden zusätzlich noch unter der Maul- und Klauenseuche, werden außerdem noch von der Tuberkulose befallen. Die Kartoffelernte fällt miserabel aus, die Erdfrüchte sind oft nicht größer als Klicker, obwohl der Staat sich in diesen Jahren erheblich um Ackerbau und Viehzucht bemüht. – Er schafft Einrichtungen wie das "Bakteriologische Institut" in Bonn und erzielt auch Erfolge gegen Tierseuchen.

Deutsche Schutzzölle halten die Preise für Kolonialwaren in Deutschland hoch. Kaffee, Tabak, Tee und Schokoladenbohnen werden mehr als kräftig besteuert. In Holland wird hochwertigerer Kaffee billiger als in Deutschland gehandelt und beschert den holländischen *winkeliers* an der Grenze eine steigende Nachfrage.

Mina und Jakob verkaufen Kaffee nicht nur ab *Wenkel*, Waldfeuchter Baan, sondern Jakob liefert – unter Umgehung des Zolls – auch größere Mengen nachts frei Haus bis nach Porselen. Vorsichtige Bauern kaufen aber oft nur 49 Gramm *(soviel ist pro Person erlaubt)*. Mutige zeigen diese Tüte dem Zoll und verstecken dafür ein Kilo unter dem Heu. – Auch Frauen schmuggeln.

Aber die Inspektoren lernen dazu und schmuggeln wird gefährlicher, Männer wie Frauen werden im Zollamt auch am Leib visitiert. Die Strafen lassen die Aufkäufer das Risiko scheuen und sich die Waren nach Deutschland liefern, andere organisieren regelrechte, auch bewaffnete, Banden, denen sich ein Zöllner besser nicht in den Weg stellt, denn es könnte geschossen werden. – Nachfolgend wird aber ein Normalfall geschildert, der für Jakob Hülhoven fast ins Auge gegangen wäre:

Kaffee für Porseln, Dremmen und Krefeld

Eines Tages erscheint im *Wenkel* ein Kaufmann und will Kaffee. Er brauche ihn in Porseln, aber er kenne die Wege nicht und nicht die Möglichkeiten, ihn über die Grenze zu schaffen. – Es wird klar, dass er Risiko und Kosten für den Transport nicht übernehmen will, er wünscht Lieferung frei Haus. – Für ein Pfund gehe er nicht, antwortet Jakob, aber mit einem Sack schon. Man einigt sich, dass in Zeitabständen geliefert werden soll.

Jakob nutzt den Wachwechsel der deutschen Zöllner, den er von Minas Bruder Franz, der am deutschen Zollamt wohnt, erfährt, liefert nicht nur nach Porseln, sondern auch nach Dremmen, das sind von Waldfeucht aus 14-15 Kilometer.

Eine Weile läuft alles wie geölt. Aber eines Tages ändert sich der Wachwechsel, ohne dass Franz es gewahr wird. Jakob schultert an diesem Abend wieder einen Doppelsack und geht den gewohnten Weg. Es ist Herbst und stockfinster. Auch diesmal umgeht er Waldfeucht in einem engen Bogen.

Gut zwei Kilometer von seinem Haus entfernt, wird er von deutschen Zöllnern angerufen. Er sieht weder sie, noch sehen die ihn.

"Halt – stehen bleiben!"

Ohne Zögern rennt Jakob querfeldein, aber er weiß nicht genau, wo er ist.

"Halt - sofort stehen bleiben – oder wir schießen!"

Er rennt über schweren Ackerboden, der sich mit den Schuhsohlen verklebt, hört Schüsse und das Pfeifen von Kugeln, irgendwo in der Dunkelheit. Nur eine Zufallskugel könnte ihn treffen. Er hat sich einen Vorsprung über den Acker erlaufen und nimmt an, dass die Zöllner auf dem Weg geblieben sind, glaubt sich fast in Sicherheit, als er in einen Zaun läuft. Der Sack presst ihn tief hinein und fällt dann runter.

Er rafft sich auf und stolpert den Zaun entlang und verennt sich nach zwanzig - dreißig Metern in einen zweiten Zaun, der quer zum ersten steht. Eine Ecke hält ihn gefangen. Außer Atem hört er die Zöllner nahen. – Ins Feld zurück kann er nicht. – Am Eckpfosten findet er Halt, lässt den Sack fallen, klettert über den Zaun in die Wiese und schleicht zwischen den Obstbäumen davon. Er übersteigt weitere Zäune, hört, dass die Zöllner den Sack finden und die Jagd abbrechen.

Waldfeucht schläft rechts von ihm, als er zurück geht und schließlich den Hölterkamp erreicht und auf holländischem Gebiet ist, schließlich seine Wiese erkennt. Er ist gerettet.

"Fast hätten sie mich geschnappt", erzählt er zu Hause, "so hat das keinen Sinn mehr!"

Damit endet das Geschäft mit Porseln und Dremmen.

Aber es stellen sich Gruppen aus Deutschland ein. Die Verbindungen reichen bis nach Krefeld. Mal sind es vier Mann, mal sind es sechs. Die Männer – die Kopf und Kragen, Gefängnis und Zuchthaus riskieren, sind verwegene Gesellen, die mit allem, nur nicht mit geregelter Arbeit ihr Geld verdienen. – Es kommt zwischen ihnen hier und da zu Streit. Einmal geraten sich zwei in die Haare, als sie im Keller sind, um Kaffeesäcke hoch zu holen. – Jakob geht energisch dazwischen, aber die beiden wollen ihren Streit nicht schlichten. Kurzerhand fasst Jakob sie im Genick und schlägt sie mit den Köpfen zusammen. Bei solchen Anlässen hat er seinen Revolver immer in der Tasche.

Als die Schmugglergruppen größer werden, schaltet er seinen Schwager Heinrich Houben als Fuhrmann ein. Der holt den Kaffee in Roermond mit Pferd und Karre, fährt aber nicht über die Waldfeuchter Baan am holländischen Zollamt vorbei, sondern über den Hölterkamp von hinten in Jakobs Wiese. Es sieht aus, als wolle Heinrich sein Land bestellen. Die hohe Hecke auf beiden Seiten verhindert sowohl den Einblick der holländischen, als auch der deutschen Zöllner. Auf diese Weise werden die Zöllner auf beiden Seiten der Grenze nicht darauf aufmerksam, dass in dem kleinen *Wenkel* so große Kaffeeumsätze getätigt werden. – In der großen Wiese wird der Kaffee auf die Schubkarre umgeladen und mit dieser durch Garten und Hühnerwiese ins Haus gekarrt, um im Keller den Aufkäufern aus Krefeld zur Verfügung zu stehen.

Diese Art zu handeln, wird auf Dauer unheimlich. Die Gruppen werden größer. Den Höhepunkt bildet eine Trägerbande von 16 Mann. Die Männner tauchen aus der Dunkelheit auf und verschwinden wieder in ihr, bepackt mit Kaffesäcken. Die Träger scheinen zwar nicht bewaffnet, aber Jakob ist der Meinung, dass einige Männer dabei sind, die sich notfalls den Weg frei schießen. Die Abrechnung erfolgt aber auch in diesem Fall korrekt.

Aber er will solches Risiko nicht mehr auf sich nehmen. Sein Konto bei einer Roermonder Bank deckt mehr als seine Wünsche. Mina hat inzwischen ihren Erbteil erhalten, normale Kunden aus Deutschland kaufen nach wie vor, weshalb also Gesundheit, Strafen oder das Leben riskieren.

Es bietet sich zudem die Möglichkeit, holländische Zöllner im Haus einzulogieren, zu denen sich ein freundschaftliches bis herzliches Verhältnis entwickelt.

1912 verkaufen die Erben einer Maria Agnes Rademacher, Witwe von Jacob Philippen, einige Grundstücke über den Notar F.A.J. Russel aus Echt. – Am 30.März werden als Erben Hubert Houben, Mathias Blank, Johann Schmitz und Witwe Wilhelm J. Beulen, geborene Anna Maria Kappel aufgeführt. *(Das hört sich nach Verwandtschaft aus Deutschland an.)* Jakob Hülhoven kauft:

"Aus den Hölterkamp" Nr. 2214	24 Ar 20 Meter	für 200 Gulden
"Auf dem Hölterkamp" Nr. 174	26 Ar 50 Meter	für 200 Gulden
"Achter de Duivenpooel" Nr. 4300	17 Ar 30 Meter	für 50 Gulden
In der Gemeinde Koningsbosch Nr. 2230, 2231, 2232, 2234	38 Ar 60 Meter	für 300 Gulden

Peter Andreas Houben wäre stolz auf seine Tochter und auf seinen Schwiegersohn gewesen, hätte er von den Landkäufen erfahren können. Gut 20 Jahre vor meiner Geburt bereiten die Hülhovens meinen Geschwistern und mir ein solides Nest. – Und es geht so weiter! Am 15. Mai 1912 wird wieder ein Grundstück auf Jakob Hülhoven, "landbouwer te Echt, Gemeente Echt" übertragen. Ein kleiner Streifen zwar nur, aber eine gute Erweiterung von Hülhovens Gärten.

Verkäufer ist ein Egidius Peulen, wohnhaft "te Echterbosch. Das Grundstück liegt auf dem Hölterkamp und trägt die Nummer 4231. Es ist 8 Ar 65 Meter groß, und kostet 116 Gulden. Die Zahlungen können in drei Jahresraten geleistet werden, 1/3 im März 1913, 1/3 im März 1914, 1/3 im März 1915.

Obwohl der Wohlstand wächst, wird nichts verschwendet. Haus, Garten, kleine Felder und Wiesen sind Paradestücke, keine Arbeit auf und in ihnen bleibt unerledigt. Nicht selbst bearbeitete Felder werden verpachtet. Man stellt eigenen Wein her, bezieht aber auch Wein von der Ahr. Pater Dositheus hat die Verbindung hergestellt. Es ist aber nicht so, dass jeden Tag oder Sonntag ein Flasche auf dem Tisch steht, er wird nur zu Feiern aus dem Keller geholt.

Man ist weitgehend Selbstversorger, hat immer etwas im Haus, deckt den Essensbedarf bis aufs Brot und hin und wieder Fleisch, aus eigener Produktion. Milch liefern die Houbens und Eier hat man soviele, dass man sie verkaufen kann.

Am 14. Februar 1914, meine Mutter ist noch keine zwölf, kauft Jakob Hülhoven von einem Hubert Houben mehrere kleine Parzellen in der Brüggelcher Heide. Der holländische Notar gibt die Adresse nicht mit Echterbosch an, sondern lässt " den Heer Jacob Hulhoven te Diergarde gemeente Echt" wohnen. Verkauft werden Grundstücke, die in der zu Diergaarde gehörenden "Bruggelsche Heide" liegen:

Parcelle Nr. 460   13 Ar 10 Meter
Parcelle Nr. 505   11 Ar 20 Meter
Parcelle Nr. 4017 16 Ar
Der Preis für die drei Grundstücke beträgt 130 Gulden.

Bevor Jakob die nächsten Grundstücke kauft, hat Wilhelm II. die Lehre Bismarcks missachtet, die besagt, dass es wichtig sei, in einem Kriegsfall der Angegriffene zu sein. Ebenso hat der Kaiser die gleich lautende Warnung des alten Feldmarschalls Moltke in den Wind geschlagen, und den 1. Weltkrieg erklärt, als begänne er damit ein mittelalterliches Scharmützel. Wilhelm entscheidet sich, als wäre ein deutscher und kein österreichischer Kronprinz in Sarajewo ermordet worden, als gehöre das deutsche Volk den Hohenzollern, und führt es genauso selbstverständlich in einen Krieg. – Die Alliierten haben den Dummen gefunden, der nun auf einer nutzlosen Riesenflotte von Schlachtschiffen, Panzerkreuzern und Zerstören sitzt, die ungeheure Kräfte bindet.

Der 1. Weltkrieg in Echterbosch

Während Wilhelm II. seine Kriegsschiffe davor schützen muss, nicht zu Stahlsärgen zu werden, schwanken die Waldfeuchter zwischen Euphorie und Nachdenklichkeit. Es gibt nicht nur Patrioten, sondern sogar bald die ersten langen Gesichter, als viele junge Männer zum Militärdienst einberufen werden. Auf der holländischen Seite beobachtet man erstaunt und skeptisch eine Verwandlung Deutschlands von einem Zivilstaat in einen Militärstaat. In den dreißiger Jahren schildert die katholische Zeitschrift *Schönere Zukunft* die geistige Verfassung:
"Die deutschen Regierenden waren geistig nicht einmal für die Bewältigung des Kriegsanfangs gewappnet. Der Krieg traf sie unvorbereitet. ... Von einer Vorschulung der deutschen Politiker und Soldaten zu verständnisvoller Zusammenarbeit im Falle eines Krieges konnte vollends nicht die Rede sein."

Für Wilhelm II. beginnt 1914 kein großangelegtes Kaisermanöver, für ihn ist die Zeit des Kriegspielens endgültig vorüber und die vielen Flinten schießen, wie es ein Elsäßischer Abgeordneter schon vor Jahrzehnten vorhergesagt hat, von selbst los. Keinem der beteiligten europäischen Festlandvölker nutzt dieser Krieg, nur einzelne Finanzgruppen *(vor allem amerikanische)* schöpfen den traurigen Rahm ab. – Vor der vielzitierten deutschen Alleinschuld stehen Vorbereitungen der Gegenseite, aus deren Reihen sich mit fortlaufenden Kampfhandlungen die wahren Gewinner abzeichnen.

Die deutsche Bevölkerung erkennt die Folgen zu spät. Jahrzehnte Hurrapatriotismus in Schulen und Öffentlichkeit lässt Völker begeistert in den Krieg ziehen. Probleme der Innenpolitik sind mit einem Schlag vom Tisch. Alles hat sich einer allmächtigen Militärdiktatur unterzuordnen.

Der Krieg beginnt nicht von heute auf morgen, das beweisen außenstehende Beobachter der belgischen Gesandtschaft in Paris, die am 4. Juni 1914 melden:
"Frankreich und Russland spielen in diesem Augenblick wahrhaftig ein recht gefährliches Spiel. Sie treiben sich gegenseitig auf den Weg der höchstgesteigerten Rüstungen und geben sich – vor allem Rußland – einem Bluff hin, der verhängnisvolle Folgen haben könnte."
Und die Bemühungen haben Folgen. Am 26. Juli 1914 entscheidet sich der Zar für Krieg und zur Unterstützung Serbiens, beschließt die Mobilmachung, schiebt den Beginn von Kriegshandlungen aber auf, wartet auf das Überschreiten der serbischen Grenzen durch österreichische Truppen.

Frankreichs Militärattaché, General Laguiche, nimmt an der entscheidenden Zarensitzung im Lager Krasjenoje Sselo teil, ist daher vom Entschluss des Zaren informiert. – Zwei Tage nach der Zarensitzung teilt der russische Generalstabschef Januskewitsch intern mit, dass am 30. Juli allgemein mobil gemacht werde. – Ihm ist vom britischen Außenminister Grey bestätigt worden, dass England in den Krieg eintreten will.

Deutschlands Kanonenkönig Krupp liefert zu dieser Zeit noch Geschütze an Länder wie Italien, das diese dann zur gegebenen Zeit gegen Österreicher und Deutsche richten wird.

Die Lunte ist mit dem Mord von Sarajewo gelegt, gezündet wird sie aber am 25. Juli 1914 in Schönbrunn gegen sich selbst. Österreichs Militärschickeria jagt sich und den Thron eigenhändig in die Luft. Wie es im Einzelnen geschieht, berichtet Albert Freiherr von Margutti in seinen Erinnerungen "Vom alten Kaiser". – Margutti zeichnet einen korrekten, fleißigen, ideenlosen und greisen Beamten auf dem Thron. Der 84-jährige Beamte will keinen Krieg, tölpelt aber hinein. Eigentliche Verursacher sind Graf Berthold, Graf Hoyes, von Giesel, Graf Paar und von Forgach. "Das Tagebuch" kritisiert 1921 die auslösenden Entscheidungen vom 25. Juli 1914:

"Aus der folgenden schlichten und aufregenden Schilderung des Schicksalstages (25. Juli 1914) ersieht der Leser zweierlei: Erstens, dass Berlin über das Ultimatum sehr gut unterrichtet war, zweitens, daß die Kamarilla der Kriegshetzer am Ballplatz dem Kaiser die Meldung unterschlagen hat, dass die Serben vierfünftel des Ultimatums angenommen hatten! – Auch diese Verbrecher sind dem Weltgericht entronnen!"

In Wien glaubt man am 25. Juli noch, die Mörderpolitik Belgrads finde keine Bundesgenossen, wartet deshalb beruhigt das Ergebnis des Ultimatums ab. Man ist sich in Wien seines deutschen Bundesgenossen zu sicher.

"Übrigens ist Deutschland über unsere Absichten unterrichtet und scheint sie vorbehaltlos zu billigen. Und Italien hat uns auch nicht gefragt, als es wegen Tripolis gegen die Türkei vorging."

Wie Italien reagiert ist bekannt, und welches Blutbad die Kruppkanonen gegen Österreicher und Deutsche einerseits und Italiener andererseits anrichten, auch.

Der Krieg hat 1915 schon Unsummen verschlungen, der deutsche Staat ist zum Erschließen neuer Geldquellen gezwungen. – Auch die Deutschen in Holland, vor allem die an der Grenze, sind immer noch, trotz der Greuelberichte, die aus dem von Deutschen überfallenen Belgien in die Niederlande dringen, und von der holländischen

Presse aufgegriffen und verbreitet werden, von der guten Sache der Deutschen und vom deutschen Sieg überzeugt. Sie glauben den Worten Hindenburgs, der für Kriegsanleihen mit dem Slogan wirbt:

"Die Zeit ist hart, aber der Sieg ist sicher."

Jakob und Mina begehen den Fehler ihres Lebens, als sie diesem und vorherigen Sprüchen des Feldmarschalls, der sich nach seinen Siegen im Osten vor die Werbekampagne der Kriegsindustrie spannen lässt, glauben. – Jakob holt sein gebunkertes Geld von einer holländischen Bank ab und tauscht die stabilen Gulden gegen Mark und investiert in deutsche Kriegsanleihen.

Mündlich ist überliefert, dass die erste Zahlung 6000 Mark betragen haben soll. Meine Mutter war damals fast dreizehn und konnte sich auch nach dem 2. Weltkrieg an die Zahlung erinnern, weil Mina die ganze Summne in harter Gold- oder Silbermark in ihrer hochgeschlagenen Schürze zum Tisch getragen und auf ihm Münze für Münze ausgelegt hatte, bis die ganze Platte mit Münzen bedeckt war. Sie erfreuten sich ihrer Barschaft, und vertrauten sie am nächsten Tag dem Deutschen Reich an.

Von der ersten und von weiteren Zahlungen existiert nur der Beleg vom 20. März 1915. Insgesamt legten sie 9000 Mark in gut verzinste Kriegsanleihen an.

Ob Minas Vater, der zu seinen Lebzeiten keiner Bank getraut und sein Geld zu Hause aufbewahrt hatte, den Worten Hindenburgs getraut hätte, darf bezweifelt werden.

Die Katastrophe von Sarajewo.
Attentat auf Erzherzog Franz Ferdinand und Herzogin von Hohenberg.
Mit Bombe und Browning.
Der Thronfolger und seine Gemalin ermordet.
Zwei Attentate.
Dem ersten entkommen, dem zweiten erlegen.
Die Attentäter verhaftet.

Im Zusammenhang mit der Kriegsanleihe erwähnt Jakob Hülhoven das Angebot eines holländischen Bankiers, ihm über sein Guthaben hinaus Geld zu leihen, dafür aber sein Haus und seine Grundstücke mit Hypotheken zu bela sten. Aber darauf geht Jakob nicht ein, sein Haus und seine Grundstücke sind nach der deutschen Niederlage unbelastet.

Hätten Mina und Jakob ihr Geld in niedrig verzinste Guldenguthaben angelegt, wie es der Repräsentant des Deutschen Reiches, Kaiser Wilhelm II., vormachte, wären ihnen nicht mit dem Entschädigungsgesetz vom 16. 7.1925 pro tausend Mark, ich glaube 28 Pfennige (?) zurück gezahlt worden, sondern die Gulden wären nicht nur stabil geblieben, sondern hätten sich, wie diejenigen des Kaisers, in Holland vermehrt und wären auch von der großen Inflation verschont geblieben.

Schon 1915-16 driftete die Deutsche Mark ab. Vor 1914 kosteten 100 Schweizer Franken 80 Mark, nach zwei Kriegsjahren aber schon 100 – das war ein Verlust von 25 %. Als Jakob Hülhoven seinen Einzahlungsschein 1915 unterschrieb, hatte die Mark etwa 10 % eingebüßt, das hätten auch er und Mina erkennen müssen.

Schon nach der Marneschlacht hatte Falkenhayn dem Zentrumsabgeordneten Erzberger zugeraunt, dass der Krieg eigentlich nach dieser Schlacht verloren sei. "Frankreich in sechs Wochen niederzuwerfen", war gründlich misslungen.

Während nur noch bescheidene Teile des Hülhovenschen Geldes sicher in Roermond liegen, der andere Teil aber in Tote und Verwundete umgesetzt worden ist, glaubt man an der Waldfeuchter Baan 150 noch am ehrenwerten Einsatz des Ersparten und an die zugesagte Vermehrung. – Die Wechselkurse schwanken während der ersten Kriegsjahre nur gering, die Entwertung der Mark wird nur von aufmerksamen Beobachtern registriert.

Der *Wenkel* floriert auch noch im Krieg. Aber Holländer wie Deutsche verschärfen die Bewachung der Grenze, allein im Bereich des Zollamtes Echterbosch werden 40-50 holländische Zöllner eingesetzt. Hülhovens profitieren als Quartiergeber an dieser Entwicklung und quartieren bis zu vier Zöllner ein.

Für die Grenzgänger werden spezielle Pässe ausgestellt, auf deutscher Seite fürchtet man sich vor Spionen.

Für zwei Monate gültige Durchlasskarte von Heinrich Houben, dem Bruder Minas, gegen Ende des 1. Weltkrieges

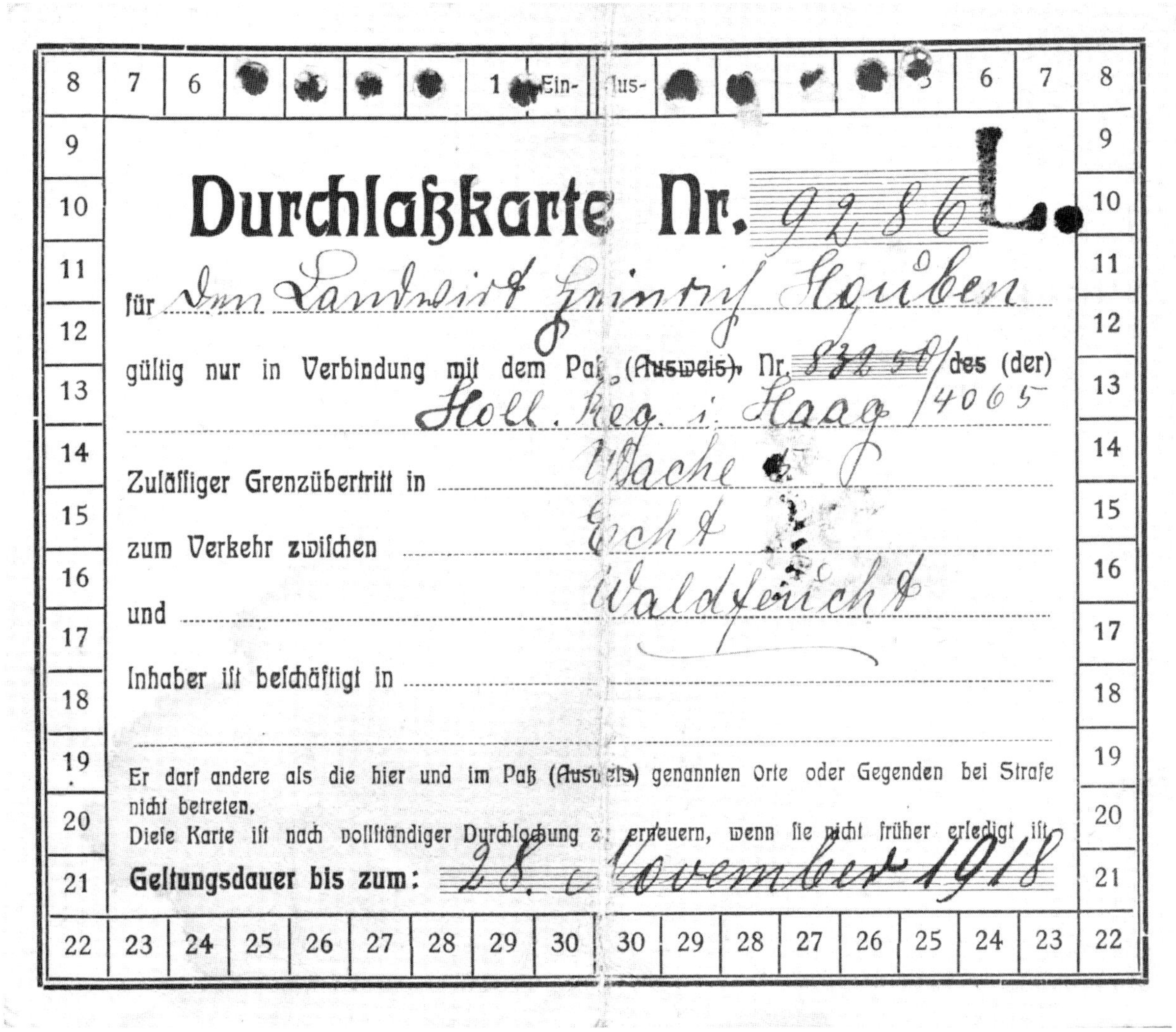

8	7	6					1	Ein-	Aus-					6	7	8

Durchlaßkarte Nr. *92 86* **L.**

für *Den Landwirt Hinrich Heuben*

gültig nur in Verbindung mit dem Paß (Ausweis) Nr. *832 50* des (der)
Holl. Reg. i. Haag /4065

Zuläffiger Grenzübertritt in *Wache*

zum Verkehr zwifchen *Echt*

und *Waldfeucht*

Inhaber ift befchäftigt in

Er darf andere als die hier und im Paß (Ausweis) genannten Orte oder Gegenden bei Strafe nicht betreten.
Diefe Karte ift nach vollftändiger Durchlochung zu erneuern, wenn fie nicht früher erledigt ift.
Geltungsdauer bis zum: *28. November 1918*

22	23	24	25	26	27	28	29	30	30	29	28	27	26	25	24	23	22

Zur Durchlasskarte muss ein gültiger Pass vorgezeigt werden. Zur Ein- und zur Ausreise wird die Karte gelocht.

Jeder Grenzübertritt wird bei der Ein- und bei der Ausreise registriert. Das hemmt zwar den Verkauf, aber den Schmuggel im Kleinen weniger. Die Hülhovens sind immer noch so flüssig, dass sie 1916 ein kleines Grundstück "Auf dem Hölterkamp" ersteigern können. Die 825 qm stammen aus dem Nachlass der Eheleute Peter Heinrich Kessel und seiner Ehefrau Catharina Elisabeth, geborene Lennartz. Für nur 150 Mark werden Jakob und Mina Hülhoven neue Eigentümer, können das Grundstück aber erst nach der Haupternte nutzen. Der Pächter bleibt der selbe. Anton Bäumers hat ab 1. Dezember die jährlich sieben Mark an die neuen Eigentümer zu entrichten.

Die Hülhovens leben 1916 im krassen Gegensatz zu Waldfeuchter Handwerkerfamilien, wie beispielsweise Reiner Wilhelm und Eduard Janssen. Weder mein Urgroßvater noch mein Großvater haben Einnahmen oder verfügen außer über Gärten über nennenswerte Ländereien. Die Ernten und sonstigen Erträge der Bauern unterliegen strenger staatlicher Bewirtschaftung. – In zahlreichen Familien beklagt man gefallene Väter und Söhne. – So erlebt auch der 1884 geborene Reiner Janssen sein 33. Lebensjahr nicht mehr. "Der kleine Reiner", wie seine Brüder Christian und Arnold ihn seinerzeit in Briefen grüßten, wird irgendwo im Osten vermisst.

Mit den holländischen Zöllnern, die bei der Familie Hülhoven in Kost und Logie wohnen, verstehen sich Mina und auch Josepha gut, aber zwischen den Holländern und Jakob entstehen hin und wieder Spannungen, wenn mit fortschreitendem Krieg die deutschen Siegesmeldungen nachlassen. Die Holländer sind über die deutschen Verluste informiert und für sie rückt ein deutscher Sieg in weite Ferne. Auch bei Jakob keimt Misstrauen auf, vor allem, als Amerika in den Krieg eingreift. – Hat er auf das falsche Pferd gesetzt? – Der ehemalige deutsche Unteroffizier reagiert gereizter auf Sticheleien der holländischen Zöllner, die sehr wohl wissen, dass sie mit einem ehemaligen deutschen Soldaten über die Lage sprechen. Mit den "Prüesche", den Preußen, geht es bergab. – Jakob bebt, sind doch "Kamisse" in seinen Augen nur minderwertige Soldaten. Aber eines beherrschen sie besser als er das Aufziehen. Sie hänseln so lange, bis Jakob die Bemerkung entschlüpft:

"Ihr könnt ja nicht mal richtig mit einem Gewehr fechten!"

"Ho – Ho! – Vielleicht besser als Sie!"

"Ja – met dö Muel!" *(mit dem Maul)*

Ein Wort gibt das andere – besonders ein Zöllner fühlt sich stark genug es mit einem "winkelier" aufzunehmen:

"Wir können es ja mal probieren!"

So kommt es zu einem Gefecht zwischen einem Staatenlosen und einem holländischen Zöllner auf dem Hof vor Jakobs Haus, natürlich ohne aufgepflanztes Bajonett und eingelegtem Patronenrahmen. Jakob erhält das Gewehr eines anderen Zöllners und schon werden die Waffen gekreuzt – Angriff – Parade – Angriff – Parade!

Der Zöllner ist gleichwertig – Jakob zwanzig Jahre aus der Übung. Den Frauen wird es unbehaglich. Als Finger getroffen werden, wird hitziger pariert – und geschlagen, als stände man an der Somme. Mina erkennt, dass es Zeit ist und geht unter "Aufhören-Aufhören-" Rufen zwischen die Fechter. – Die Vernunft siegt – man reibt sich die Hände, aber es gibt keine von Kolben zerschmetterten Köpfe.

"Sie hätten mich nur lassen sollen, ich hatte mir den gerade zurecht gestellt", knurrt Jakob später.

Aber wie an den Fronten weiter scharf geschossen wird, setzen sich auch die Wortduelle zwischen Jakob und den holländischen Zöllnern, die eindeutig gegen die "Prüsche" sind, fort. – Die Deutschen wären keine besseren Schützen als die Engländer und Franzosen auch, aber für Jakob gibt es kein besseres Gewehr als den Karabiner 98. – Was wollen schon die "Moffe" mit ihrem Karabiner 98, die französischen, vor allem die englischen Gewehre, schießen mindestens so treffsicher.

"Wollen wir es probieren?" fragt der Zöllner.

Er braucht es nicht zweimal zu sagen. Ein Ziel muss her. – Die Krähen, die in etwa zweihundert Meter vor "Lenn", dem letzten Haus vor dem deutschen Zollamt, auf der Straße hüpfen, werden als bewegliche Ziele gewählt. Der holländische Zöllner legt an, schießt, aber die Krähen fliegen nur auf, beruhigen sich aber bald wieder, weil keine getroffen wird. Jetzt darf Jakob mit einem Gewehr schießen, das er nicht kennt. Er nimmt ein Krähe aufs Korn, sie hüpft auf – und als sie sich wieder setzt, drückt Jakob ab und trifft. Damit muss er anerkennen, dass auch andere Gewehre äußerst präzise schießen.

Doch keiner hat mit den deutschen Zöllnern gerechnet. Die Schüsse wurden in Richtung deutsches Zollamt abgegeben. – Man erkennt aufgeregte deutsche Zöllner, die sich angegriffen fühlen, zumindest zunächst nicht wissen, was die Schießerei bedeuten sollte. – Es kommt zu keinem Krieg. Die Holländer winken und erkennen, dass sie mit ihrer Schießerei fast einen Zwischenfall ausgelöst hätten.

1916 kommt meine Mutter aus der Volksschule in Waldfeucht. Man bespricht die Weiterbildung mit Pater Dositheus, der vorschlägt, doch eine Haushaltsschule in einem deutschen Kloster zu besuchen, es sei außerdem nicht verkehrt, einmal andere Luft einzuatmen. Da er zur Zeit in Remagen auf dem Apollinarisberg ist, hat er Kontakt zu mehreren Schwesternklöstern der Umgebung, empfiehlt schließlich aber eine Haushaltsschule bei den Franziskanerinnen des Klosters und Krankenhauses "Maria Hilf" in Neuenahr, dem auch ein Lazarett angegliedert worden ist. – Neuenahr ist Lazarettstadt, selbst das neu erbaute Kurhaus ist in ein großes Lazarett umgewandelt worden.

1917 reist Josepha nach Neuenahr. Für ihre Eltern bringt die Erziehung kein finanzielles Problem, steigt doch der Gulden gegenüber der Mark unaufhörlich. Der deutsche

Josepha Hülhoven, 1917 in Bad Neuenahr, Poststraße 26

P. Dositheus (Johannes) Hülhoven

* 25. 8. 1871 in Brüggelchen (Kr. Heinsberg)
T 25. 9. 1887 in Harreveld
o 26. 9. 1888 in Harreveld
Ψ 16. 8. 1895 in Paderborn

Nach den Kollegsjahren in Harreveld und den damals üblichen Ordensstudien wurde er nach der Priesterweihe zum Lektor des Humaniora bezw. der Philosophie in Dorsten, Bleyerheide und Aachen ernannt. Als Seelsorger, Volksmissionar und Exerzitienmeister wirkte er in den Klöstern Dingelstädt, Remagen, Mönchengladbach, Köln (auch Vikar des Konvents), Bonn (auch Vikar). 1929 wurde er Guardian in Düsseldorf, 1932 ging er als Definitor wieder in das von ihm so geliebte Remagen, wo er bis zu seinem Tode stationiert blieb, mehrmals auch dort Vikar des Konvents. Er war besonders geschätzt als Seelsorger für Priester und Ordensleute. Im Krankenhaus zu Rolandseck ging er zu Gott heim; sein Grab ist in Remagen.

Adler lässt mehr und mehr die Flügel hängen. Für einen Schweizer Franken zahlt man inzwischen 140 Mark.

In Europas Kirchen beten die Gläubigen auf beiden Seiten um den Sieg. Die Haushaltsschülerin Josepha Hülhoven betet und singt dafür zusammen mit den Schwestern während einer Andacht, die ihr Onkel "Dosi", der Pater Dositheus hält. Sie hört, dass ihr Onkel den Aufruf des Papstes zum Frieden verliest.

Pater Dositheus Hülhoven wirkt seit 1916 in Remagen auf dem Apollinarisberg und betreut von dort aus, abwechselnd mit anderen Patres, Klöster und Krankenhäuser in der Umgebung. Er ist bei den Nonnen beliebt und hat seine Nichte leicht in "Maria Hilf", wo er in der Kapelle des Klosters wöchentlich Beichten hört und Messen und Andachten abhält, unterbringen können.

Er trifft Josepha *(Sefchen)* aber nicht bei jedem Besuch, das erfordert die Disziplin, aber die Schwestern wissen, das Josepha Hülhoven seine Nichte ist. Josepha sieht ihn, wenn sie zusammen mit anderen "Kindern", Nonnen, Krankenschwestern und verwundeten Soldaten um den deutschen Sieg betet. Dositheus hört auch die gesungene Bitte an die Mutter Gottes: "Segne du Maria", mit dem umgedichteten Refrain, "segne Deutschland, segne Deutschland, verleihe uns den Sieg."

Nach den patriotischen Gesängen trifft sie Dositheus fast nie. Sie hat ihre Pflichten ebenso wie er zu erfüllen. Nach dem Frühstück muss Dositheus Beichten hören, hat Verwundete und Amputierte zu trösten und Sterbenden die "Letzte Ölung" zu spenden.
Josepha lernt eine Welt kennen, in der die Elektrizität schon eingezogen ist. Statt Petroleumlampen leuchten in

"Maria Hilf" schon Glühbirnen, es gibt Gaslicht und Gasherde und das Wasser fließt aus Messinghähnen direkt aus der Wand und braucht nicht mehr in Eimern hochgepumpt zu werden. Statt mit Brettern abgedeckte Plumpsklosetts gibt es mit Wasser bespülte Toiletten.
Aber sie lernt auch zum erstenmal in ihrem Leben den Hunger kennen – nicht nur an der Ahr, sondern in ganz Deutschland werden Nahrungsmittel knapp. Brot, Butter, Eier, Käse, Fleisch und viele andere Lebensmittel sind nur noch auf sogenannte "Lebensmittelkarten" zu haben, Fleisch wird nur noch in Portiönchen zugeteilt.
Die Bewohner des Ahrtals nutzen jedes Eckchen zum Anbau von Essbarem aus. Aber die für den Anbau Berufenen "stehen im Feld". Zu allem ist die Kartoffelernte von 1917 mäßig.
Obwohl das Krankenhaus und auch das Lazarett besondere Zuwendungen erhält, werden die Zuteilungen streng überwacht. In "Maria Hilf" gibt eine Suppenküche täglich hunderte Portionen an Bedürftige aus. Auch bieten die Schwestern Kriegskochkurse an.
Josepha beklagt nur das vorherrschende Zweiklassenessen. Kurgäste werden besser versorgt als die anderen Hausgäste, zu denen auch die servierenden "Kinder" gehören. So bleibt nicht aus, dass eine Serviererin sich mit einem schnellen Griff auf den Teller selbst bedient oder sich über zurückgehende Speisereste hermacht.
Eine Nonne überrascht Josepha, als sie sich eine heiße Kartoffel in den Mund steckt, die einem Kurgast zugedacht ist. Sie will sie schnell verschlucken, doch sie bleibt ihr im Hals stecken. Dem Ersticken nahe, kann sie nicht einmal um Hilfe rufen. Zum Glück erkennt die Küchenschwester Josephas Atemnot, und hilft mit ein paar kräftigen Schlägen auf den Rücken. Josepha kann wieder atmen und röcheln, "öt rötscht" *(es rutscht)*.

Im Kloster schmunzelt man über den Kartoffeldiebstahl, auch Pater Dositheus wird über die Sünderin informiert. – Allgemein kommt Josepha aber mit den Nonnen gut zurecht, mit einer Schwester Angelika verbindet sie nach der Lehre in Bad Neuenahr eine lebenslange Freundschaft. Zahlreiche Briefe wechseln bis zum Ende des 2. Weltkrieges zwischen Bad Neuenahr und Echterbosch. Die Schwester wird sogar Patin von Josephas viertem Kind. Normalerweise dürfen Schwestern keine Patenschaft übernehmen, doch in diesem Fall erlaubt der Orden ausnahmsweise, dass Schwester Angelika Patin werden darf.

1917 lässt sich Josepha in Bad Neuenahr im Fotoatelier C. Grenzel, in der Poststraße 26, fotografieren. Der Fotograf hat sogar schon Telefon und ist unter dem Fernruf 207 zu erreichen.

Die Ernte des Jahres scheint im Rheinland zunächst erfolgreich zu werden, leidet aber unter Gewittern und Regen und ist nur schwer einzubringen. Was für den Selfkant die Ernte, ist für die Ahr die Traubenlese. – Die Erntearbeiten werden immer wieder von Nachrichten über Gefallene erschüttert.

1917 werden neue Kriegsanleihen gezeichnet, aber diesmal hält Jakob Hülhoven die Ohren steif. Zu spät erkennt er, dass die Mark weniger Wert ist. – Aus Bad Neuenahr erfährt er vom Hunger der Tochter. Es mangelt in Deutschland an Kleidern und Schuhen, als Grundmaterial für Kleiderstoffe sammelt man Brennesseln. Wilde Beeren werden auch im Ahrgebirge gepflückt, Bucheckern im späten Herbst für die Ölgewinnung gesammelt. Noch in der Weihnachtswoche verfügen die Militärbehörden die Abgabe von je einer Glocke aus den Kirchen in Ahrweiler, Bachem und Walporzheim.

Mit dem Einsetzen des Tauwetters erlebt Josepha Hülhoven im Frühjahr 1918 zum erstenmal in ihrem Leben ein gewaltiges Ahrhochwasser. Den betroffenen Anliegern schwimmen die Kartoffeln aus den Kellern. Im Mai überfliegen zum erstenmal feindliche Flugzeuge das Ahrtal. Pater Dositheus meldet es von Remagen nach Echterbosch. Die Briefe werden postlagernd nach Waldfeucht geschickt, weil Briefe ins Ausland zu lange dauern und außerdem der Zensur unterliegen.

Schwester Angelika, Kloster "Maria Hilf" in Bad Neuenahr, rät meiner Schwester Helmine nach dem 2. Weltkrieg: "Das eine kann ich dir sagen – geh nie ins Kloster – da gibt es viel Zank und Streit – da ist es wie im zivilen Leben – Klosterleben ist Opferleben – "

Mina und Jakob holen Joepha im Frühjahr 1918 zurück. Die Ernährungslage in Deutschland wird kritischer und verlangt auch von den Krankenhäusern mehr Einschränkung. Kurgäste leiden unter der Verknappung. Auch die feindlichen Flugzeuge beunruhigen die Eltern.
In Deutschland verlangt man von der vermögenden Bevölkerung neue Kriegsabgaben, obwohl der Krieg längst verloren ist. Im Juli, Josepha ist mit dem Zug von Neuenahr über Remagen, Köln, Lindern und Heinsberg längst wieder in Echterboch, ermorden die Kommunisten die Zarenfamilie. Die französischen Heeresberichte feiern die Kriegswende. Im August 1918 überrennen die Alliierten deutsche Stellungen. Das Reich bricht zusammen. Die 6 Milliarden Mark Entschädigung der Sowjetregierung im August retten die deutsche Regierung nicht mehr. Die Alliierten lehnen den österreich-ungarischen Vorschlag für einen Verständigungsfrieden ab, Amerikas Präsident Wilson will nur auf der Basis seines 14 Punkte Programms und ausschließlich mit demokratischen Regierungen verhandeln. – Kaiser Wilhelms II. Demokratisierungserlass beendet im Oktober die Kanzlerschaft Hertlings, der Prinz von Baden wird Reichskanzler. Die Reiche der Habsburger und Hohenzollern zerfallen im November 1918. Wilhelm II. wird zum Abdanken gedrängt. "Tiefgebeugt" teilt er am 9. November seinem "lieben Jungen", dem Kronprinz, seine Entscheidung mit, das deutsche Heer zu verlassen, weil seine Sicherheit nicht mehr gewährleistet sei. Er, in dessen Auftrag Millionen sterben mussten, bangt um sein Leben, das dann auch tatsächlich während eines Essens in der Londoner Downing Street Nr. 10 gefordert wird: Der englische Premier will Wilhelm II. erschießen lassen. – An diesem bescheidenen Essen nehmen General Sir Henry Wilson, Winston Churchill und F.E. Smith, der erste Kronanwalt teil. – Aus wahltaktischen Gründen ist man aber später mehr für Aufhängen als für Erschießen.
Es kommt aber nicht dazu. Wilhelm erwägt zwar den Soldatentod an der Front, besinnt sich aber dann auf die

damit verbundenen Unannehmlichkeiten, man lässt sterben, und kündigt statt dessen seinen Rücktritt als Kaiser an. König von Preußen will er bleiben, um seine Person und das monarchische System zu erhalten. – Philipp Scheidemann enthebt ihn dieser Sorgen und ruft, ohne Wissen und gegen den Willen Eberts, die deutsche Republik aus.

Scheidemann will mit seiner Aktion den Kommunisten zuvorkommen. Der SPD-Mann und Staatssekretär ohne Geschäftsbereich ist am 9. November erst seit Oktober 1918 in der Regierung des Max von Baden.

Zentrumspolitiker denken im gleichen November über die Gründung einer rheinischen Republik nach – Berlin hat dem Rheinland nicht Gutes gebracht. In den eigenen Reihen ist man sich aber nicht einig. – Am 10. November bezeichnet der ostpreußische Oberpräsident Batocki, in einem Artikel der *Deutschen Allgemeinen Zeitung*, die rheinischen Bestrebungen als sachlich berechtigt. – Das Rheinland könne wie Bayern und Sachsen ein vollberechtigtes Glied des Deutschen Reiches werden. Zentrumsführer Marx sieht die Interessen durch einen Anschluss an ein großes, starkes Staatswesen gesichert.

Wilhelm II. hat sich diesen Überlegungen entzogen. Er ist in der gleichen Situation wie Napoleon III. nach der Sedanschlacht, nur musste der ins englische Exil. – Wilhelm stiehlt sich in den frühen Morgenstunden des 10. November regelrecht aus dem Hauptquartier in Spa. Gegen 8 Uhr früh bittet er einen holländischen Zöllner am Grenzposten Eisden um die Erlaubnis, in die Niederlande einreisen zu dürfen.

Der Zöllner ist überfordert und muss die Genehmigung seines Vorgesetzten einholen. Während Wilhelm, die Fahrer und Begleiter in ihren beiden Autos warten müssen, läuten im neutralen Holland Glocken den Sonntag ein.

Von Eisden bis Maastricht sind es etwa 10 Kilometer, bis Echt ist es auch nicht weiter. Eisden liegt gegenüber von Sittard auf der linken Maasseite zwischen Maastricht und Echt. – Von Eisden bis Echterboch mögen es Luftlinie 15-18 Kilometer sein, Jakob hätte also seinem Kaiser, nach dreistündigem Fußmarsch, noch einmal salutieren können. – Aber die Menschen in Waldfeucht und Echterbosch ahnen nicht, wer sich da absetzt, als sie in Waldfeucht oder Koningsbosch dem Ruf der Glocken folgen und in die Kirchen strömen.

Inzwischen haben deutsche Eisenbahner den Hofzug durch das unruhige Lüttich ins neutrale Maastricht geleitet. Gegen Mittag lichtet sich der politische und natürliche Nebel, die Sonne bricht durch. Der unerwartete Gast und seine Begleiter dürfen kurz nach zwölf, mit der Erlaubnis eines holländischen Gendarmenmajors, in die Provinz Limburg einreisen und den kaiserlichen Sonderzug besteigen. Königin Wilhelmina hat dem protestantischen deutschen Fürsten Asyl gewährt.

Erst am Montag setzt sich der Zug in Richtung Roermond in Bewegung und passiert den Bahnhof Echt. Es ist derselbe Bahnhof, den schon Arnold und Christian Janssen

als End- oder Anfangsstation von oder nach Antwerpen benutzt hatten, und von dem aus Christian bei einer Durchfahrt nach Mönchen-Gladbach "aus der Ferne Waldfeucht grüßen konnte". Auch hatte Christian beim Stationsvorsteher in Echt einmal einen Regenschirm abgestellt. Es ist auch der Bahnhof, den Anna Houben, nachdem sie in Roermond den Zug verpasst hat, nie mehr betreten hat. –– Der Bahnhof Echt bildet also eine feste Größe in unserer Familiengeschichte, als der fliehende Kaiser ihn zwischen 9.20 und 10.30 passiert. Am 11.11. um 11 Uhr hat er Roermond im Rücken und dampft nordwärts. Im Westen schweigen die Waffen.

In Paris gerät alles außer Rand und Band. Die Bevölkerung taumelt in Karnevalsstimmung um die Deputiertenkammer, als um 11 Uhr noch einmal die Kanonen aufdröhnen, Frankreich versinkt im Glück. Um 14.30 beginnt die Kammersitzung, in der Clemenceau sagt:
"Ich werde jetzt den Text der Waffenstillstandsbedingungen mitteilen, der heute morgen um 5 Uhr vom Marschall Foch, Admiral Wemys und den deutschen Bevollmächtigten unterzeichnet worden ist. Deutschland räumt Belgien und alle besetzten französischen Departments. – Es räumt Elsaß-Lothringen. – Es gibt 5000 Kanonen, 25 000 Maschinengewehre und 1700 Flugzeuge heraus. Die Verbündeten besetzen Mainz, Koblenz und Köln. Deutschland gibt alle Gefangenen heraus, ohne daß wir verpflichtet wären, die deutschen Gefangenen herauszugeben. Deutschland liefert den Verbündeten alle seine Unterseeboote aus, 6 Schlachtkreuzer, 10 Panzerkreuzer, 50 Zerstörer usw."
Sein persönlicher Referent Mantet ergänzt: "Jubelschreie begleiten seine *(Clemenceaus)* Worte. Langsam steigt er von der Tribüne herab. Er sieht aus, als ob die Last des Geschehens ihn erdrücke. Man stürzt sich auf ihn. Alles umarmt sich und unter Tränen ruft:
'Sieg – Sieg – Sieg!'
Der Führer der Kammer erklärt:
'Endlich erleben wir die Stunde, auf die wir 47 Jahre *(seit 1871)* gewartet haben'. "
Nachdem die Deutschen am 5. November die Wiedergutmachung gewisser Schäden zusagen, diktieren die Alliierten in einem Salonwagen bei Compiègne, in der Nacht zum 11. November den Vertrag – die Deutschen unterzeichnen morgens um 5 Uhr.

Wilhelm erreicht am Nachmittag den kleinen Bahnhof Maarn, 40 Kilometer westlich von Arnheim: Er entsteigt seinem geliebten Salonwagen zum letzten Mal. Seine "geheiligte Person" wird von Graf Bentinck und dem Bezirkskommandanten von Utrecht begrüßt.

Wilhelm und Bentinck sind Mitglieder des Johanniterordens. – Eine halbe Stunde später bittet Wilhelm seinen Ordensbruder um eine Tasse "heißen, guten, echten, **englischen** Tee." Anschließend serviert der Gastgeber auf einer reichgeschmückten Tafel ein Diner von vier Gängen. Man schenkt den besten Wein aus. – Wilhelm taut auf – der Krieg wird für ihn " Schnee von gestern".

Der Selfkant wird besetzt

Schon am 5. Dezember 1918 stellen belgische Soldaten
ihre Fahrräder in Heinsberg ab. Die Bevölkerung wird
sofort darüber belehrt, was es heißt, von feindlichen Truppen besetzt zu sein. Die Lanciers der 1. Esquadron des 1.
Regiments werden für zwei Tage einquartiert. Am 12.
Dezember wird die Vorhut von Truppen des belgischen
Jägerregiments 2 abgelöst.
Alle Ansammlungen und Versammlungen von Deutschen
werden verboten, unter Androhung ihrer Auflösung durch
Waffengewalt. – Zwischen 7 Uhr abends und 5 Uhr morgens darf niemand sein Haus verlassen. – Drei Geiseln
aus der Bevölkerung stehen dafür, dass keinem Belgier
etwas zustößt. Polizei und Gemeindeverwaltung unterstehen dem belgischen Kommandeur. – Wagenverkehr
ist, bis auf die Feuerwehr, untersagt. – Jede Veröffentlichung muss genehmigt werden. – Wer Waffen besitzt,
wird ohne Umschweife erschossen. – Es können jederzeit Hausdurchsuchungen durchgeführt werden.

Wie Wilson seine 14 Punkte, so diktiert auch der Stadt-
kommandant von Heinsberg seine 14 Verordnungen – die
Bevölkerung hat jeden belgischen Offizier und jede belgische Fahne zu grüßen. – Wer glaubt, darauf verzichten
zu können, wird unverzüglich festgenommen. Das ist
wahrscheinlich eine Vergeltungsmaßnahme, die Deutsche
in Belgien vorexerziert haben.
Dem wilden Requirieren seitens der Besatzer folgt nach
wenigen Tagen eine Zivilordnung, die Zeitungen zensiert
und jede Person über 12 Jahre mit einem Personalaus-
weis ausstattet. – Arbeiter- und Soldatenräte werden von
belgischen Verwaltern abgelöst. – Zwischen der Bevölkerung und den Besatzern ist enger Kontakt untersagt.
Am 12. Dezember rücken die Belgier in ihren braunen
Uniformen wieder ab und ab dem 13. beleben dunkel-
blaue französische Uniformen das Stadtbild – Kommandeur bleibt allerdings ein Belgier.
Diese Truppen werden Anfang Januar durch französische
Alpenjäger ersetzt. Die Franzosen wechseln in schneller
Folge und überlassen im Juli 1919 den Belgiern wieder
das Terrain. Zeitweise sind in Heinsberg bis zu 1500 Soldaten stationiert.

Waldfeucht trifft es ähnlich, aber nicht in gleichem Maße.
Schon im November quartieren sich 30 belgische Solda-
ten in den Sälen von Tholen und Schmitz-Jennissen ein.
Außerdem wird das Schlösschen und ein Privathaus an
der Grenze beschlagnahmt. Die Soldaten unterstehen der
Heinsberger Kommandantur. Es kommt zu Differenzen
mit den deutschen Zöllnern, in die auch Bürgermeister
Müllem verwickelt wird. Man stellt alle beteiligten Deut-
schen kurzerhand vor ein belgisches Kriegsgericht in
Aachen, das sie zu Geldstrafen und Gefängnis verurteilt.
– Die farbigen Soldaten erwecken bald das Mitleid der
Bevölkerung diesseits und jenseits der Grenze. Sie

verfügen über keine ausreichende Winterausrüstung und
bewachen bei eisigem Wind in ungewohnter Kälte die
Grenze. Sie zittern so laut, dass man sie bis Echterbosch,
im Haus an der Waldfeuchter Baan 150, hört:
"Die hurte wir bis bie oss rasele," *(die hörten wir bis bei
uns laut zittern)* erzählt Jakob Hülhoven.
Der Warenverkehr über die Grenze erliegt vollkommen,
die Bewohner fürchten drastische Strafen und Schuss-
waffengebrauch. Von "Schwarzen" kursieren die wilde-
sten Kriegsgeschichten. *(Noch mir wurden "Neger" mit
einem großen Messer zwischen den Zähnen geschildert,
die betrunken gegen die deutschen Linien anrannten.)*
Man hätte sie aus dem Urwald geholt und in französische Uniformen gesteckt, so wurde erzählt. – Auch Jakob Hülhoven stuft die "Negersoldaten" als wild und un-
berechenbar ein, als nicht zu halten, wenn sie Blut gero-
chen – als ein Wesen zwischen wildem Tier und norma-
lem Mensch, wobei als normal nur Weiße gelten. Aus
dieser Sicht muss man die nachfolgende Geschichte sehen:
Mit der Zeit traut Jakob Hülhoven sich wieder über die
Grenze nach Waldfeucht. Er braucht einen Kessel und
erhält ihn beim "Kuperschläger" in Waldfeucht. Er geht
in der Dämmerung über den Hölterkamp nach Hause,
damit er ihn bei den holländischen Zöllnern nicht anzu-
melden braucht. Vor den schwarzen Soldaten fürchtet er
sich weniger, weil sie die Örtlichkeiten nicht genau kennen – so nimmt er jedenfalls an.
Aber er verrechnet sich. Als er hinter einer Hecke her-
vortritt, es ist nicht mehr weit von der holländischen Grenze, steht plötzlich ein farbiger Soldat vor ihm und spricht
ihn in einer Sprache an, die er nicht versteht.

"Da steht der vor mir, der Kerl, und grinst – will meinen Kessel. Ohne lange zu überlegen, schlag ich ihm den vor den Kopf, und ab. Der hatte ja einen Helm an und es war dunkel. – Der stieß einen Brüll aus, aber ehe der begriff, war ich weg – ich war ja fast schon zu Hause. Ich hab nichts mehr davon gehört."

Jakob Hülhoven traut sich danach nicht einmal sonntags nach Waldfeucht in die Kirche, geht lieber nach Koningsbosch zur Sonntagsmesse. – Briefe aus Remagen und Bad Neuenahr kommen postlagernd in Waldfeucht an und werden von Josepha abgeholt. Pater Dositheus schreibt von Amerikanern, die Rhein und Ahr besetzen. – Schwester Angelika bezeichnet die Amerikaner als großzügiger. In der Lazarettstadt prägt jetzt das Khakibraun an Stelle des deutschen Feldgrau das Straßenbild. Wie in Heinsberg, so sind auch an Rhein und Ahr die Arbeiter- und Soldatenräte den alliierten Truppen gewichen.

Im Gegensatz zu Heinsberg, wo erst Belgier und dann Franzosen auftauchten, wälzen sich durch Ahrweiler und Bad Neuenahr ab dem 7. Dezember 1918 oft nicht endende Autokolonnen. An der Masse des Materials erkennt die Bevölkerung, weshalb der Krieg verloren wurde. Die materielle Überlegenheit überzeugt auch den letzten Patrioten.

Die Amerikaner an Rhein und Ahr geben sich ungezwungener und weniger herrisch als Belgier und Franzosen. Sie verhalten sich trotz lockerer Disziplin korrekt. Während die Kommandeure am Selfkant Kontakte zur Bevölkerung verbieten, kommen sie an Rhein und Ahr manchem zu schnell und zu intim zustande. Die lang vermisste Schokolade treibt manches hungrige Mädchen und auch Frauen in die Arme der alliierten Soldaten.

Mit "Schokoladenmädchen" beschimpft man in Waldfeucht und Umgebung Frauen und Mädchen, die man mit einer Tafel alliierter Schokolade antrifft, was allerdings auch beweist, dass Kontakte zwischen Besatzern und der Bevölkerung nicht zu unterbinden sind. – Allgemein ist die Weiblichkeit aber zurückhaltend, die strengen Regeln werden eingehalten. Mit Beziehung zwischen den Geschlechtern nimmt man es am Selfkant und an der Ahr genau. Wer glaubt, sich nicht daran halten zu brauchen, riskiert in einem Ort, wo jeder jeden kennt, seinen Namen. Bei einem Streit, dem ich Jahrzehnte später beiwohnte, war die schlimmste Beleidigung, die über Hecken und Zäune geschleudert wurde:

"Du Schokoladenmädchen!"

Als ich fragte, warum die Frau wegen Schokolade beschimpft wurde, die doch etwas Leckeres sei, wurde mir geantwortet:

"Die taugte nicht! Die hat sich mit fremden Soldaten abgegeben, die hat dafür von denen Schokolade bekommen."

Das war 22 Jahre nachdem ein französischer Soldat der damals jungen Frau hin und wieder eine Tafel Schokolade geschenkt hatte. Die Schande blieb, auch als die Frau später einen Holländer aus einem entfernten Ort heiratete, der die Vorgeschichte nicht kannte. – Kein Bursche aus Waldfeucht hätte sich getraut, seinen Eltern dieses Mädchen als Braut vorzustellen. Selbst, wie in dem geschilderten Fall, als die Frau verheiratet war und selbst Kinder hatte, grub man bei einem Streit die Schokolade, als Krönung einer verbalen Schimpfkanonade, auch nach zwanzig Jahren wieder aus.

Deutschland hat alle Kolonien verloren. Der Verlust in Hinblick auf ess- und trinkbare Kolonialwaren ist allerdings nicht allzu groß. Holland hat seine Kolonien dagegen behalten. Deshalb besteht, wie schon vor dem Krieg, ein Gefälle zu Gunsten holländischen Kaffees, Tabaks, Schokoladen, Tees und dergleichen. Man bemüht sich energisch, den alten Kontakten frischen Geist einzuhauchen. Gegen diese Bemühungen stehen auf beiden Seiten der Grenze die Zollverwaltungen. – Ihre Streifen patrouillieren auch nachts auf Feldwegen – und Jakob und Genossen fürchten deren Gewehre.

Auch er versucht den Grenzverkehr wieder zu beleben, nachdem die fremden Soldaten den deutschen Zöllnern die Kontrollen wieder übergeben haben – will aber nicht bei diesen Versuchen erschossen werden.

Eines Tages besucht ihn ein Verwandter oder Bekannter aus Brüggelchen, der früher Kaffee bei ihm gekauft hat. Er will auch jetzt unverzollt Kaffee über die Grenze bringen oder gebracht haben – fürchtet aber, wie Jakob auch, gefasst zu werden. Sie überlegen gemeinsam.

Jakob bewältigt mit seinem Hund "Nero" und einem Bekannten oder Verwandten aus Brüggelchen den zollfreien Kaffeetransport von Echterbosch nach Brüggelchen.

Während des Gesprächs liegt Nero zu ihren Füßen und der Brüggelcher bewundert den temperametvollen, intelligenten und kräftigen Hund – ihm geht ein Licht auf und er fragt: "Weswegen brauchst du deinen Hund nicht?"
"Den Nero?" fragt Jakob.
"Ja – den Nero! – Er könnte doch Kaffee nach Brüggelchen bringen." –Die Idee erscheint Jakob einen Versuch wert. Umgehend befassen sich beide mit dem Hund. Jakob führt ihn nach Brüggelchen und gewöhnt ihn an den fremden Partner. Nero lernt schnell, wird auf bestimmte Pfiffe abgerichtet und hat nach einigen Tagen verstanden, was von ihm erwartet und wofür er belohnt wird.
Nun ist die Reihe an Mina, für Nero einen "Mantel" mit zwei so großen Taschen zu nähen, von denen jede 10 Pfund Kaffee fasst. – Er soll ähnlich wie bei einem Packesel angelegt werden. Nero wehrt sich anfangs gegen die neue Kleidung, gewöhnt sich aber daran.
An einem trockenen Sommerabend wird er beladen und nach Jakobs Pfiff an der Straße solange festgehalten, bis aus Brüggelchen ein Pfiff antwortet, der besagt "die Luft ist rein"! Jetzt löst Jakob die Leine und ruft "lauf!". Nero schießt los und verschwindet querfeldein in der Dämmerung. Jakob wartet.
Nach einiger Zeit ertönt ein Pfiff, der besagt, "der Hund ist angekommen". Jakob wartet wieder eine Weile, um den Hund verschnaufen zu lassen, stößt dann seinerseits einen Pfiff aus. Wieder funktioniert es.
Trotz Finsternis taucht der Hund nach einiger Zeit aus der Nacht wieder auf. Die Taschen sind leer.
Nero wird mit Leckerbissen belohnt und stürmisch gelobt: "Brave Hond!"
Was einmal gut funktioniert hat, wird zur Routine. Die Zöllner hören zwar die Pfiffe, können aber über ihre Bedeutung nur mutmaßen. – Jakob kennt die Zollbeamten. Er verzollt den Teil der Ware am deutschen Zollamt, der nach Remagen, Bonn oder Bad Neuenahr verschickt wird. Einer der deutschen Zöllner hatte sich wahrscheinlich die Aufgabe gestellt, Jakob einmal auf frischer Tat zu ertappen. Er sagte es ihm, als er ein Paket verzollt:
"Herr Hülhoven – wir wissen genau, dass sie schmuggeln. Nur wissen wir nicht, wie sie das machen. Aber warten sie ab, eines Tages erwische ich sie."
Weder dieser noch ein anderer Zöllner erwischt ihn.

Die galoppierende Kuh

Reiner Janssen ist während des 1. Weltkrieges mehr mit landwirtschaftlichen Aufgaben betraut als mit schreinerischen. Er arbeitet in Obspringen bei einem Onkel, hilft aber auch bei Bedarf seinem Vater sowohl in Betrieb als auch in Gärten und Feldern.
Im 1. Weltkrieg hält sein Vater notgedrungen eine Kuh, um seine Familie ernähren zu können. Er ist froh, dass er Reiner bei Verwandten in Obspringen untergebracht hat. Er hat einen Esser weniger zu ernähren. – Samstagsabends ist Reiner jedoch in Waldfeucht und trifft sich mit Vereinsfreunden. Er bleibt über Sonntag, begibt sich erst am Montag früh wieder nach Obspringen.

Als er einmal an einem späten Samstagnachmittag nach Waldfeucht kommt, schickt ihn sein Vater auf eine Wiese außerhalb Waldfeuchts. Er soll die Kuh zurück holen. Nicht gerade hocherfreut (auch er glaubt seinen Feierabend verdient zu haben) greift er sich einen Strick und macht sich auf den Weg zur Wiese.
Er bekommt die Kuh auch zu fassen und bindet ihr den alten Strick um. Als er die Straße betritt, zerrt die Kuh so stark, dass der Strick reißt. Reiner bindet ihn wieder zusammen. Derweil trottet die Kuh in Richtung Waldfeucht. Reiner holt sie wieder ein. Als er ihr den Strick umlegen will, legt die Kuh einen Schritt zu.
Reiner beginnt zu laufen – die Kuh zu traben. Sie bleibt immer soweit voraus, dass er ihr den Strick nicht umlegen kann. Als er spurtet – fällt die Kuh in "Galopp" und wird schneller als Reiner, der nur noch ihren Schwanz ergreifen kann.
Aber die Kuh ist nicht nur schneller, sondern auch stärker. Reiner hält zwar fest, stolpert aber und fällt hin – die Kuh reißt sich los.
Als er sich seine Knie reibt, sieht er sie durch das Obertor galoppieren. Er humpelt hinterher, doch als er das Obertor erreicht, sieht er keine Kuh mehr.
Ihm bleibt nur noch der Weg zum Vater, um diesem sein Mißgeschick einzugestehen und mit ihm gemeinsam die Kuh zu suchen. "Bedröppelt" *(betrübt)* geht das "Drümenengsel" *(Träumer)*, wie ihn sein Vater verschiedentlich bezeichnet, durch das Hoftor und macht sich auf Vowürfe gefasst. In der Küche trifft er außer seiner Mutter und Peter noch Eduard, dem er von seinem Mißgeschick und dem faulen Strick erzählt.
Eduard knottert und gebraucht auch den Ausdruck "Drümenengsel", ihm bleibt aber nichts anderes übrig, als sich an der Suche zu beteiligen. Als er durch den Hof geht, um einen besseren und längeren Strick zu holen, bemerkt er, dass die Tür zum Kuhstall offen steht. Er wirft einen Blick hinein und sieht die Kuh an ihrem Platz stehen. Sie hat den Weg von selbst gefunden. Eduard braucht nur noch kopfschüttelnd die Türe zu schließen.

Der Spion

In Waldfeucht hört man, dass Spione versucht haben sollen, über die Grenze nach Deutschland zu gelangen. Genaueres weiß man nicht. – Gegen Ende des 1. Weltkrieges beraten die Enkel vom alten "Nieres", der "Franze Reiner" und der "Ädduarde Reiner" mit einigen Freunden, wie aus einer vorgespielten Spionageaffäre Leben in die Gemeinde gebracht werden könnte. – "Franze Reiner" hat die beste Idee. Er schlägt vor, dass der Größte von ihnen nach Haus gehen soll und sich von seinem Vater einen langen dunklen Mantel und einen schwarzen Hut "leihen" soll. Mit tief ins Gesicht gezogenem Hut soll er den "Spion" darstellen.

Im Sommer 1918 hat so manche Waldfeuchterin und so mancher Waldfeuchter seinen Stuhl auf die Straße gestellt und genießt den vergehenden Tag. – Auf sie haben es die Burschen abgesehen.

Die Aktion startet, als es fast dunkel ist und der "Spion" das Untertor durchschreitet. Er drückt sich an der Hauptstraße an einigen Hauswänden vorbei in Richtung Kirche, macht dann aber plötzlich kehrt, als er die vor ihren Häusern sitzenden Leute sieht, und verschwindet auf dem Wällchen in Richtung Schlösschen, einem Pfad, der sich rund um Waldfeucht erstreckt.

Zwei Burschen folgen dem Fremden "unauffällig". Einige Leute sehen es und werden noch aufmerksamer, als einer der beiden Reiner fragt:
"Hat ihr dä Spiun gesien?"
Ein Spion war das? – Die Leute sind erst skeptisch – doch horchen dann auf, als der eine sagt, "den fangen wir," und zum Wällchen rennen. Einige Burschen und Männer schließen sich in einigem Abstand an. Die Jagd beginnt.

Aber der "Spion" ist ein schneller Läufer. – Zunächst hält er seine Verfolger auf Distanz, doch dann holen diese auf und der "Spion" bekommt es mit der Angst. Als die beiden Reiner ihn fast eingeholt haben, zieht er blitzschnell Mantel und Hut aus, wirft sie über eine Hecke und läuft als Verfolger in der ersten Gruppe mit. – Mittlerweile ist der halbe Ort in Aufruhr, aber der "Spion" hat sich in nichts aufgelöst.

Die Akteure geben die Verfolgung auf. Sie können sich kaum halten vor Lachen. – Spät in der Nacht holen sie dann Mantel und Hut und der "Spion" hängt sie wieder in Vaters Schrank. Man schweigt über den Streich,
Erst nach zwei Jahrzehnten wird das Schweigen während einer Karnevalssitzung gebrochen, als mein Vater die Geschichte erzählt.

Etwa auf die gleiche Zeit datiert ein deftiger Streich zum Abschluss der Waldfeuchter Kirmes, als die gleiche Gruppe die Fahnenstangen aus ganz Waldfeucht sammelte und sie einem älteren Junggesellen in den Garten stellte.

Das erregte natürlich die Betroffenen – aber man hatte niemanden beim Einsammeln beobachtet. Nur der ältere Junggeselle äußerte seinen Verdacht öffentlich:
"Das waren bestimmt die Nierese!"
Diese Beschuldigung kommt den Vätern, unter ihnen der "Nierese Franz" und der "Nierese Ädduard" zu Ohren. Sie stellen ihre Reiner zur Rede:
"Das geht so aber nicht, ihr bringt die Sache wieder in Ordnung und entschuldigt euch!"
Also begeben sich die sechs oder sieben Sünder zum Junggesellen und mein Vater stellt diesen zur Rede:
"Was haben Sie gesagt – wir hätten die Fahnenstangen in Ihren Garten gestellt?"
Der schmächtige Mann, der auch nichts gesehen hatte, ist angesichts der Horde eingeschüchtert und antwortet:
"Nein! – Nein! – Ich habe so etwas nie behauptet! – Nein– geht nur wieder nach Hause, ihr Jungen."
Die Art und Weise in der man sich entschuldigt hat, wird den Vätern natürlich verschwiegen.

1919 kehrt mein Vater aus Obspringen zu seinen Eltern zurück. Die Waldfeuchter Handwerker sind nur mäßig ausgelastet. Der Waldfeuchter Chronist schildert ihre bedrückende Situation:
"Handwerk und Gewerbe lagen darnieder und konnten sich durch den allgemeinen wirtschaftlichen Druck, sowie infolge der durch die Kriegsnachwirkungen hervorgerufenen Beeinträchtigungen kaum weiter behaupten; erst von Oktober ab, wo aus Anlass der niedrigen Valuta – der deutsche Geldmarkt stand gleich 5:1 zum holländischen Cent – und infolge der freien Ausführung der deutschen Waren nach dem Ausland, ein lebhafter Warenverkehr mit Holland einsetzte."

Am 7. März 1919 feiert Reiner Wilhelm Janssen seinen 80. Geburtstag. Von den Kindern gratulieren Gertrud, Franz, Eduard, Josef und Christian. Arnold ist noch in Vuna Pope und Reiner ist, wie 37 Waldfeuchter und Frilinghovener, gefallen.
Mein Vater wird 18. Er spielte schon vor dem Krieg in einem Jugendmusikkorps. Sein Bruder Peter ist 10. Während des Krieges hatte das Musikkorps hauptsächlich zu Ehren gefallener Waldfeuchter gespielt.

1919 erschüttern Revolutionen Deutschlands große Städte. In Berlin werden Rosa Luxemburg und Paul Liebknecht ermordet. Im März lässt Noske seine Truppen auf Deutsche schießen. – – Im Rheinland spricht man offen von einer Loslösung vom Deutschen Reich.
Im Juni versenkt sich die deutsche Hochseeflotte in schottischen Gewässern. Sieben Tage später unterzeichnet die deutsche Regierung den Versailler Vertrag.
Am 12. September erhält Adolf Hitler, er hat die Mitgliedsnummer 555 in der RAP, die Ausschussmitgliedschaftsnummer 7 in der neuen Partei. – Im Selfkant kennt man in diesen Umbruchtagen Hitler noch nicht, aber er wird mit den Jahren auch hier seine Anhänger finden.

GRATIS.

KONINKRIJK DER NEDERLANDEN.

BINNENLANDSCH PASPOORT.

Goed voor maanden.

Portret van den Houder.

SIGNALEMENT VAN DE HOUD

Lang 1,60 cM.
Voorhoofd rond
Haar blond
Wenkbrauwen idem
Baard —
Oogen grijs.
Neus gewoon
Mond groot
Kin gewoon
Aangezicht ovaal
Kleur gezond
Bijzondere teekenen geen

Handteekening van de Houdster
G. Houben

Es wird hiermit bescheinigt dass der Passinhaber die durch die nebenstehende Photographie dargestellte Persoon ist und die darunter befindliche Unterschrift eigenhändig vollzogen hat.

ECHT, 26 Mei 1919.

De Burgemeester van Echt,

Resolutie van den Minister van Justitie van 26 Maart 1850, No. 101, 13 Maart 1852, No. 151 en 22 Juli 1863, No. 122.

De Burgemeester der gemeente ECHT,

Verklaart, dat op het Bevolkingsregister boekdeel —, blad — volgnommer — blijkt, dat Houben Gertrudis op den 23 Mei 1872 is geboren te Echt (Provincie Limburg); (1)

Houben Gertrudis

is ingezeten der Gemeente.

Gegeven te ECHT, den 26 Mei 1919.

(3) (2)

Burgemeester.

Vertoond aan het Commissariaat van Politie

den .... (4)

(1) Ingeval de houder (houdster), geen geboren Nederlander zijnde, als ingezeten of genaturaliseerde is ingeschreven, te vermelden dagteekening en nummer van de reis- en verblijfpas, op vertoon waarvan de inschrijving heeft plaats gehad, of wel de dagteekening en het nummer van het STAATSBLAD, inhoudende de wet, waarbij de vreemdeling is genaturaliseerd.
(2) Handteekening van den Burgemeester.
(3) Zegel der Gemeente.
(4) Dit visum vervalt, zoo in de Gemeente geen afzonderlijk politiebeheer wordt gevonden.

ELECTRISCHE DRUKKERIJ R. BRIENS, ECHT

Von links: Witwe Gertrud Schmitz, geborene Houben, Heinrich Houben, Peter Jacobus Coenen, Sohn von Witwe Barbara Coenen *(rechts),* geborene Houben und Peter Hendrik Coenen. Die beiden Witwen waren nach dem frühen und unerwarteten Tod ihrer Ehemänner in das elterliche Haus zurück gekehrt und heirateten nicht mehr. Der Bruder Heinrich blieb auch ledig. Die Geschwister und der Sohn Barbaras wohnten bis an ihr Lebensende in "Aan Dreese".

Der Liebesbrief

Der nachfolgende Liebesbrief gehört zur Hinterlassenschaft der Geschwister Houben. Er ist nicht datiert – schon deshalb schwer einzuordnen – und an eine Gertrud adressiert. – Doch Gertrud Houben war mit Heinrich Schmitz aus Brüggelchen verheiratet, der sehr gut schreiben konnte.

Dieser Brief ist mit "Franz" unterschrieben. Das weckt in mir den Verdacht, dass er von Franz Houben, einem Bruder Minas, an seine Frau Gertrud geschrieben wurde, an "Tant Traudchen", wie ich sie nannte.

Meines Wissens kann Franz den Brief nicht geschrieben haben, weil er nicht schreiben konnte. – In Koningsbosch gab es zu seiner Zeit noch keine Schule – wohl erhielten die Houbenskinder vom "auwe Köster" in Waldfeucht Nachhilfe und lernten auch ihren Namen schreiben. Aber sie beherrschten weder die deutsche noch die holländische Sprache, noch das Einmaleins.

Bei Namen fällt mir auf, dass zweimal "Franz" in einer anderen Schrift eingesetzt ist. Alle anderen Buchstaben sind anders. Diesen Brief kann Franz nicht geschrieben haben, er hat nur seinen Namen eingefügt.

Wie kommt der Brief aber in die Hinterlassenschaft der Houbengeschwister? – 1944 wurde das Haus von Franz Houben von Granaten schwer beschädigt. Er kam zunächst bei Jakob und Mina unter – überwarf sich aber mit Jakob und wurde vor die Tür gesetzt. Ihm blieb nichts anderes, als in sein Elternhaus zu gehen. Dort lebten noch seine kranke Schwester Gertrud und sein Neffe Peter Jakob Coenen. Franz starb wahrscheinlich auch dort. – Es liegt nahe, dass er einige Habseligkeiten, die er für wichtig hielt, dorthin mitgenommen hat, u.a. diesen Brief. Dort wurde er, nebst anderen Papieren, gefunden.

Den Brief gebe ich in vollem Wortlaut – auch mit Fehlern – wieder. Der Text kann nicht von Franz stammen, er wurde wahrscheinlich von einem Briefeschreiber verfasst oder abgeschrieben:

    "Vivat Gertrud!   Vivat Gertrud!
         Teure inigst Geliebte!

Nim heut an deinem Namensfeste meines Herzens Glückwunsch an. Ich wünsche Dir das Allerbeste, was so ein Herz dir wünsche kann, Gesundheit und ein langes Leben, mit ungetrübter Heiterkeit, auf daß wir einst nach unserem Streben beisammen sind in Ewigkeit. Ich schenke Dir ein kleines Brieflein, das soll dein Glückwunsch sein. Die Ehre ist groß die Gabe ist klein ich hoffe Du wirst zufrieden sein. Erlebe diesen Tag noch oft recht froh und heiter, wo traute Liebe Dich umschlingt und aus dem Herzen reiner treuer Liebe Dir mancher Wunsch entgegen klingt. Und heute will ich dir sagen wie mein Herz in Liebe zu Dir erglüht und mein Glückwunsch sich in Liebe schwinget hinauf zu ewigen Vater flieht. Möge

er Dir diesen so freudevollen Tag noch oft im Kreise der deinigen erleben lassen, damit es mir nochmals vergönnt ist, Dir mit einem dreifachen Hochleben beglückwünschen zu können.

Mit Freuden *Franz* aufnimmst grüßt dich in Zärtlichkeit und Liebe

        Dein Dich liebender und nie
                in der Liebe ermüdeter

        Franz

Meine Treu wird niemals wanken,
Bis der Tot mein Auge bricht
Nimm den Wunsch von meiner treuen Hand, Es sei dein ganzes Leben zu deinem Unterpfand Es mögen tausend Jahre Dir verfließen (so?) wie eine Stund, Eh unsere Liebe noch wird ein Ende finden. Ich leb und sterb für Dich denn Du bist bist beides wert, Und wenn der Tot mir einstmals durch die Glieder fährt, sollst Du Geliebteste aus meiner Brust noch lesen, hier ruht das beste Herz, daß ewig treu geblieben.
Jetzt will ich meine Schreiben schließen, denn ich bin todmüde.
In der Hoffnung daß du meine Glückwünsche nicht verschmäst sondern *(Der Satz endet ohne Abschluss.)*

Liebe windet duftige Kränze,
Sie wird gleich zu einem Lenze,
Rein wie die Quelle, fest wie er Stein,
Soll unserer Lieb und Freundschaft sein.
Könnt ich Dein Glück mit Blumen winden,
Und alles Gute Dir nur weihen.
Entfernt von Dir seine Plage,
O Teuerste lebe recht vergnügt,
Der Himmel könne deine Tage
Das Traurigkeit Dich nie betrübt.
Denk oft an dein Geliebter zurück
Der treu Dich liebt, von Herzen spricht. O Geliebteste vergiss mein nicht,

---

Wen darf ich es sagen wen darf ich es klagen, was mich betrübt. In meinem Herzen steht geschrieben, daß ich Dich allein will lieben. Mit der Zeit und mit den Jahren. sollst Du meine Treu erfahren. Bleibst Du auch bei dem Gedanken, und vergissest meiner nicht.

Obwohl Gertrud Houbens Mann, Heinrich Schmitz, der bessere Liebesbriefe, als der hier vorliegende, schreiben konnte, schon 1903, nach kurzer Ehe, starb, nehme ich nicht an, dass Gertrud vor ihrer Ehe eine Bekanntschaft mit einem Mann namens Franz, hatte. – Mit 31 Jahren war sie Witwe. Dieser Brief ist deshalb mit hoher Wahrscheinlichkeit nicht an sie adressiert. Es ist zwar nicht ganz ausgeschlossen, dass sich nach dem Tod ihres Mannes ein Franz um sie bemühte, doch ist das nicht sehr wahrscheinlich, es wurde auch nie darüber gesprochen. Ich halte die erste Version für wahrscheinlicher.

Gesundheit und ein langes Leben mit
unbetrübter Heiterkeit auch daß wir einst
nach unserem Proben beisammen sind in
Ewigkeit. Ich schenke Dir ein kleines
Briefchen das soll dein Glückwunsch sein.
Die Ehre ist groß die Gabe ist klein ich
hoffe Du wirst zufrieden sein. Erlebe
diesen Tag noch oft recht froh und heiter,
und treue Liebe Dich umschlingt und aus
dem Herzen reiner treuer Liebe Dir mancher
Wunsch entgegen klingt. Und heute will
ich dir sagen wie mein Herz in Liebe
zu Dir erglüht und mein Glückwunsch
sich in Liebe schwingend hinauf zum ewigen
Vater fließt. Möge er diesen so frohen
vollen Tag noch oft im Kreise der Deinigen
erleben lassen. damit es mir nochmals
vergönnt sei Dir mit einem dreifachen
herzlichen beglückwünschen zu können,
mit Freuden Franz ... grüßt
dich in Zärtlichkeit und Liebe

Reiner Wilhelm Janssen stirbt

Im ersten Halbjahr 1919 kosten 100 Schweizer Franken ca. 225 Mark, bis November 450 Mark, ab Ende November 800 Mark. – Die Fabriken können die eingegangenen Lieferverträge nicht mehr einhalten und verweigern deren Erfüllung. Die Angebotspreise decken nicht einmal die Selbstkosten.

1920 atmet der Waldfeuchter Chronist auf: "Handwerk und Gewerbe haben sich wieder erholt umd gehen durchweg gut. Die Arbeiter finden vielfach in den Fabriken zu Oberbruch und Birgden, sowie in den holländischen Gruben gut lohnende Beschäftigung und sind namentlich wegen des Tiefstandes der deutschen Valuta die Löhne in Holland hohe und betragen durchweg für gewöhnliche Arbeiter 100 Mark, für gelernte Handwerker 150-200 Mark täglich."

Der Gulden bleibt stabil, doch die Mark trabt immer tiefer in die Inflation. – Schreiner kämpfen nach wie vor um ihre Existenz, auch wenn es heißt: "Handwerk und Gewerbe haben sich wieder erholt …". Für meinen Vater wäre es besser gewesen, sich in Holland eine Stelle als Schreiner zu suchen. Deutsche Schreiner haben in Holland einen guten Namen.

Die Ernte des Jahres 1920 ist auf beiden Seiten der Grenze bescheiden. Hitze und Trockenheit im Sommer und Herbst bringen den Bauern nur geringe Einnahmen. Holländische Bauern, sofern sie Vieh zu verkaufen haben, können zwar Reichsmark verdienen, aber das sind keine echten Geschäfte. – Ein deutscher Bauer bezahlt für ein Pferd bis zu 80 000 Mark *(der Krieg hat zahllose Pferde vernichtet)*, eine Kuh kostet 30 000 Mark. Den Waldfeuchter Bauern bleibt leicht eine kranke Mark für Handwerker, aber die ist nichts wert. – Die Gehälter der Beamten hinken noch mehr hinter der Inflation her, sie dekken kaum die Kosten für Lebensmittel. – Für Getreide und Vieh steigen die Preise rapide an, aber erzielt werden nur Scheingewinne. Die Grenze ist für Bauern und Arbeiter wieder durchlässig.

Reiner Wilhelm Janssen stirbt am 7. November 1920, im Alter von fast 82 Jahren. Er wird in einem Sarg beerdigt, den sein Sohn Josef angefertigt hat. Waldfeucht erlebt eine große Beerdigung. Von seinen lebenden Kindern fehlt Arnold, er erfährt erst später, dass sein Vater tot ist. Die Nachrichtenverbindungen zur Mission sind immer noch schlecht. Die Deutschen der Südsee haben schwere Zeiten hinter sich.

Die große Vaterfigur, der "Nieres" lebt bald nur noch in den Namen seiner Söhne, dem *Nierese Franz*, dem *Nierese Eduard* und den *Nierese Josef* weiter, die in Waldfeucht um ihre Existenz kämpfen – zwei Schreinermeister und ein Wagnermeister. – Christian hat in Hiltrup die zurückströmenden Kriegsteilnehmer auf ihre Aufgaben vorzubereiten, das Haus zu verwalten, Nahrung zu beschaffen und Kontakte zu Missionen herzustellen.

Der heilige Rubbiduptus

Dass die Grenze wieder durchlässiger wird, wurde gesagt, sie wird es für Reiner Janssen und Josepha Hülhoven, die schon seit ihrer Schulzeit ein Auge aufeinander geworfen haben. Reiner ist am 30. Mai 1922 volljährig geworden und Josepha wird am 25. Juli 20. Man trifft sich mit Freunden und Freundinnen vor und nach den Messen und zu Andachten, auch die Sonn- und Feiertage bieten Gelegenheit für Gruppenspaziergänge über die Grenze ins Holländische. – Man trifft sich immer zu mehreren Paaren. Je mehr es sind, um so besser für den guten Ruf der "Kinder", auf den alle Eltern Wert legen. Es ist nicht gleichgültig, wer sich mit wem trifft.

"Sage mir mit wem du umgehst, dann sage ich dir wer du bist," ein Spruch, der wahrscheinlich vom Pater Dositheus stammt, aber noch zu meiner Zeit Gültigkeit hatte.

Ohne Einverständnis der Eltern ist auch ein lustiger Betgang nach Diergaarde nicht möglich. Man ist darüber informiert, wer mit von der Partie ist. Für Paare, die sich so zusammen finden, ist spätere Heirat nicht ausgeschlossen.

Im Sommer 1922 bietet sich an einem Sonntagnachmittag ein Spaziergang in die Kirche von Diergaarde an. Dort ist in einem Schrein ein Heiliger ausgestellt. Der Weg dorthin ist zwar staubig, aber das nimmt man in Kauf, wenn man zusammen "gehen" darf.

Zwischen Reiner und Josepha ist im Sommer 1922 endgültig geklärt, dass sie zusammem gehören. Reiner hat einen "aufdringlichen und unverschämten" jungen Bauernsohn, der sich unterstanden hatte, Josepha eine Halskette zu schenken, diese Kette vor die Füße geworfen: "Du brauchst der keine Kette zu schenken!"

Der Bauernsohn hatte immer dann an "Hülloves Wenkel" angehalten, wenn er nach Echterbosch aufs Feld musste. Bei jeder Vorbeifahrt hielt er an, kaufte eine Kleinigkeit und plauderte eine Weile mit Mina oder Josepha. "Hülloves" freuten sich über den treuen Kunden, dessen Pferd letztlich den *Wenkel* ohne Zuruf ansteuerte und davor anhielt. Der Bauernsohn musste notgedrungen absteigen. Er legte die geschäftliche Freundlichkeit Josephas als Zuneigung aus und schenkte ihr die besagte Kette.

Als einmal sein Vater selbst aufs Feld fuhr, steuerte das Pferd von selbst "Hülloves Wenkel" an und hielt. Erstaunt stieg der Vater ab, kaufte ein Päckchen Tabak und sagte zu Mina:

"Nun weiß ich auch, warum der Kerl immer so lange ausbleibt."

Er hatte wahrscheinlich nichts dagegen, dass sein Sohn sich für Josepha interessierte, dagegen hatte aber Reiner Janssen etwas, der zu den Zeiten, an denen der Rivale vorfuhr, arbeiten musste.

Nach der Halsbandaffäre sind die Verhältnisse geklärt, Mina mag Reiner und Jakob duldet ihn schweigend.

Meine Mutter erzählt:

"Neun Jahre haben wir uns so gut gekannt, dass man immer so zusammen gekommen ist – aber da mussten wir immer um 8 Uhr abends zu Hause sein. Einmal sind wir zur Diergaarder Kirche spaziert. Reiner und ich, aber auch Schusters Tilla, Storms Franz, Thohles Ziska, Franz und Karl und …" – ihr fällt der Name der zu Franz und Karl gehörenden Mädchen nicht ein, die auch aus Waldfeucht oder Frilinghoven stammten!

"Wir kamen nach Diergaarde. In der Kirche da liegt ein Heiliger – den kann man da sehen – das ist der heilige Honorius. Und da fragte einer, der nicht wusste, dass es der heilige Honorius war:

'Was ist das für ein Heiliger?'

Da antwortete Reiner:

'Das ist der heilige Rubbiduptus – Patrüner von dö Schweetfööt!' *(Patron von den Schweißfüßen)*

Da konnten wir uns vor Lachen nicht mehr halten und sind schnell aus der Kirche gerannt."

In der Nacht zum 1. Mai hatte Jakob Hülhoven einige Burschen vom Dach geholt, als diese einen "Mai", ein Buchenreis am Kamin befestigen wollten. Es ist in der Gegend nicht üblich, einen Maibaum zu "setzen".

Jakob Hülhoven fehlt aber Verständnis für die alte Sitte , wenn es um seine Dachziegel geht. – Reiner muss vom Dach.

"Die hätten mir die Ziegel kaputt getreten," verteidigt sich danach Jakob gegen die Vorwürfe von Mina und Josepha. – Reiner erfährt erstmals, dass mit seinem zukünftigen Schwiegervater, in verschiedenen Dingen, nicht zu spaßen ist, das distanziert das Verhältnis der beiden Männer auf Dauer. – Jakob nimmt die Dinge, die Familie und Haus betreffen, zu genau, wacht auch zu streng über sein einziges noch lebendes, Kind. – Familie, Haus, Wiese und Garten sind in Topverfassung.

Um diese Zeit hält die Familie an die zweihundert Hühner, die tagsüber freien Auslauf in der Wiese hinter dem Haus haben. – Überschüssige Eier werden an die Firma **JANSSENSDIJCKS** in Roermond verkauft.

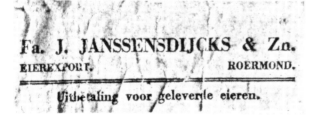

Jakob hat ausreichend Zeit, die endlos lange Buchenhecke zu schneiden und die Gartenpflanzen wie die Soldaten auszurichten. Die Instandhaltung des Hauses, die Wäsche, das Klinken- und Schuheputzen, obliegen Mina und Josepha. Die Messingklinken glänzen wie Gold und die schwarzen Schuhe werden poliert, sobald sich ein Dreckspritzer zeigt. – In den Schränken stapelt sich die Wäsche für Generationen, die Familie ist über Bedarf für mehrere Jahrzehnte eingedeckt, kann sich jederzeit vergrößern.

Weg in die Inflation

Im Januar 1922 verhandelt Walter Rathenau in Cannes vergeblich um einen Zahlungsaufschub für deutsche Reparationsleistungen. – Im Mai werden niederländische Staatsanleihen angeboten.

Wieder schmerzen die verlorenen deutschen Kriegsanleihen der Familie Hülhoven, denn man kann nicht reagieren. Der Umtausch von Gulden in Mark rächt sich noch nach sieben bis acht Jahren. Die holländischen Staatsanleihen werden mit 6 % verzinst, die amerikanischen mit bis zu 10%.

Kapital wird in Mengen angeboten. Aber der Finanzbedarf der Kriegsländer des europäischen Festlandes ist unersättlich. Hauptkreditgeber sind die USA, Großbritannien und die Niederlande. So übernimmt eine amerikanische Finanzgruppe von Holland 75 Millionen Gulden und legt sie zur Zeichnung in den USA an. Niederländische Staatsanleihen erfreuen sich wegen der niederen Zinsen in den USA großer Beliebtheit.

Amerikas Wirtschaft gleitet nach den Boom-Jahren in eine Rezession. Industrie, Landwirtschaft und erst recht Eisenbahn und Schifffahrt leiden unter den Folgen der Abkühlung nach der Kriegsüberhitzung. Auch Überproduktionen in der Landwirtschaft verkaufen sich nicht mehr, einige Landwirte im Westen Amerikas verbrennen ihre Getreideernte und mancher Viehzüchter liefert seine Herden an Seifenfabriken.

Hochvalutierte Staaten wie die Schweiz bitten vergeblich in den Staaten um Anleihen. Selbst für 8-10 % wird das Ansinnen abgeschlagen. – Dem Kapitalüberschuss der USA, der aus der hohen Kriegsrendite resultiert, steht eine sinkende Inlandsnachfrage gegenüber. Der Geldmarkt durchlebt eine schwierige Phase. Es gibt Anleihen, wie eine niederländisch-indische von 40 Millionen, die erst nach 40 Jahren rückzahlbar sind. – Das Finanzgefüge der Welt ist durcheinander, Börsenpapiere stehen unter Druck, während Staatsanleihen gefragt bleiben, aber die Zahl der sicheren Nachfrageländer ist gesunken. Große Firmen brechen zusammen.

Die Strafmaßnahmen gegen Deutschland schlagen zurück und erwürgen große Zweige des internationalen Handels. Deutschlands Reparationspflicht verknappt im Land die Geldmittel so stark, dass Deutschland seine Importe aus England einschränken muss. Damit leidet England unter dem selbst mitbeschlossenen Versailler Vertrag. Er entpuppt sich als ein vermeintliches Geschäftemachen der Sieger und zerstört die deutsche Zahlungsfähigkeit.

Die deutschen Exporte verbilligen sich mit der ständigen Geldentwertung, die wiederum eine Folge der zu hohen Reparationsleistungen ist.

Ähnliche Wirkung zeigt die Ausbeutung englischer Kolonien, die sich in zwei Millionen englischer Arbeitsloser niederschlägt – kolonisierte Völker verarmen und können nicht importieren. Die Ernährung beschäftigungsloser Briten verschlingt wöchentlich zwei Millionen Pfund.

Die Nation der erfolgreichen Kaufleute stellt trotz der 720 Millionen Goldmark, die Deutschland jährlich an England zu leisten hat, eine kurzsichtige Rechnung auf. Böse Stimmen behaupten, dass die Macht auf der Insel in falschen Händen liege. England hat und verleiht Geld, wird aber im Innern von Unruhen und Streiks erschüttert. So streiken Werftarbeiter gegen Überstunden, so lange es Arbeitslose gibt und verlangen ein Mitbestimmungsrecht. Die Werftbesitzer bezeichnen dieses Verlangen als Sowjetismus. Statt des Zehnstundentages wird ein Achtstundentag verlangt und ein Recht auf Arbeit.

Ausgelastet sind Deutschlands Notenpressen. Aber auch Papier wird teurer. Im September 1922 kostet die *Frankfurter Zeitung* vierteljährlich 1350 Mark – das Papier ist seit März um das 12-fache gestiegen.

In der politischen Terrorszene klären sich die näheren Umstände um den Tod des Mörders von Rathenau. Er stirbt nicht durch Selbstmord, wie die Polizei ursprünglich angab, sondern er wurde durch die Stiege in einem Treppenhaus von Schutzleuten erschossen.
Walther Rathenau, der Sohn des AEG-Gründers Emil Rathenau, ein Jude, der seiner Synagoge entwachsen ist, war im Februar 1922 deutscher Außenminister geworden und hatte an der Konferenz in Genua teilgenommen. Er stand dort den Siegermächten in einer schwierigen Position gegenüber, denn Joffre hatte schon vor deren Beginn seine Machtziele erklärt:
"Genua soll entscheiden, ob Frankreich oder England Herr in Europa wird!"
Den großen Mittelstaat Deutschland ignorierte der Sieger bei seinen von Rachegedanken gesteuerten Überlegungen. Deutschland ist auch nach einem verlorenen Krieg keine unterentwickelte Kolonie. – Der Herr Europas wird auch nicht gekürt, man kann sich nicht einigen. Parallel erarbeitet Rathenau zusammen mit den Russen den Rapallo-Plan und leitet die Verbindungen zwischen Deutschland und der Sowjetunion mit ein. – Der Realpolitiker wird am 24. Juni erschossen. Was er befürchtet hatte, nämlich das Schicksal Erzbergers zu erleiden, tritt ein. Eine Belohnung von einer Million Reichsmark wird für die Ergreifung der Täter ausgesetzt, eine Riesensumme, im Juni 1922 kostet ein 1900-Gramm-Brot 16 Mark.

Rathenau war kein Anhänger der Dolchstoßlegende, sondern zutiefst von der falschen Politik Wilhelms II. seit Bismarck überzeugt. Ihr verdanke Deutschland die derzeitige Situation. – Der Urheber dieser Politik tänzelt zu der Zeit im holländischen Doorn wieder auf Freiersfüßen und ignoriert standhaft die begangenen Fehler, die zum 1. Weltkrieg führten. – Am 11. April 1921 starb seine Frau. Eine Helene von Böller schreibt hierzu:
"Noch hat der Kaiser das Band der Trauer am Arm und schon hat er den neuen Verlobungsring am Finger … die Eiligkeit des greisen Witwers hat etwas abstoßendes. Darf ein Kaiser so schnell vergessen und ersetzen?"

Wilhelm versucht sich in seinen Erinnerungen zu rechtfertigen. Die Qualität seiner Erläuterungen spiegelt einen hölzernen Schreiber. – *Das Tagebuch* beleuchtet den bisher erschienenen Teil und bezeichnet ihn als "eines der langweiligsten Bücher der Gegenwart. – Wenn der Stil wirklich der Mensch ist, dann muss Wilhelm II. langsam zu Leder geworden sein."
In Böhmen leiden zu gleicher Zeit die 2 173 230 Deutschen unter den Folgen seiner Politik. Eine Volkszählung registriert sie und 4 382 802 Tschechen. Die deutschen Bewohner werden von den Politikern entmachtet, entrechtet und misshandelt. – Was kümmert Wilhelm Böhmen?
– Am 5. November 1922 heiratet er die Prinzessin Hermine von Reuß.
Am 26. Dezember verurteilt der im Februar des Jahres gewählte Papst Pius XI. die Pariser Verträge in seiner Enzyklika *Ubi Arcano Dei* und sieht "den künstlichen, nur auf Papier bestehenden Frieden, der, statt die edlen Gefühle zu wecken, den Geist des Hasses und der Rachsucht nur vermehrt und gleichsam legitimiert hat."

1923 finden Hass und Rachsucht Opfer, die aus der praktizierten Weltanschauung der Kommunisten resultieren. Die neuen Herren Russlands weisen zahllose Mitglieder der alten Eliten aus. E. Janowsky kommentiert in *Hochland*:
"Das Heer der russischen Emigranten hat sich um eine erlesene Kolonne vermehrt … Hochschulprofessoren, Schriftsteller, Journalisten, etwa hundert an der Zahl. Nicht Flüchtlinge sind es – Verbannte. Ausgewiesen von der Sowjetregierung aus dem Grunde – ja aus welchem Grunde? Keiner ist der politischen Tätigkeit überführt, ja verdächtigt worden. Sie sind ausgewiesen wegen ihrer 'allgemeinenm Geisteshaltung' – als gefährliche Gegner 'auf der ideologischen Front' – wegen sowjetmäßig unliebsamer Weltanschauung – wegen etwas Unfassbarem, was nicht in gerichtlichen Verfahren, sondern nur durch das feinfühlige Organ der politischen Partei erfasst werden konnte."

Die Franzosen machen Albert Leo Schlageter "zum Märtyrer des Ruhrkampfes" als sie ihn am 26. Mai 1923 auf der Golzheimer Heide erschießen. – Der ehemalige Frontkämpfer ist Träger des EK I, Mitglied des Freikorps und seit einem halben Jahr in der NSDAP. – Hitler hält sich etwas zurück.

Aus der Inflation wird im Sommer 1923 eine galoppierende Schwindsucht der Reichsmark. Sie steigert sich ins Unermessliche. – Am 9. Juni kostet in den Berliner Markthallen ein Pfund gerösteter Kaffee bis zu 34 000 Mark, ein Pfund Weizenmehl 2600, ein Pfund Kakao 14000 und ein Pfund Schweinefleisch 10 500 Mark.
Dollar, Schweizer Franken und Gulden steigen ins Märchenhafte. – 1914 bekam man für einen Dollar 4,20 Mark, im August 1923 muss man 4 620 455 Mark dafür zahlen, am 15. November 4 200 000 000.

Mina und Jakob feiern Silberne Hochzeit

Über das Waldfeuchter Erwerbsleben schweigt sich der Chronist 1923 aus. Man lebt von der Substanz. Auch die holländischen *winkeliers* sind durch die deutsche Inflation verunsichert, sie müssen sich genau über den Kurs informieren und können im Grunde keine deutsche Mark mehr annehmen. - Auf der anderen Seite gibt es auch kuriose Begegnungen zwischen Deutschen und Holländern, während der Inflation. Eine dieser Art ereignet sich, als der 21-jährige Peter Coenen 1923 auf die Landwirtschaftsausstellung nach Düsseldorf geschickt wird.

In "Aan Dreese" ist jetzt *Nönk*, Peters *Ohme Hein*, der Junggeselle Heinrich Houben, der Hausherr. – Er schickt seinen Neffen nach Düsseldorf, dort soll der sich nach Neuheiten auf dem landwirtschaftlichen Sektor umsehen. Freunde von Peter, die sich auch "bie de Prüsche omkieke" sollen, sind dabei, als der Fußmarsch nach Heinsberg beginnt. – Es ist für alle kein Drama, als man Heinsberg einige Stunden zu früh erreicht. In Heinsberg ist Kirmes, eine Kneipe ist gleich in der Nähe, und auf ein Bier soll es nicht ankommen.

In der Wirtschaft fallen sie erst auf, als man sie als Holländer erkennt. Man wird aufgeschlossener als "die Jonge met Gölle betaale" *(die Jungen mit Gulden bezahlen)*.

Bald sind sie von zahlreichen "Freunden" umringt, und aus zwei Wartestunden werden drei tolle Tage. – Peter und seine Freunde lassen Landwirtschaftsausstellung Landwirtschaftsausstellung sein und stürzen sich mit ihren stabilen C*ents, Dübbeltjes, Quartjes* und *Gölle* in das "süße Leben" der Heinsberger Kirmes. – Die neuesten Landwirtschaftsmaschinen sollen andere studieren.

Die Holländer fühlen sich zwischen den Inflationären wie Millionäre und schmeißen Runde um Runde bis zum letzten Cent, dann gehen sie am dritten Tag wieder zu Fuß nach Echterbosch. – Als Nönk nach Düsseldorfer Erkenntnissen fragt, antwortet Peter: "Schön war es da. Wir haben viel gesehen – aber es war auch sehr teuer."

Darüber wundert sich "Nönk", hatte man ihm doch gesagt, dass man mit Gulden sehr preiswert einkaufen könnte – aber dann müsse es wohl so sein.

Der gutmütige Heinrich Houben gibt sich mit dieser Auskunft zufrieden. – Sein Neffe Peter hat es nicht so eilig mit der Arbeit. Von ihm ist bekannt, dass er im Herbst 1923 für einen Gulden eine Schubkarre voll deutsches Geld bekommt. Sein Verhalten in Heinsberg ist für ihn typisch: Fährt der Zug heute nicht, fährt er morgen – fährt er morgen nicht, lohnt sichs nicht mehr – fehlen auch die Gulden. Diese Einstellung koppelt er mit Trägheit.

Noch schöpfen die Unverheirateten in "Aan Dreese" aus dem Vollen. Der Niedergang dieses Zweiges der Familie ist vorgezeichnet. Es fehlt im Haus die Motivation. In ihrem Garten herrscht keine Topordnung, keine preußische Disziplin wie in dem von Jakob. – Düsseldorfer Sprünge wären bei ihm nicht möglich, er hätte sich auch nicht mit solchen Auskünften abspeisen lassen, wäre der Sache auf den Grund gegangen. Selbst Mina hätte von solcher Reise ein realeres Resultat erwartet.

Die Neuheiten in der Landwirtschaft, die nie so günstig zu erwerben waren, interessieren Peter Coenen wenig, er arbeitet auch in Zukunft nur, um zu leben, nicht um zu mehren und um zu vermehren.

Im Haus an der Waldfeuchter Baan dümpelt ein Witwen- und Junggesellenhaushalt dahin. Nach dem Ableben vom *Baas* fehlt der Motor. Die ererbten Felder beackert und erntet man zwar, hält auch Vieh, aber an Neuem ist man nicht interessiert.

Ganz anders im Haus an der Waldfeuchter Baan 150. Dort feiert man am 28. Juni 1923 Minas und Jakobs Silberne Hochzeit und Josepha Hülhovens und Reiner Janssens Verlobung.

Aus Waldfeucht sind zum ersten Mal Eduard und Josepha Janssen zu Besuch. – Auch Pater Dositheus ist angereist und spendet den Paaren seinen Segen. – Schwester Angelika hat schriftlich gratuliert. – Alle noch lebenden Houben-Geschwister sind vollzählig erschienen, auch Franz mit *Traudchen* (Gertrud) und Sohn Heinrich, sowie die beiden Peter – Peter Coenen und der Bruder meines Vaters, Peter Janssen. "Tant Traudchen" hilft beim Kochen und Servieren. Nach dem Kaffee wird eigener Johannisbeer- und Stachelbeerwein, aber auch Wein von der Ahr ausgeschenkt, und natürlich "Dröpkes".

Pater Dositheus Hülhoven am 28. Juni 1923

Am 23.Juni 1923 feiern Jakob und Mina Hülhoven Silberhochzeit, Tochter Josepha verlobt sich mit Reiner Janssen

Vermeintlicher Einbruch und das erste Flugzeug

Man lebt in der inflationären Zeit in Echterbosch weit-gehend vom selbst Erzeugten, Gewinne mit Deutschen sind im *Wenkel* nur schwer zu machen, Holländer besuchen den Laden nicht. Unruhen in Deutschland werden zwar bekannt, aber die Gegend um Waldfeucht ist nicht betroffen. Es soll zwar Grenzgänger geben, denen der Boden in Deutschland zu heiß geworden ist, aber Genaues weiß man nicht.

Eines Nachts wecken leise Stimmen die Hülhovens. Jakob glaubt, es mache sich jemand am Haus zu schaffen und steht schnell auf und zieht das Notwendigste an, vermeidet Geräusche und zündet auch keine Petroleumlampe an, wohl nimmt er seinen Revolver.

Vorsichtig rückt er einen Stuhl vors Fenster, macht es auf, stößt die Schlagläden nach außen und ist mit einem Satz draußen. Er hört ein nervöses Rascheln, erhält aber auf sein – "Wer da?" – keine Antwort. Doch dann erkennt er im Mondlicht zwei Personen, die sich eng an die Wand schmiegen und mehr erschrocken sind als er.

Ein Pärchen!

"Was macht ihr denn da um diese Zeit," fragte ich, erhielt aber keine Antwort, so erschrocken waren die. Als ich sie erkannte, bin ich wieder ins Haus gegangen – aber nicht durchs Fenster. Mina hatte mir die Tür aufgemacht," erzählt Jakob.

1923 hätte er auch fast zum ersten Mal ein Flugzeug gesehen. *(Er spricht mit meinem Schwager darüber)*: "Vom ersten Flugzeug? – Da kann ich mich nicht genau an den Tag erinnern, doch es war im Sommer 1923. Ich weiß wohl noch, dass mich einer aus dem Haus gerufen hatte. Das war ein Nachbar, ein Grundstücksnachbar, der arbeitete auf einem Feld neben uns. Das war der Hamacher Lennart – *dä Heer, dä Heer* von denen, so nannten sie den. – Der stand nun schon lange da und ich wusste nicht, warum er dort stand. – Die Hände hielt der über seine Augen, sonst hatte der immer eine Brille an. Da sagte ich:

'Was bist du so am kieke, Lennart?'

'Da kommem doch heut ein paar Flieger!'

'Flieger?'

Ich sah und hörte nichts, ging wieder rein. Aber der blieb da stehen – auf einmal rief der mich.

'Komm schnell, komm schnell – ich habe sie gesehen. Die fliegen über Echt – von Maastricht auf Roermond zu!'

Ich lief wieder raus, konnte aber – ich hatte damals noch gute Augen – nichts sehen, habe auch nichts gehört.

Aber der bestand darauf:
'Ich habe sie gesehn – zwei zusammen!'
'Ich konnte nichts erkennen und nichts hören – und auch nicht bis nach Echt sehen. Aber die Flieger flogen ja höher. Vielleicht hat er sie wirklich gesehen – vielleicht waren es aber auch nur ein paar Vögel."

Elektrifizierung – Meisterprüfung – Theater

Statt der Propeller sorgen in Jakobs und Minas Welt wertlose Papiergeldmengen für viel Wind, aber nicht für Auftrieb. Kriegsanleihen werden praktisch auf Null abgewertet. – Als am 15. November 1923 die Talsohle erreicht ist, die Rentenmark eingeführt wird, ist Hitlers und Ludendorffs Putsch 6 Tage alt. Hitler erreicht am 9. November sein Ziel nicht – die 16 Toten vor Münchens Feldherrnhalle werden aber zu Nationalhelden einer starken Bewegung.
1924 sitzt Hitler in Festungshaft. Er nutzt die Haft um *Mein Kampf* zu schreiben. – Die Nationalsozialisten haben viele Sympathisanten, die von der Wirtschaftsflaute betroffen sind – und die zu hohen Reparationen nicht unberechtigt als Ursache für die Dauerflaute ansehen. – Reiner Janssen, er wird einer von Hitlers Anhängern werden, bereitet sich 1924 auf die Meisterprüfung vor.
Der Waldfeuchter Chronist nimmt im selben Jahr seine Tätigkeit, die er 1922-23 vernachlässigt hat, wieder auf und bestätigt die vorherrschende Lage:
"Die allgemeinen wirtschaftlichen Verhältnisse sind immer noch nicht als günstige zu bezeichnen, weil sich überall eine empfindliche Geldnot fühlbar macht und sich in kleinen Betrieben geradezu katastrophal auswirkt, indem es diesem durchweg an dem notwendigen Betriebskapital mangelt. Die Aussichten auf Besserung sind gegeben, jedoch wird es noch Jahre dauern, ehe der günstige Stand von 1914 erreicht sein wird.
Man kann im Allgemeinen feststellen, daß sich die Preise aller notwendigen Lebensmittel, Bekleidungsstücke usw., gegen 1914 verdoppelt haben. Dem gegenüber sind die Löhne der Fabrikarbeiter, Korbmacher und sonstiger industrieller Arbeiter zu niedrig, sodaß in vielen Familien Not herrscht."

Der technische Fortschritt elektrisiert auch Waldfeucht, das wie Bocket an das Elektrizitätsnetz angeschlossen wird. In den Janssen-Schreinereien überlegt man die Anschaffung von Maschinen.
Echterbosch wird nicht in die Elektrifizierung einbezogen, muss noch über zwei Jahrzehnte auf einen Anschluss an das holländische Stromnetz warten. – Das limburgische "Ende der Welt" wird vom reichen Holland übersehen, vielleicht sogar bewusst im Petroleumzeitalter belassen, um den Ölkonzernen für die Jahrzehnte, in denen der Benzinkonsum im Echter Ländchen stagniert, den Absatz

von Petroleum zu erhalten. Auf der holländischen Seite hinkt man, welche Lobbys die Entwicklung auch immer zu beeinflussen versuchen, trotz bester finanzieller Möglichkeiten, technisch hinter den Deutschen her.

Bei Mina und Jakob Hülhoven ist 1923 einer der holländischen Zöllner ausgezogen. Inspektor Schuring hat geheiratet und ist in eine Wohnung in einem Haus in der Nähe eingezogen. Dort wird 1924 Jan Schuring geboren. Zwischen den beiden Familien entwickelt sich eine Freundschaft, die auch bestehen bleibt, als die Schurings von Echterbosch fortziehen.

Eduard Janssen baut in seinem 57. Lebensjahr auf die eigene Arbeitskraft, aber auch auf die seiner Söhne Reiner *(23)* und Peter, das "Eduarde Pittsche" *(14)* der 1924 seine Lehre beginnt. Eduard hat in Reiner einen preiswerten Gesellen, der für ein Taschengeld arbeitet.
Trotz Vorbereitung auf die Meisterprüfung widmet sich Reiner ausgiebig den Waldfeuchter Vereinen, musiziert im Musikverein, singt im Gesangverein und Kirchenchor und spielt vor allem Theater. Der Beruf erfüllt ihn nur unvollständig. Beim Spiel entfaltet er sein wahres Leben – entrinnt seinem Vater, der im Beruf beherrschend ist. Er murrt nur, wenn es sein Vater nicht hört, traut sich aber keinen Stellenwechsel zu. Seine Kenntnisse und Erfahrungen reichen nicht über den Wallgraben und über die Tore Waldfeuchts hinaus. Er lernt weder fremde

Reiner Janssen überzeugt seine Verlobte und die Zuschauer als Theaterspieler, engagiert sich mit Leib und Seele.

Fertigungsmethoden noch Werkstätten kennen, glaubt sich in der besten die es gibt, beschäftigt. Das übermäßige Engagement für Vereine lenkt ihn von der Wirklichkeit ab. – Er begeistert sich noch nach fünfzig Jahren an Leistungen, die er für sich und den Verein erbrachte. Josepha Hülhoven, jetzt seine Frau, sieht es ähnlich:

"Das war der beste Theaterspieler im Kreis, haben die früher gesagt."

"Ich!" bestätigt Reiner, "das hat mein Bruder zu Helmine gesagt – der Peter!"

"Operette habe ich auch mitgespielt," erzählt meine Mutter weiter, "und *Golgatha*. Mit 90 Mann haben wir das gespielt – aber als Schauspieler war ich nur ein Tötsch gegen Reiner."

"Reiner – dät Drümenängsel," (Reiner – der Träumer) sinniert der fast Achtzigjährige, als er mir das erzählt. Er wiederholt damit eine oft gebrauchte Redewendung seines Vaters. Ein Vorwurf, über den er sich noch 1980 ärgert. Aber 1924-25 versucht er es nicht einmal in Werkstätten außerhalb der väterlichen – weder in Holland, noch in Deutschland. Aber als "Schauspieler" beglückt er Josepha und Mina mit seiner Kunst. Das Lob, das ihm sein Vater verweigert – "der hat mich nie gelobt" – erhält er in Echterbosch und von den Waldfeuchter Zuschauern. – Jakob sieht das etwas differenzierter.

Für den Gesellen Reiner Janssen besteht durchaus eine tägliche Fahrgelegenheit. Ab 1. September 1924 verkehren zwischen Waldfeucht, Heinsberg und Havert Postautos, so dass "in verkehrstechnischer Hinsicht ein Anschluss der Gemeinde stattgefunden hat," so der Chronist. Außerdem gibt es Fahrräder, mit denen man spielend Echt oder Heinsberg erreichen kann. Ab dort oder ab Echt fährt eine Bahn. Aber was hindert einen Radfahrer täglich bis Sittard, Roermond oder zu den nahen deutschen Zechen zu fahren, wie es die Bergleute tun. Erkelenz, Oberbruch oder Übach-Palenberg sind erreichbar. Aber der "brave Reiner" schafft die Abnabelung nicht, wartet auf den starken Mann, der dann auch tatsächlich kommt und alles regeln wird.

1925 bestätigt der Chronist, dass sich die neue Verkehrsmobilität außerordentlich bewährt. Reiner hätte sie ohne weiteres nutzen – und seine Nase in fremde Betriebe außerhalb Waldfeuchts stecken können. Später begründet er seine versäumten Wanderjahre mit:

"Ich konnte woanders nichts Besseres lernen."

(Dass es nicht so ist, bewies Johann Franz Oeben aus Heinsberg, der gegen 1740 nach Paris wanderte. Er wurde als Jean Francois Oeben – trotz schärfster Konkurrenz – zu einem der erfolgreichsten Schreiner seiner Zeit.)

Reiners Ansicht widerspricht jeder Handwerkserfahrung. Dabei braucht Eduards Können nicht in Zweifel gezogen zu werden. – Er ist ein ausgezeichneter Schreiner – aber es gibt noch andere – auch solche, die mit Furnier arbeiten und die Villen der Reichen ausstatten. Ist der Massivholzverarbeiter Eduard wirklich der beste Schreiner – oder ist er der beste Schreiner aus Waldfeucht? Was ist mit Josef Janssen, der beim selben Meister lernte?

Reiners Berufswissen beschränkt sich auf das, was er im väterlichen Betrieb kennenlernt. – Kein auswärtiger Meister zeigt ihm neue Kniffe. – Zu seiner Entlastung sei gesagt, dass die Zeiten für Handwerker wirklich nicht einfach sind. Der Chronist bestätigt, dass viele Männer, die auswärts arbeiten, von einer neuen Wirtschaftskrise getroffen werden und "vielfach nur Kurzarbeit" verrichten. – Seit Beginn des 1. Weltkrieges schließt sich in Deutschland für Handwerker ein Krisenjahr an das andere – dass es für Gesellen wie für Meister keine berauschende Zeit ist, bestätigt wieder der Chronist:

"Aus Arbeitsmangel entlassene Arbeitskräfte haben meistens auf der Zeche Hückelhoven als Bergarbeiter wieder Arbeit gefunden."

Man lernt jedoch kein Handwerk, um nachher in die Zechen einzufahren. Der Chronist bestätigt aber auch:

"Die Verkehrsverhältnisse werden, was freudig begrüßt wird, durch die tagtäglich mehr verkehrenden Autos immer besser. Dem reisenden Publikum ist heute möglich, an einem Tag weit entfernt liegende Städte zu erreichen, ihre Geschäfte auszuführen und auch die Rückkehr wieder zu bewerkstelligen."

Reiner Janssen fehlt der Unternehmungsgeist seiner Onkel Arnold und Christian, obwohl auch er weiter kommen will. – 1925 fertigt er in väterlicher Werkstatt sein Meisterstück. Wenige Tage vor der Prüfung arbeitet er noch nervös an einer Schranktür, die etwas spannt. Eduard bemerkt es und sagt: – "Das ist Blech!"

Reiner platzt darauf zum ersten Mal im seinem Leben, seinem Vater gegenüber, der Kragen und er droht:

"Noch ein Wort – noch ein Wort von dir – und ich schlag es kaputt!"

"Vatter" verkneift seine Antwort, zieht sich zurück und kritisiert dass Meisterstück seines Sohnes nicht mehr. 50 Jahre später beklagt sich Reiner wiederholt:

"Der hat mich nie gelobt, nicht ein einziges Mal. Nur zu anderen sagte er immer, dass ich tüchtig wäre."

Reiner besteht am 23. September 1925 seine Meisterprüfung vor der Handwerkskammer in Aachen. Überrascht sind seine Prüfer über sein Zeichentalent und fragen ihn, wie er denn die Bögen ohne Zirkel so exakt aufgezeichnet hätte? – Er zeigt auf eine Leiste, in die ein Nägelchen als Ansatzpunkt eingeschlagen ist. Er verwendet sie wie einen Stangenzirkel.

"Das ist aber eine gute Idee," loben ihn die Prüfer und beweisen damit, dass sie nur wenig von handwerklichen Praktiken verstehen. Sie loben einen Zirkelschlag, der ihnen unbekannt, aber im Handwerk üblich ist.

1925 spielt Reiner in einem Musical, in dem alle männlichen Akteure, wie ein Foto beweist, eine Perücke tragen – trotz Meisterprüfung – eine der Hauptrollen. Auf dem Foto ist ferner ersichtlich, dass er die Boehmflöte spielt.

Ein Foto aus den Jahren 1926-27 lichtet ihn zusammen mit seinem Vater, seinem Bruder Peter, seinem späteren Gesellen Theo Görtz und drei weiteren Gesellen ab. Auf

Das obere Bild zeigt die Werkstatt von Eduard Janssen – das untere die Werkstatt von Josef Janssen. Anlässlich des Fototermins verdoppeln die Meister ihre Belegschaften, um so den Eindruck eines leistungsfähigeren Betriebes zu erwecken. Bild oben von links nach rechts: Reiner Janssen, Theo Görtz, unbekannt, Eduard Janssen, Peter Janssen, unbekannt, unbekannt. – Unteres Bild ganz rechts: Josef Janssen, ganz links möglicherweise einer seiner Söhne.

meine Frage, ob sie soviele Gesellen beschäftigt hätten, erhielt ich Reiners Antwort:
"Als der Fotograf zu uns kam, lieh sich mein Vater Gesellen von Josef, umgekehrt gingen wir zu ihm. Das wurde damals so gemacht."

Maschinen sind auf dem Bild nicht zu erkennen. Beim Fototermin wird aus Werbegründen hochgestapelt. Zwei Schreinereien dieser Größe haben in Waldfeucht, in dem es noch die Schreinerei Dahlmanns gibt, kein Auskommen. – 1926, Reiners Hochzeit rückt näher, erreicht der Betrieb von Eduard Janssen sein neues Leistungslimit durch die Anschaffung elektrischer Maschinen.
Im Jahrbuch *Baumarkt,* das in den Kreisen Aachen *(Stadt und Land),* Düren, Erkelenz, Geilenkirchen-Heinsberg und Jülich erscheint, ist die Werkstatt von Josef Janssen nicht aufgeführt, im Gegensatz hierzu die von Eduard sogar mit der Telefonnummer 19. Möglicherweise ist mit der Namensnennung eine Gebühr verbunden. Der *Baumarkt* spiegelt die Anzahl der Handwerksunternehmen nicht exakt wider. Hunderte Schreinereien der näheren und weiteren Umgebung sind nicht genannt. Zahlreiche Betriebe werben mit Anzeigen. In Heinsberg, Haaren, Ratheim, Oberbuch und Wassenberg existieren mehrere Dutzend Schreinereien. – Reiner hätte also die Möglichkeit gehabt, sich in der näheren Umgebung umzusehen. Aber das ist auch nicht im Sinne Eduards, der nicht auf einen kostengünstigen Gesellen verzichten will – er zahlt selbst die vorgeschriebenen Rentenversicherungsbeiträge für seine beiden Söhne nicht ein. Das liegt auch am Mangel an Aufträgen, den der Chronist bestätigt:
"Die vorhandenen Gewerbebetriebe, welche alle nur einen verhältnismäßig geringen Umfang haben, wurden durch die allgemein herrschende spannende Wirtschaftslage beeinflußt und klagten die Inhaber über Absatzschwierigkeiten."

Politisch sitzt Deuschland zwischen den Stühlen. Die Regierung versucht die Isolierung im Osten mit einem Freundschaftsvertrag mit der Sowjetunion zu umgehen. In Deutschland dämpft zunehmender Amerikanismus die "guten alten deutschen Sitten". Josephine Baker tanzt nackt im "Nelson" am Kurfürstendamm. – Berlin wird internationaler, als der Berliner Vertrag unterzeichnet wird. Die deutsche Wirtschaft, die in zwei Jahren 32,8 Milliarden investiert, hofft vom neuen Vertrag zu profitieren. Gustav Streseman versucht mit ihm den Weg nach Osten zu öffnen. Die Ostgebiete kommen ab den neuen deutschen Grenzen noch nicht zur Ruhe. Polen hat seine Probleme. Auch Deutschlands Aufnahme in den Völkerbund bleibt umstritten.

1926 florieren in Echterbosch wieder die Geschäfte mit den Deutschen. Die Rentenmark bleibt hart und die holländischen Kolonialwarenangebote günstiger. Den niederländischen Zoll fürchten Hülhovens nicht, er behindert den Verkauf holländischer Waren an Deutsche kaum.

Deutsche Schutzzölle umgehen die Grenzbewohner mit einer verfeinerten Schmugglerkunst. Daran ändert auch die religiöse Welle nichts, die das Land überzieht. Die katholische Kirche aktiviert ihre Arbeit in den Niederlanden. Glaubt man dem *Maasbode,* dann erleben die Klöster starken Zulauf. Dreimal soviel Priesterkandidaten treten in Klöster ein, statt die Seminare des weltlichen Klerus zu besuchen – das Kloster Lilbosch profitiert von dieser Entwicklung.

Der Wunderglaube innerhalb der katholischen Kirche erlebt im deutschsprachigen Raum eine neuen Höhepunkt mit den Wundmalen einer "Therese von Konnersreuth", die an sich die Wundmale Jesu verspüren will. Medizinern gestattet Therese Neumann aber keine Behandlung, klinische Untersuchungen können daher die Stigmatisierung nicht untermauern. – In der Familie Hülhoven folgt man Bedenken, die Pater Dositheus zu erkennen gibt. *(Therese Neumann war nach einem Unfall 1918 erblindet und gelähmt – sieben Jahre danach geheilt worden.)* Man lässt im Haus an der Waldfeuchter Baan zwar keinen Zweifel daran, der einzig richtigen Religion anzugehören, doch lebt man nach Minas Grundsatz "leben und leben lassen".
Als sich nach 1926 beim andersgläubigen Zollinspektor Schuring wieder Nachwuchs ansagt und Anni Schuring geboren wird, trennen die unterschiedlichen Religionen das freundschaftliche Band zwischen den Familien nicht. Mit der Geburt und dem Heranwachsen des Kindes wird die Verbindung der Familien noch enger – obwohl sie nicht mehr unter einem Dach wohnen. Anni Schuring erinnert sich 1987:
"Wir wohnten direkt neben euch *(bei Klöer).* Die hatten damals ein Café. Später haben wir beim Schullehrer Sanders gewohnt. Es hat ein spezielles Band zwischen uns und deinen Großeltern bestanden, denn deine Großmutter *(Mina)* hat mir beigebracht, aus der Flasche zu trinken. Es hat mir leid getan, dass ich deine Großmutter nie wiedergesehn habe."
Annis Mutter kommt mit der Umstellung auf die Flasche nicht zurecht und Mina zieht Anni zeitweise damit auf, dadurch verstärkt sich die Bindung. – Familie Schuring wohnt im Haus des Jean Peulen *(in Holland Cleure Sjang, bei uns Klöere Schang, einem Sohn von der Klara, die von den Echterboschern "Klöer" genannt wurde.)* Jean Peulen betrieb im größten Haus an der Waldfeuchter Baan 140 das Café "Het Grenzkantoor". Wenn sich bei unserem Nachbar etwas ereignete, dann passierte das *"bie Klöer".*
Bevor das neue holländische Zollamt erbaut wurde, war in ihm das "Officiéle instelling grenskantoor" untergebracht. In einer oberen Wohnung wohnten die Schurings. Der Mietvertrag zwischen Peulen und dem holländischen Zoll endete am 1. Juli 1928. – *"Klöers"* beherbergten das holländische Zollamt 55 Jahre. – Echterbosch vergrößerte sich Anfang der zwanziger Jahre um das Haus des Deutschen Franz Breitkopf an der Waldfeuchter Baan 160.

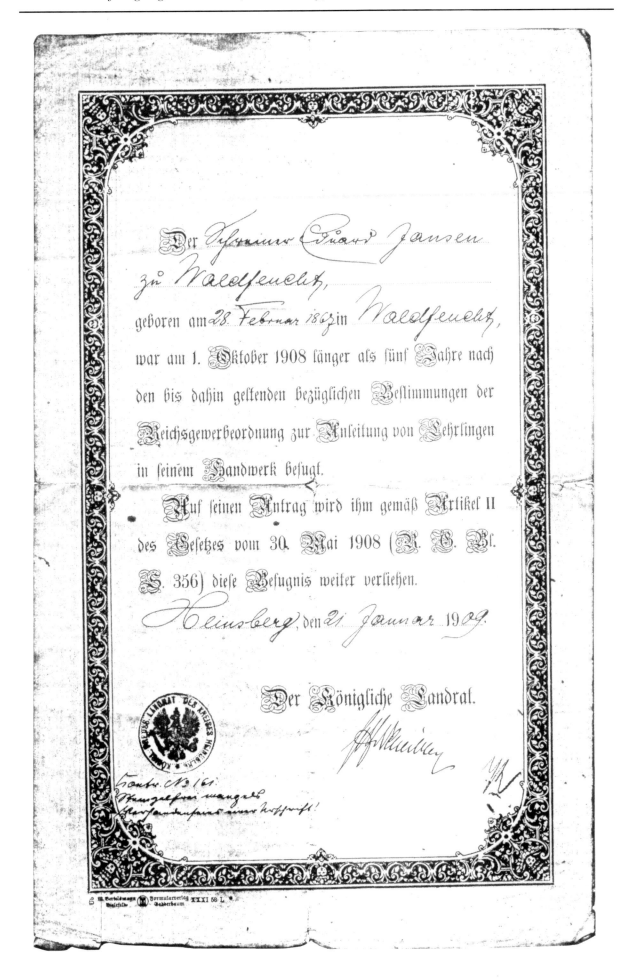

Reiner Janssen und Josepha Hülhoven heiraten

1927 beschließt die holländische Zollverwaltung den Neubau eines Zollamtes in Echterbosch. Der Rat von Echt schaltet sich ein und plant ein Haus mit Einliegerwohnung für den Zollinspektor.

Allgemein fließt der Grenzverkehr normal. Die Weststaaten, allen voran Frankreich, halten als Feindbild Deutschland in Erinnerung, obwohl Marschall Foch, der das Gegenteil eines Deutschfreundes ist, erklärt:
"Ich versichere, dass am 13. Januar 1927 die Abrüstung Deutschlands völlig durchgeführt war."
Der Marschall sieht sich zu dieser Erklärung veranlasst, weil die französische Presse als öffentlicher Meinungsmacher auch nach der Entwaffnung die Angst vor Deutschland wach hält. Man spricht von Bestechung der Presse durch die französische Schwerindustrie, die Frankreich mit einem gigantischen Festungsgürtel umschließen will. Die katholische Zeitschrift *Schönere Zukunft* spricht von jährlichen Zuwendungen von 10-15 Millionen Francs seitens der Rüstungsindustrie an das *Journal des Débats*. – Die Deutschland nicht sehr freundlich gegenüber stehende Zeitung behauptet, dass sich die jährlich 50 000 in Deutschland gebauten Traktoren, leicht in Panzer umbauen ließen. Dabei treiben die Franzosen die Motorisierung ihrer Armee voran.
Einsichtige Frontsoldaten und Politiker beider Seiten treffen sich zwar friedlich und sprechen sich gegen Kriegsgreuel aus, doch der französischen Rüstungsindustrie sind solche Gespräche nicht willkommen. Der Einfluss des Rüstungskonzerns Schneider-Creusot reicht bis in den Präsidentensessel. Der zeitweilige Präsident Millerand ist in großen Prozessen der Rechtsvertreter des Konzerns. – Die Geschäfte mit dem Tod blühen vor allem in den USA, England und Frankreich.
"Die Rüstungsindustrie wusste nur zu gut, daß ein Erfolg der Abrüstungsverhandlungen das Geschäft in Riesengeschützen, Kriegsflugzeugen und Tankungeheuern ernstlich gefährdet." (Schönere Zukunft)

Die deutsche Wirtschaft erlebt eine Scheinblüte – aber in den Taschen von Reiner Janssen, er ist schon seit zwei Jahren Meister, klingeln mehr Pfennige und Groschen als Mark. – Er wird weiterhin von seinem Vater mit einem Taschengeld von fünf Mark wöchentlich abgegolten.
Die Regierung in Berlin ratifiziert vorausschauend im Juli 1927 ein Gesetz für die Sicherung des Unterhalts bei Arbeitslosigkeit und Hitler reorganisiert die NSDAP, als in Echterbosch und Waldfeucht die Vorbereitungen für die Hochzeit anlaufen. Das Paar ist vier Jahre verlobt, Reiner 26, Josepha 25 Jahre alt. – Am 7. Oktober 1927 trägt der Bürgermeister Kitschen, als Standesbeamter, das Brautpaar, unter der Nummer 7 des Jahres 1927 in das Heiratsregister Waldfeuchts ein, schreibt Janhsen mit hs.

Zur kirchlichen Trauung ist Pater Dositheus eingeladen. Als er am Hochzeitsmorgen die Braut im schwarzen Kleid sieht, ist er entsetzt, seine Nichte im schwarzen Kleid trauen zu müssen. – *("Das war damals hier so Mode." (Josepha))*
Die Farbe spiegelt in seinen Augen die verlorene Unschuld seiner Nichte wider – das schlichte Brautkleid erscheint ihm als eine Art Bußgewand. Das ist aber weder von Josepha noch von Mina beabsichtigt. Sie versichern, dass das Kleid modern ist und überzeugen den Onkel, dass seine Befürchtungen nicht berechtigt sind – Josepha ist kein "gefallenes" Mädchen. Nachdem dieser "Umstand" geklärt ist, soll das Brautpaar die wartende Kutsche besteigen. Reiner verhält sich dabei etwas unbeholfen und zögert mit dem Einstig. Josepha wähnt sich schon verheiratet und dirigiert barsch:
"Äsel – klemm enn!" *(Esel – steig ein!)*
Der "Esel" steigt ein und das Pferd zieht die Kutsche an den letzten Häusern Echterboschs *(Breitkopf und Peulen)* und am deutschen Zollamt vorbei, durch das Waldfeuchter Untertor, vor die Kirche, wo sie von zahlreichen Theater-, Musik- und Sangesfreunden erwartet und in die Kirche geleitet werden. Pater Dositheus zelebriert das feierliche Brautamt und vollzieht die Trauung unter dem Gesang seiner Vereinsfreunde.

Die Hochzeitsreise

Am Tag nach der Feier fahren Josepha, Reiner und Pater Dositheus an den Rhein. Ihre erste Station ist Bonn-Lengsdorf. Dort kennt Dositheus die Geschwister Katharina und Peter Schlösser, aus der Zeit, in der er im Kloster Bonn-Kreuzberg stationiert war. – Von Lengsdorf aus überqueren sie den Rhein und besteigen bei Königswinter den Drachenfels, das heißt, die Frauen reiten auf Eseln und die Männer gehen zu Fuß. Josepha und Reiner erreichen den höchsten Punkt ihres Lebens, für Echterboscher und Waldfeuchter eine Art *Mont Blanc*.

Am nächsten Tag besteigen sie den Rolandsbogen und der Onkel erklärt die Herrlichkeiten des Mittelrheins. Anschließend fahren sie nach Nonnenwerth über. Reiner zittert, als er das kleine Fährboot zum Überqueren des Rheinarms nach Nonnenwerth besteigt, um sein Leben. Der schwankende "Seelenverkäufer" löst in ihm solche Panik aus, dass er nach der Rückfahrt erklärt:

"In so ein Ding steige ich in meinem Leben nicht mehr!"
(Diesen Vorsatz kann er im 2. Weltkrieg nicht einhalten. Er überquert mehrfach Nord- und Ostsee, erlebt auch auf einem Fischkutter einen Sturm auf dem Atlantik.)

Nach Nonnenwerth besuchen sie Kirche und Kloster des Apollinarisberges in Remagen, besteigen auch den "Franziskus", lösen aber bald ein Fahrkarte nach Bad Neuenahr. – Als wichtigster Teil der Hochzeitsreise folgt ein Besuch bei Schwester Angelika im Kloster *Maria Hilf*. Reiner sieht zum erstenmal die Weintrauben der Ahrberge, er wird der Schwester Angelika vorgestellt. Josepha erblickt die Stätte wieder, an der sie vor neun Jahren fast an einer Kartoffel erstickt wäre.

In Bad Neuenahr ist der Höhepunkt der Hochzeitsreise erreicht und man reist, mit Segen der Ordensleute, über Remagen, Köln und Lindern wieder nach Heinsberg, fährt von dort mit einem Postbus nach Waldfeucht.

Der Echterboscher Alltag holt sie ein, doch es ist nicht mehr so wie vorher, der Haushalt ist um eine Person angewachsen. – Josepha bedient weiter im Wenkel, wäscht, scheuert, bleicht Wäsche, bügelt und putzt – Reiner arbeitet nach wie vor für ein Taschengeld von fünf Mark. Er wird von der Hülhovenfamilie verpflegt, Eduard spart sogar die Verpflegungskosten, das ist bezeichnend für seine finanzielle Situation. – Das Jahr über sind die Handwerker ausreichend beschäftigt, doch im Spätherbst 1927 werden Bauhandwerker arbeitslos.

1928 geht es bezüglich der Beköstigung in der begonnenen Weise bis zum Sommer weiter, doch dann erkundigt sich Jakob Hülhoven nach Reiners Beitrag in die Familienkasse. Er ist zwar nicht auf dessen Zuschuss angewiesen, doch statt eines Essers weniger, wie es in normalen Ehen der Fall ist, hat die Familie einen Esser mehr zu ernähren. – Eduard rührt sich nicht.

Es geht ums Prinzip. Wie es für Jakob selbstverständlich war, dass er seinen Beitrag leistete, auch bei Bauern als

In Begleitung von Dositheus reist das Brautpaar nach Bonn-Lengsdorf zu den Geschwistern Schlösser . Von dort machen sie einen Ausflug auf den Drachenfels. V. l.: Der Eselvermieter, Reiner, Josepha, Dositheus und die Schlössers.

Tagelöhner arbeitete, sich als Handlanger bei Steinbrennern verdingte, als Waldarbeiter seinem Bruder half, so erwartet er auch von einem Schreinermeister, dass dieser nicht nur brotlosen Künsten fröhnt, Theater und Flöte spielt, sondern zum Familienhaushalt beisteuert. – Mina erkennt das zwar auch, doch hat sie den Schwiegersohn in ihr mütterliches Herz geschlossen. – Sie spendiert so manche Flasche selbst produzierten, aber auch von der Ahr eingeführten Wein. Oft bleibt es nicht bei einer Flasche, und es wird zu ihrer geläufigen Redewendung:
"Sollen wir noch eine Flasche hoch holen?"
Reiner sagt nie nein. Wenn Josepha erlaubt, Jakob nickt, seine Pfeife anzündet, geht Mina in den Keller. Taschengelder sind an solchen Abenden kein Thema – die bespricht sie am anderen Morgen in Ruhe mit ihrer Josepha. Die bringt Reiner die Vorstellungen bei. – Der verspricht ein "energisches" Gespräch und wendet sich an Eduard. Der gibt nach und erhöht auf 12 Mark die Woche. – Darauf bestätigt Mina ihrer Tochter:
"Du hast eine guten Mann!"
Sie meint damit auch, dass Reiner sanfter ist, nicht so draufgängerisch wie Jakob, der manchmal zornig reagiert. Dass Reiner weniger konsequent, auch verträumter ist, Entscheidungen vor sich herschiebt, übersieht sie.

Reiner spielt den starken Mann im Theater und kniet sich voll ins Vereinsleben. – Sein Vater zahlt ihm jetzt 12 Mark, spart aber für seine Söhne die Sozialbeiträge.
Zu Rentenversicherungen haben Hülhovens keine Beziehung – sonst wären auch sie zur Sprache gekommen.
Reiners Verhältnis zu Jakob bleibt gehemmt, ist aber kein feindliches. Er glaubt an einen Hauch "böser Schwiegervater", den er immer noch in der dritten Person mit "Ihr" anredet. Das bleibt so ein Leben lang.

Eduards Freigebigkeit wird von Einkünften bestimmt, die er aus Geschäften erzielt. Das Preisniveau für Schreinerarbeiten ist aber niedrig – höhere Preise führen oft zum Verlust des Kunden. Der Betrieb erwirtschaftet zu selten seine wahren Unkosten.
Reiners Lohn spiegelt das Einkommen des Betriebes wider. Es sind und bleiben magere Jahre seit Beginn des 1. Weltkrieges. Eduard schafft es nicht, Reserven zu bilden – sein Haushalt bleibt das Gegenteil von dem der Hülhovens, der keine Not gekannt hat, seit Mina und Jakob verheiratet sind.

Reiner soll zwar einmal den Betrieb übernehmen, doch kann dieser Betrieb keine zwei Familien ernähren, geschweige einen heranwachsenden Peter und eventuell noch dessen Familie. Der Markt ist einfach zu klein.

Die Waldfeuchter Bauern verfügen auch nur über beschränkte Einnahmen. Beispielsweise kann Frischmilch nur zu ungenügenden Peisen abgesetzt werden. "Die Entfernung zur Stadt wirkt sich gerade hier besonders aus." (Chronist) – Beamte stellen für Handwerker keine große

Käuferschicht dar, weil ihre Gehälter kaum zur Deckung der eigenen Lebenshaltungskosten reichen. – Die wenigen Reichen oder Bessergestellten, Ärzte, Apotheker, Pastor oder Bürgermeister, bilden nur eine schmale Basis. – Arbeiter die in die Zechen und nach Oberbruch in die Fabrik fahren, verdienen auch nur soviel, dass sie ihre Familie knapp versorgen können. Der Waldfeuchter Chronist führt aus:
"Ebenso ist die arbeitende Bevölkerung gezwungen, außerhalb des Wohnsitzes Beschäftigung aufzunehmen. Bei den Bauarbeiten trat mit einsetzendem Frost im Herbst große Arbeitslosigkeit ein."

Ob man im holländischen Grenzgebiet besser mit Arbeit versorgt ist, kann nicht nachvollzogen werde, doch auch in Echterbosch, Koningsbosch und Diergarde wohnen ärmere Leute. – Holland wird zwar nicht so mit Reparationen geknechtet, hat eine stabile Währung behalten, als in Deutschland die Erparnisse Opfer der Inflation wurden, aber das Grenzgebiet wird immer noch von der Regierung vernachlässigt, ist noch nicht an das Elektrizitätsnetz angeschlossen. – Nennenswerte Handwerksunternehmen gibt es kaum in den genannten Orten. – Als beispielsweise das holländische Zollamt gebaut wird, führt Bauunternehmer Vergoossen aus Echt das Objekt für 5490 Gulden aus.
1928 wird der Neubau auf einem Grundstück von Heinrich Houben verwirklicht. – Es gibt zwei Heinrich Houben, die sich an der Echter Baan gegenüber wohnen, zwar verwandt sind, aber keine Vettern. Der Vater vom verkaufenden Heinrich war ein Neffe von Andreas Houben. Mein Großonkel Heinrich Houben ist nicht der Verkäufer; es existieren jedenfalls keine Unterlagen über einen eventuellen Verkauf. Die "gemeentebestuur van Echt" baut in der Nachbarschaft auf der anderen Straßenseite ein schmuckes Zollamt, das die Hausnummer 108 erhält.

1928 – bei den olympischen Spielen in Amsterdam, sind wieder deutsche Sportler zugelassen und erringen auch einige Erfolge. – Max Schmeling wird in diesem Jahr Europameister im Halbschwergewicht, und Hugo Eck überfliegt zum erstenmal im Zeppelin den Atlantik.
Die Reichtagswahl geht mit 25-30 Millionen Mark als die teuerste Wahl in die Geschichte des deutschen Parlamentarismus ein, sie verdammt die deutschen Nationalsozialisten zur Bedeutungslosigkeit. – Die SPD bleibt stärkste Partei, das Zentrum wird mit 12,5 % zweitstärkste. Allgemein rutschen die Parlamentssitze nach links ab. – Josef Goebbels versucht mit Spott die Demokratie der Weimarer Republik mit deren eigener Unterstützung lächerlich zu machen:
"Wenn die Demokratie so dumm ist …"

Der Winter setzt früh ein, wird eisig und bringt Kälterekorde von bis minus 40 Grad. Fast für ein halbes Jahr frieren die Baustellen am Selfkant ein. – Mitte Februar 1929 misst man in Waldfeucht noch minus 25 Grad.

Wilhelmine Josefine Janssen

Im Januar 1929 übersteigt die Zahl der Arbeitslosen in Deutschland die Dreimillionengrenze, im März sind es genau 3 229 871. Die Arbeitslosenversicherung hat nur mit 800 000 Arbeitslosen gerechnet und ist gezwungen, am 21. März ein Reichsdarlehen aufzunehmen.

In Echterbosch ist Josepha Janssen, geborene Hülhoven, seit dem Sommer 1928 schwanger. Am Dienstag, den19. März 1929, also zwei Tage vor dem Arbeitslosendesaster, wird ihre erste Tochter, Wilhelmine Josefine Janssen, geboren.
Helmine wiegt bei der Geburt 9 Pfund, wird am nächsten Tag von Reiner, ihrem Vater, in der *Gemeentebestuur van Echt* beim Standesbeamten Gran, als Wilhelmine Josefine Janssen, angemeldet, erhält den Rufnamen "Helmine". Getauft wird sie in Koningsbosch am 24. März. Taufpatin ist Mina, Taufpate Eduard, der Vater Reiners.
Der 19. März ist ein besonderer Familienfeiertag, denn als "Josefstag" ist er Namenstag von Josepha, von Josepha, ihrer Schwiegermutter, von Josepha Blank, geborene Houben, ihrer Tante, der Schwester Minas, und von Eduards Bruder Josef. Außerdem wird Mina an diesem Tag 58. – Namenstage haben für Katholiken des Rheinlandes zu der Zeit Vorrang vor den Geburtstagen.

Der März ist zwar noch recht kalt, am Anfang des Monats misst man minus 8 Grad. – Am 19. wird es trotz der nur schwer weichenden Kälte eine heiße Feier mit vielen brennenden Schnäpschen. – Der Frost bricht erst im April. Helmine ist 3 Monate, als sie ihren ersten Sommer erlebt, der ein sehr trockener wird und den Bauern eine mittelmäßige Ernte beschert. Helmine gedeiht unter der Fürsorge ihrer Mutter und Großmutter.
Reiner wirbt zu dieser Zeit wieder um Josepha und hält die "Schonzeit" gerade mal so ein. Das hat Folgen! – Helmine wird vier Monate, als Josepha auf ihre "Tage" wartet und erkennt, dass sie erneut schwanger ist.

Wilhelmine Josefine Janssen im Frühsommer 1929

Reiner macht an den ersten Frühsommertagen 1929 ein Foto von Josepha und Helmine, die drei Monate alt wird.

Im September – Josepha ist im dritten Monat – schlägt Aristide Briand, in einer enthusiastischen Rede, dem Völkerbund in Genf ein *Vereinigtes Europa* vor. Es ist die zehnte Versammlung des Bundes. – Er findet keine Gegenliebe, vor allem England höhnt über den Gedanken, ein Teil dieses Staatengebildes sein zu müssen.
Gustav Stresemann spricht sich zwar dafür aus, doch es vergeht kein Monat, da erhält er einen Schlaganfall. – Politiker aller Couleur erhalten nun Gelegenheit, ihre echte und geheuchelte Bestürzung über den Tod des deutschen Außenministers zu bekunden.
Stresemann wird beerdigt, als Helmine ein halbes Jahr alt wird. – Sechs Tage später stürzt die New Yorker Börse, am 25. November, dem sogenannten "Schwarzen Freitag", die Weltwirtschaft in eine Krise.

Pater Dositheus Hülhoven ist an diesem "schwarzen Freitag" seit einigen Monaten Guardian bei den Franziskanern in Düsseldorf. Für ihn ist die Welt, vor allem die katholische, noch in Ordnung. Seine Stationen als Seelsorger, Volksmissionar und Exerzitienmeister sind Dingelstedt, Remagen, Mönchengladbach, Köln *(wo er auch als Vikar des Konvents wirkt)* und Bonn, wo er zum Vikar gewählt wird.
Der große Franziskanerorden teilt Deutschland in fünf Ordensprovinzen, bewohnt 106 Klöster und hat 914 Patres. 1929 hat der Orden 2529 männliche Mitglieder und betreut 1243 Ordensschüler in seinen Klöstern. – Insgesamt wirken im Reich 3507 katholische Ordenspriester.

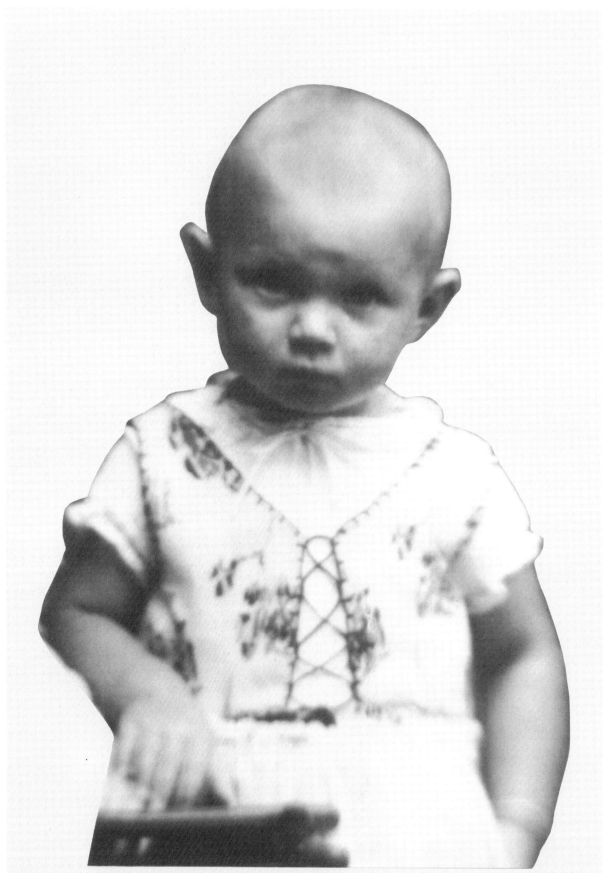

Helmine bekommt gegen Ende des Frühlings 1930 neue Aufgaben – sie darf bald ihren "kleinen" Bruder beaufsichtigen, der auf den Namen **Johannes** Jakobus getauft wurde.

Die katholische Kirche glaubt 1929 die Sitten durch amerikanische Filme gefährdet. Aus den USA werden seit Jahresanfang die ersten brauchbaren Tonfilme exportiert. Die Sittenwächter der Kirche beäugen argwöhnisch jede Szene, die einen Hauch von Erotik ausstrahlt. – Die deutsche Filmgeräteindustrie wittert dagegen eine Chance und beginnt umgehend mit der Herstellung der neuen Tonfilmapparaturen, verschätzt sich aber an der Nachfrage.
Filme wie "Der blaue Engel" schreiben aber Filmgeschichte, trotz der geschwundenen Massenkaufkraft. Der "Schwarze Freitag" treibt 30 Millionen Arbeiter ins wirtschaftliche Chaos.

Das Handwerk ist sofort von der Krise betroffen, auch der Betrieb von Eduard Janssen, der in die neugeschaffene Handwerksrolle eingetragen ist. – Die Verkehrsanbindungen sind ab dem 1. Mai 1929 von der Post übernommen worden, "die zugleich von Waldfeucht über Breberen nach Geilenkirchen eine neue Linie errichtete", berichtet der Chronist aus Waldfeucht.
Eine Entlassungswelle setzt ein. Die Glanzstoffwerke in Oberbruch rationalisieren, das wirkt sich bis Waldfeucht aus. – Am 10. Oktober findet eine Volkszählung statt, nach der Waldfeucht 825 Einwohner hat, Bocket 726.
"Auch in der hiesigen Gegend war dadurch mancher Arbeiter auf die Arbeislosenunterstützung angewiesen. Die jugendlichen Arbeiter fanden jedoch bereits im Winter wieder Arbeit auf den benachbarten Gruben in Hückelhoven. Die Arbeitslosigkeit vieler älterer Arbeiter und besonders der Arbeiterinnen wirkte sich auch auf die wenigen Gewerbebetriebe der Gemeinde aus, deren Absatz bedeutend abnahm." (Waldfeuchter Chronist)
Obwohl Josepha ihr zweites Kind erwartet, ist an eine Lohnerhöhung für Reiner nicht zu denken, auch nicht, als der Winter in das Jahr 1930 hinein ein sehr milder wird. Die Bauwirtschaft ist mit betroffen. Die Preise stagnieren und beginnen zu sinken.

Die politische Lage verschärft sich. – Zwar ist der große Deutschenhasser Clemenceau seit dem 24. November 1929 tot, aber dafür verschärft sich die innenpolitische Lage. Hitlers NSDAP hat sich erholt und bei den Landtagswahlen zugelegt, zuletzt am 8. Dezember 1927 in Thüringen.

Gegen Ende des Winters, zwei Tage vor Frühlingsanfang, trifft es zum zweiten Mal den "Josefstag". Nach einem Jahr schenkt Josepha, auf den Tag genau, diesmal am 19. März 1930, ihrem Sohn **Johannes** Jakobus das Leben. – Am Tag darauf, einem Donnerstag, fährt Reiner mit dem Fahrrad nach Echt und meldet Johannes an. Wieder ist es der Standesbeamte Gran, der die Geburt registriert und über die Präzision des Ereignisses nach exaktem Jahresabstand staunt.
Trotz Wirtschaftskrise, oder gerade wegen ihr, wird der Josefstag gefeiert. – Getauft wird wieder in Koningsbosch. Es ist unverkennbar, dass zu Ehren des Paters Dositheus,

Josepha hält im Sommer 1930 ihren ersten Jungen im Arm

der Knabe "Johannes" genannt wird.

Die politische Lage verzerrt sich zusehends, eine Regierungskrise beginnt sich abzuzeichnen. – Die zweite Haager Konferenz regelte die Reparationen endgültig, lässt aber nun die Meinungen hart aufeinander prallen – die Nationalsozialisten treten gegen die sogenannten Youngplangesetze an.
Der Reichsbankpräsident Hjalmar Schacht will die ungeheuren Lasten, die Deutschland von den Siegern aufgebürdet werden, nicht mehr mittragen und tritt zurück. Hindenburg überträgt dem Zentrumspolitiker Brüning die Bildung eines Kabinetts. Im Mai rücken letzte Franzosen ab. – Brüning versucht mit Notverordnungen die Regierungsgeschäfte zu führen – die von der SPD, KPD, NSDAP und DNVP abgelehnt werden. – Darüber kommt es zur Auflösung des Reichstages – die Folge sind Neuwahlen.
Hitler erringt statt der bisherigen 12 Sitze am 14. September 107 – und zieht in brauner Uniform in den Reichstag ein. – Das sind zwar erst 18,2% – aber die SPD ist auf 24,5 % abgesunken – dadurch werden die Nationalsozialisten zur zweitstärksten Partei im Reichstag.
Hitler prangert Juden und Marxisten die Misere an – fördend wirkt, dass trotz Streiks die Löhne gesenkt werden – das treibt der NSDAP mehr Sympathisanten zu.

Eduard versucht in Heinsberg ein Kloster zu kaufen

Die Ankündigung Hitlers, einen "Sozialismus der Tat" errichten zu wollen, erscheint vielen Wählern als eine glaubhafte Alternative zur Politik der Etablierten. Hitler steigt mit zunehmender Krise in der Gunst vieler Wähler. Unterstützt wird er von Rednern wie Joseph Goebbels, die geschickt für die Schieflage der deutschen Wirtschaft den Versailler Vertrag, aber auch Juden und Marxisten verantwortlich machen.

Die Wirtschaftskrise wird in Selfkantnähe am 21. Oktober 1930 von einer Explosion auf einer Grube in Alsdorf übertönt, der auf der Zeche Anna II 250 Bergleute zum Opfer fallen. – Trotz dieses Unglücks verzeichnen die Kohlegruben einen Zustrom von Arbeitssuchenden, zu denen auch Waldfeuchter gehören. – Die Glanzstoffwerke haben erneut rationalisiert. 26 Arbeiter aus Waldfeucht finden auf den Zechen "Sofia Jakoba" in Hückelhoven und auf der "Carolus Magnus" in Palenberg Arbeit.

Nach Kohle wird 1930 auch in der Nähe Bockets gebohrt, aber es wird kein Förderturm errichtet – die Region bleibt von einer Zeche verschont. Waldfeuchter werden aber kaum arbeitslos. Hierzu bemerkt der Chronist: "Obwohl anderen Orts die Gemeinden durch die Arbeitslosigkeit finanziell geschwächt wurden, ist es erfreulich, daß im Jahre 1930 in Waldfeucht keine männliche Person arbeitslos war."

Laut *Kölnischer Volkszeitung* löhnt man Arbeiter 1930 wie folgt: 48,6 % verdienen wöchentlich bis zu 24 Mark, 16,9 % 24-36 Mark, und 36,3 % über 36 Mark.

Das Einkommen der Bauern ist im Reichsdurchschnitt der Jahre 1925-1931 pro Hektar unterschiedlich. Höfe mit etwa 30 Morgen erzielen unter guten natürlichen und rationellen Bedingungen, wie sie beispielsweise in Waldfeucht vorherrschen, 31,- Mark Reinertrag. In mittleren Lagen bleiben nur 4,- Mark, und in kargen, schwer zugänglichen Gebieten, wird ein Minus von 25 Mark "erwirtschaftet".
Höfe von 50 Morgen erwirtschaften in guter Lage 37 Mark, in mittlerer Lage ein Minus von 3,- Mark, in karger Lage ein Minus von 24,- Mark.
Höfe von etwa 70 Morgen erwirtschaften in guter Lage 36,- Mark, in mittleren Lagen ein Minus von 3 Mark und in schlechten Lagen sogar ein Minus von 28,- Mark.
In allen Fällen ist der Zinsdienst abgezogen. (Quelle "Schönere Zukunft" 1933 S. 677)

Aus der Berechnung geht nicht hervor, ob der Eigenbedarf berechnet ist. Ein Waldfeuchter Bauer, der etwa 30 Morgen bearbeitet, verdient im Schnitt pro Woche knapp 18 Mark. – Das Einkommen von 12 Mark, das Eduard Janssen seinem Sohn Reiner wöchentlich zahlt, muss man in dieser Relation und im Zeichen sinkender Preise und Löhne sehen. Eduard verfügt einfach nicht über mehr Einnahmen. Er ist gezwungen, seine beiden Gärten intensiv zu nutzen, um seinen Lebensstandard zu sichern, hält dazu mehrere Ziegen und zeitweise eine Kuh. Anders ist die Ernährung seines Dreipersonenhaushaltes nicht zu sichern.

Seine Brüder Arnold und Christian kann er nicht mehr unterstützen, allerdings hält er Verbindung. – Christian, er ist seit 1928 Provinzial der *Norddeutschen Ordensprovinz* und Mitglied der *Vereinigung deutscher Ordensoberer,* will in Heinsberg ein Gebäude kaufen, um darin ein Kloster einzurichten. – Er schreibt deswegen Eduard an, der in Heinsberg auch ein Gebäude auftreibt, doch es kommt nicht sofort zu einem Ergebnis, die Verhandlungen erweisen sich als schwierig.

Nicht nur in Deutschland werden die Orden von einer Eintrittswelle überspült, sondern auch in Holland. – Im Achtmillionenland leben etwa drei Millionen Katholiken. 1930 finden die Primizen von 550 Jungpriestern statt.

Im krassen Gegensatz zur Auffassung der katholischen Kirche steht oft das deutsche Filmwesen. Allein im Dezember 1930 muss die Filmoberprüfstelle zweimal mit staatlicher Gewalt einschreiten.
Als der Film "Im Westen nichts Neues" im Berliner Mozart-Theater uraufgeführt wird, demonstrieren die Nationalsozialisten dagegen, weil sie die nationale Ehre verletzt sehen.

Nur die internationale Rüstungsindustrie scheint auch in der Deflation gute Geschäfte zu machen und kann 1930 kräftige Dividenden ausschütten. – Die *Skoda-Company* aus der Tschechoslowakei schüttet beispielsweise 29 % aus, und das trotz Weltwirtschaftskrise. Die tschechische Waffenschmiede arbeitet eng mit dem französischen Konzern *Schneider-Creusot* zusammen. – Die Zeitschrift "America" zählt weitere Waffenbrüderschaften auf:
"In England finden wir Vickers-Armstrong eng verbunden mit dem Hotschkiss-Konzern. Vickers-Armstrong hat in Italien eine Verbündete, die Societá-Vickers-Terni, und ist alliiert mit dem Mitsui-Konzern in Japan. Sir Bazil Zaharoff ist der Pate dieses großen Bundes. Während des Krieges stand er in enger Verbindung mit Lloyd George."

Trotz der Weltwirtschaftskrise, die 25 Millionen in Europa den Sozialismus wählen lässt, muss Deutschland 5 Milliarden Mark ausländischer Kredite zurückzahlen. Sie resultieren aus dem Versailler Vertrag. Der Staat ist außerstande, neue Kredite aufzunehmen.

Am 19. März 1931 feiert man im Hülhovenhaus zu Echterbosch den 61. Geburtstag von Mina, den zweiten von Helmine und zum erstenmal den von Johannes, natürlich auch den Namenstag von Josepha.

Jospha und Reiner Janssen mit ihren Kindern. Helmine *(stehend)*, kann gut laufen. Der muntere Johannes ist etwa ein halbes Jahr alt. Josepha trägt eine Muschelkette von Arnold Janssen. Sie stammt von Eingeborenen aus Vuna Pope.   *(Reste der Kette sind erhalten.)*

Morde im Wald von Putbroek

Am 24. August 1931 vermisst die Familie Roubroek zu Kemptien ihren Sohn Frans, der am 2. Februar 1907 geboren, gerade 24 Jahre alt ist. Er kehrt weder im September, noch im Oktober, noch im November zurück – bleibt spurlos verschwunden. – Am 28. November 1931, auf den Tag genau ein Jahr und einen Tag vor meiner Geburt, vermissen die Angehörigen der Familie Kersten zu Putbroek, Annendaalsweg 93, ihre Söhne Willem, geboren am 30. Juni 1909, und Mathias, geboren am 12. Mai 1912 – außerdem wird in der Familie Weren zu Putbroek, Annendahlsweg 31, der Sohn Frans vermisst.

Man sucht nach den Verschollenen und findet schließlich eine verdächtige Stelle im Wald, an der drei der vier Vermissten verscharrt sind. – Alle – die beiden Kersten-Söhne und Frans Weren, sind erschossen worden – und zwar in der Nacht von Freitag, den 27. auf Samstag, den 28. November 1931.

Die Verbrechen schlagen bei den Bewohnern Diergaardes, Kemptiens, Annendaals, Putbroeks und Echterboschs ebenso hohe Wellen, wie in anderen niederländischen Provinzen, vor allem in der Provinz Limburg.

Nachdem die Opfer beerdigt sind, beginnt die Suche nach Willem Roubroek. – Er wird wenige Tage später, von Antoon Janssen und Cornelius Gerritz gefunden. Ersterer

stößt bei einem verdächtigen Erdhügel mit seinem Spaten auf etwas Festes. Die Leiche von Willem Roubroek wird ausgegraben. Die Verwesung hat eingesetzt, aber man erkennt sofort, dass auch er erschossen wurde.

Die Suche nach den Mördern beginnt. Bald verdächtigt die Polizei die zuständigen Jagdaufseher der Reviere und ermittelt schließlich gegen Vater und Sohn van der Elzen. Der Vater, H. van der Elzen ist 55 Jahre alt und *jachtopziener* im Dienste "v. dhr. Gerardts, burgemeester van Posterholt" – der Sohn, M. van der Elzen, ist 24 Jahre alt, und ein noch nicht vereidigter Jagdaufseher im Dienste des Grafen van Aefferden. Beide wohnen in Annendaal. Die Verdachtsmomente sind so schwerwiegend, dass sie in Posterholt festgesetzt werden.

Die Nachricht, dass man die Täter gefasst hat, verbreitet sich. Die Polizei befürchtet Racheakte und schirmt die Arestanten ab – versucht auch deren Abtransport geheim zu halten. Aber es sickert durch, dass die Verlegung mit einem Personenwagen der Trambahn erfolgen soll. Hunderte strömen zur Station. Als Polizei und Arrestanten erscheinen, schallt ihnen "Mordenaars" *(Mörder)* entgegen. Doch es kommt nicht zu Tätlichkeiten und die Verdächtigen gelangen unbehelligt nach Roermond.

Dort wird ihnen unter großer Anteilnahme der Öffentlichkeit der Prozess gemacht. Der 55-jährige H. van der Elzen wird zu 15 Jahren Gefängnis, sein Sohn, M. van der Elzen, mit sechs Jahren bestraft. Er legt 1934 ein endgültiges Geständnis ab.

Die für die Zeit milden Urteile verleiten zu der Annahme,

Im Herbst 1931 entsteht dieses Foto, das Reiner Janssen von seinen beiden Kindern Johannes, er ist eineinhalb Jahre und Helmine, sie ist zweieinhalb, macht. - Willem Roubroek ist schon vermisst – seit dem 23. August 1931 tot.

Oben von links: Wilhelmina Hülhoven, Pater Dositheus Hülhoven, Jakob Hülhoven, Josepha Janssen. Unten: Johannes und Helmine. Mein Vater macht das Foto im Sommer 1932. – Mich sieht man noch nicht, aber ich bin unterwegs.

dass die "Jagdunfälle", immerhin vier Morde, fast zu gnädig geahndet worden sind. Dabei wurden jagdherrschaftliche Kompetenzen – auch die gegen mutmaßliche Wilderer – in kriminellster Weise überschritten. Außerdem wurde versucht, Kapitalverbrechen zu vertuschen.

Mir erzählt man Ende der dreißiger Jahre, dass beim jungen Roubroek die Haare und die Fingernägel auch unter der Erde weiter gewachsen seien und dass von den anderen Dreien einer um sein Leben gefleht haben soll.

1985 finde ich das weiße Eisenkreuz, das die Stelle markiert, an der meine Großtante Anna gefunden wurde. In der Nähe entdecke ich das Holzkreuz für Willem Roubroek und an der Straße ein großes Kreuz, das den anderen Opfern gewidmet ist. Es wird von zwei Figuren flankiert.

Tiefer im Wald sehe ich ein alleinstehendes Haus, das von einer älteren Frau und ihrem Mann so bewohnt wird, als befänden wir uns am Anfang, und nicht am Ende des 20. Jahrhunderts. Hundegejaul schlägt mir aus übereinandergestellten Käfigen entgegen, wie ich sie so noch nie gesehen habe. Ich werde freundlich begrüßt und frage nach der Anna.

Die Frau weiß von einem Mädchen, das ungefähr dort

ermordet worden sein soll, wo das Kreuz ihres Bruders jetzt steht.

"Ihres Bruders?"

"Ja! – Ich bin eine Roubroek! Das Kreuz ist für meinen Bruder errichtet worden," antwortet sie in einem Dialekt, den ich gut verstehe. "Wer seid ihr denn?"

Ich erkläre, dass ich ein Urenkel von Andreas Houben bin und staune, als sie das Haus kennt:

"Ah – ihr seid von *Aan Dreese*!"

Ich berichtige, dass nicht ich aus dem Haus stamme, sondern meine Großmutter. Die habe Jakob Hülhoven aus Brüggelchen geheiratet, der dann ein Haus an der Waldfeuchter Baan gebaut habe. Dort sei ich geboren.

Sie kennt das Haus, kann sich aber an einzelne der früheren Bewohner nicht erinnern. – Meine Großmutter, Wilhelmina Houben war schon mehrere Jahre umgezogen, als die Frau geboren wurde.

"Das war schon früher, da habe ich noch nicht gelebt," resümiert sie schließlich.

Dann schildert sie mir den Hergang des Verbrechens so bewegt, als wäre es im vorigen Jahr verübt worden. Am Schluss unseres Gespräches, in das sich auch hin und wieder ihr Mann einschaltet, betont sie noch einmal – und mir scheint – nicht ohne Stolz:

"Ich war dem seine Schwester! – Ich bin eine Roubroek!"

Krisenjahre

Die Siegermächte sind sich einig über deutsche Reparationszahlungen, die das Land niederhalten und – wenn es gilt, die Interessen der eigenen Rüstungsindustrien zu vertreten. Man will Deutschland, das abgerüstet hat wie kein anderes Land der Welt, jederzeit waffentechnisch überlegen sein. Den Maßnahmen des Versailler Vertrages will man Nachdruck verleihen können. – Aber das Geld erhält nicht immer derjenige, für den es gedacht ist. – Die *Schönere Zukunft,* eine katholische deutsche Zeitschrift, befasst sich mit Anleihen, die Frankreich angeblich kleineren Verbündeten gegeben haben soll:

"Böse Zungen behaupten, die im Ausland angelegten französischen Milliarden seien in Wahrheit nie über Frankreich hinausgegangen, sondern in den französischen Sparstrumpf, in die Stahlschränke der Kanonenhändler gewandert. – Was hier von Frankreichs Kanonenkönigen gesagt wurde, ließe sich mutatis mutandis auch von anderen europäischen und amerikanischen Rüstungsindustrien sagen."

Auch das christlich orientierte *Hochland* erhebt seine Stimme gegen den Rüstungswahnsinn, der trotz deutscher Abrüstung in Schwung gehalten wird:

"Wenn alle anderen Mittel versagen, um einen Staat zu zwingen, sein Rüstungsbudget zu erhöhen, werden tendenziöse Gerüchte über Rüstungen verbreitet und jeder Anlass benutzt, um Parlament und Regierung zu neuen Aufträgen aufzustacheln. Man arbeitet planmäßig darauf hin, daß der Zustand der Unruhe und des Alarms bestehen bleibt, denn je mehr Reibungen es zwischen den Staaten gibt, um je größer die Kriegsgefahren sind, um so besser gedeiht die Kriegsindustrie. Eine Möglichkeit, diese im Solde der Kanonenkönige stehenden schreibenden Presse zu kontrollieren, gibt es in der Öffentlichkeit nicht, und es gehört, wie die *Stampa* mit Recht sagt, schon eine große Unterscheidungsgabe dazu, um festzustellen, ob es sich bei solchen Nachrichten um einen unsauberen Trick oder um einen Irrtum handelt: falsch sind sie immer."

Der französische Rüstungskonzern Schneider-Creusot ist seit 1832 im Rüstungsgeschäft. Er lieferte von 1885 bis 1914 insgesamt 44 650 Geschütze. Schneider Frères & Cie waren Mitbegründer der *Comte des Forges,* der Zusammenfassung der französischen Stahlindustrie. – Der Presse gilt in Frankreich ein besonderes Augenmerk der Waffenbrüder. Es ist ein offenes Geheimnis, dass maßgebende Pariser Blätter bestochen, andere Zeitungen wie *Echo de Paris* oder *Journée industrielle,* direkt erworben worden sind. Hiermit der Gefahr, die dem Rüstungskapital durch den Abrüstungsgedanken droht, entgegen wirken. Schon 1930 kam es zum Ankauf aller Aktienpakete des *Journal des Débats.* Zu diesem einflussreichen Blatt wurden 1932 große Aktienanteile der *Temps* erworben. – So der Tenor maßgebender katholischer Zeitschriften.

Große Kapitalmengen werden den Staaten durch die Aufrüstung entzogen. – Aber auch sonst reißen kapitalistische Sitten ein, die nicht in eine Welt, in der große Bevölkerungsschichten hungern, hineingehören. – In Australien tötet man 800 000 Schafe, um das Angebot an Wolle, Fellen und Fleisch zu "beruhigen" – in Kanada verbrennt man zwei Millionen Bushel Weizen aus dem gleichen Grund – in Ägypten 100 000 Tonnen unverkäufliche Baumwolle. Der Frevel setzt sich in den Meeren fort: Bretonische Fischer schütten 500 000 gefangene Heringe ins Meer zurück, um den Preis stabil zu halten, und in Brasilien kippt man 70 000 Säcke Kaffee ins Meer oder verheizt sie in Lokomotiven – an der tschechischen Grenze übergibt man tonnenweise Gurken der Donau – in Oberfranken pflückt man zwei Drittel der Hopfen nicht. Zur gleichen Zeit verelenden Arbeitslose und in Asien sind ständig 60 000 000 Menschen vom Hungertod bedroht. – Laut englischen Zeitungen verhungerten 1931 allein in Indien ca. 600 000 Menschen.

Die deutsche Wirtschaft investiert 1930 10, 1931 noch 6-7 Milliarden. Ausgaben für Neubauten sinken im gleichen Zeitraum von 7,1 auf 4 Milliarden. – 1931 ist der Auftragseingang der Maschinenindustrie seit 1928 um zwei Drittel gesunken. – Kapital für die Erneuerung überalteter und abgenutzter Maschinen fehlt ebenso, wie die Landwirtschaft außerstande ist, zu investieren. – Auch die öffentlichen Haushalte drosseln bei Neubauten und Sachausgaben. Handel und Handwerk ersetzen nicht mehr ihre abgeschriebenen Geräte, die im Wert von einer Milliarde Mark erneuerungsbedürftig wären. Allgemein sind die Kapazitäten nur zu einem Bruchteil ausgelastet. – Hitler beruhigt seine Genossen im Jahr vor meiner Geburt: "Verliert nicht in letzter Stunde die Nerven – ganz von selbst werden wir die Gewalt in die Hand bekommen!"

Jakob Hülhovens Familie ist eine der wenigen Ausnahmen, die vom Niedergang profitieren. Automatisch suchen die deutschen Bauern beispielsweise einen Ausgleich für sinkende Viehpreise. Auch sonstige landwirtschaftliche Produkte erzielen nur noch Spottpreise. Die Kosten für Landbestellung, Düngemittel und dergleichen halten dagegen ihr Niveau, sinken zumindest nicht so stark wie die Preise für Getreide, Zuckerrüben und Schlachtvieh.

Es liegt auf der Hand, dass die deutschen Bauern billigere holländische Kolonialwaren vorziehen – wenn auch deutsche Schutzzölle den offiziellen Einkauf in Holland zu verhindern suchen.

Auf holländischer Seite verwehrt der niederländische Zoll die Einfuhren deutscher Industrieerzeugnisse, die zu deflationären Billigpreisen angeboten werden, mit Zollzuschlägen. – Beide Seiten verschärfen die Grenzüberwachung und es werden Menschen wegen eines Pfundes geschmuggelten Kaffees oder eines Kessels erschossen.

Jakob Hülhoven schränkt seine Grenzübertritte ein, verkauft nur noch ab Haus, findet immer wieder einen Weg, die Zöllner zu überlisten. – Schwiegersohn Reiner fährt täglich morgens, mittags und abends zweimal am deutschen Zollamt mit dem Fahrrad vorbei. Die Zöllner kennen ihn persönlich. Seine Vereinstätigkeit verschafft ihm Ansehen bei den Beamten, die ihn auch nicht pro Tag dreimal visitieren wollen. Schmuggeln ist ihm zu riskant. Er will nicht wegen Zollvergehen bestraft werden, weil er täglich mehrfach mit den Zöllnern Kontakt hat.

Der Waldfeuchter Chronist bestätigt die Situation an der Grenze:

"Die Folge davon war eine rege Schmuggeltätigkeit. Das beweist schon allein die Tatsache, daß von 39 Bestrafungen 38 wegen Zollvergehen waren. Die Zollverwaltung suchte dem Überhandnehmen des Schmuggelunwesens durch Verstärkung der Grenzbelegschaft und Verschärfung der Maßnahmen zu begegnen, die soweit gingen, daß Leben und Gesundheit der Schmuggler des öfteren aufs Spiel gesetzt wurden."

"Im Frühjahr 31 haben die einen aus Königsbusch erschossen – ich kannte den gut – das war da hinter dem Duvepol. Sie haben auch noch einen anderen aus Königsbusch angeschossen, der ist nach Waldfeucht ins Krankenhaus gekommen. Waldfeucht hatte damals so ein kleines Krankenhaus. Dem hatten sie ins Bein geschossen. Da waren welche bei, die waren so scharf wie der Teufel. Man konnte sich kaum noch durch das Feld über die Grenze trauen, so scharf waren die geworden."

Jakob erzählt es in seinem Dialekt, den ich ins Deutsche übersetze. – Der Chronist bestätigt seine Angaben, sagt aber auch:

"Der Erfolg dieser Maßnahme war ein ziemlich negativer, denn es gelang nicht, den Schmuggel so einzudämmen, wie es die Zollverwaltung dachte."

Eduard Janssen feiert seinen 65. Geburtstag am 28. Februar 1932. – Geschäftlich erinnern ihn diese Jahre an die letzten des Weltkrieges. Auch der Waldfeuchter Chronist stellt fest: "Der Umsatz der Geschäfte wurde geringer" und "die schlechte wirtschaftliche Lage äußerte sich auch in unserer Gemeinde". – Eduard überlebt die schweren Jahre geschäftlich und gesundheitlich. Er hat einen großen Lebensabschnitt bewältigt und will seinen Betrieb, den er seit dem ersten Weltkrieg von einem Tief ins andere rettete, der nur vor dem 1. Weltkrieg und Mitte der zwanziger Jahre bescheidene Hochs erlebte, an seine Söhne abgeben.

Eduard trifft eine verkehrte Entscheidung zu einer ungünstigen Zeit. Außerdem spricht er sich mit Reiner und Peter unklar ab: Er verpachtet Reiner den Betrieb und verkauft ihm die Maschinen. – Unglücklicherweise wird die Absprache nur mündlich getroffen. Sie lässt entscheidende Fragen offen, wird von keinem hieb- und stichfesten Vertrag untermauert.

Reiner übernimmt völlig unvorbereitet die Verantwortung, sein Vater hatte ihm vorher keinen Einblick in die Geschäftsführung gegeben, Reiner hat auch keinen gefordert. – Eduard behält den Ladenverkauf und klüngelt noch kleinere Aufträge auf eigene Rechnung, kommt mit Miete, Gärten und Ziegen knapp aber glatt über die schweren

Josepha und Reiner Janssen im Sommer 1931 oder 1932 – die Sterne für meine "Existenzgründung" stehen günstig.

Hindernisse der Jahre. – Größtes Hindernis für eine zukünftige Zusammenarbeit ist die fehlende, eindeutige Festlegung der Kompetenzen jedes Einzelnen. – Reiner ist auf Grund seines Alters und seiner Meisterprüfung befugt, einen Betrieb zu führen, Gesellen zu halten und Lehrlinge auszubilden. Er ist 31, kaufmännisch aber wenig geschult. Peter ist Schreinergeselle, soeben volljährig geworden, ist als Geschäftspartner noch unerfahrener. Er wird, wie Reiner auch, stark vom Vereinsleben abgelenkt, spielt Theater und singt, lebt noch ungebunden.

"Ihr könnt meinen Betrieb übernehmen," verfügt Eduard, aber versäumt, seine Söhne auf die Übernahme vorzubereiten. Fast kann man den Eindruck gewinnen, dass er froh ist, die Verantwortung los zu werden.

Reiner kauft die Maschinen, gibt seinen Namen und übernimmt die Werkstatt – aber Peter glaubt, der Betrieb gehöre auch ihm. – *Er klagt zu einem späteren Zeitpunkt gegenüber mir:* "Wie konnte mein Vater uns nur in so jungen Jahren den Betrieb übergeben?" *(Er ist also auch später noch der Meinung, gleichberechtigter Partner seines Bruders gewesen zu sein.)* – Peter ist 22, "verspielt" und auch einem Glas Bier nicht abgeneigt. – Reiner muss aber seinem Vater 80 Mark Miete monatlich zahlen und auch zeitweise die Löhne für zwei Gesellen und die Ausbildungsbeihilfen für zwei Lehrlinge aufbringen. Er hat weit mehr feste Kosten als *Vatter* sie je hatte. – Eduard fand seine Söhne mit einem Taschengeld ab. – Außerdem übernimmt Reiner zu einer Zeit, in der es viele Firmenpleiten gibt. Sein Start erfolgt in einem Katastrophenjahr.

Eduard glaubt an einen verdienten Ruhestand. Mit der Miete, seinen drei Gärten, dem Kleinvieh und einer minimalen Rente, kann er leben. Er arbeitet nicht mehr mit, behält noch den Laden und benutzt Werkstatt, Maschinen für kleinere Arbeiten – ist aus der Verantwortung. Reiner dagegen kämpft gegen Spottpreise, hat zudem hochkarätige Nebeninteressen und vor allem, zu Eduards Zeiten, keinen Einblick in die Betriebsergebnisse erhalten, ist zudem kaufmännisch überfordert. Er ist an Peter gebunden, muss ihn mit versorgen, weil dessen Stellung im Betrieb nicht eindeutig geklärt ist:

"Ihr könnt meinen Betrieb übernehmen."

Das "ihr" ist der springende Punkt. Ein "du" wäre richtiger gewesen und hätte von vornherein die Fronten geklärt – aber zu solcher exakten Aussage fehlt Eduard, der beiden Söhnen gerecht werden will, anscheinend der Mut. – Peter sitzt täglich mit ihm zusammen am Tisch, steht sich gut mit ihm, ist ein froher, unkomplizierter junger Mann, der noch engen Kontakt zur Mutter hat, während der ältere Reiner verheiratet und aus dem Haus gezogen ist – zu einem anderen Haushalt gehört.

Die schlecht vorbereitete Übergabe wird den Brüdern in den kommenden Jahren Differenzen bescheren, die auch Eduard nicht schonen – und das Betriebsklima vergiften,

denn Peter fühlt sich immer noch gleichberechtigt und am Gewinn beteiligt, ist nicht kündbar, wenn die Arbeit nachlässt. Reiner ist für ihn die beste Arbeitslosenversicherung. – Eduard steckt vor solchen Problemen "den Kopf in den Sand", trägt nicht zur eindeutigen Klärung bei, wie es seine Pflicht gewesen wäre. Doch nach einigen Jahren werden ihn die Versäumnisse einholen. – Was er nicht schaffte, nämlich seinen Söhnen höhere Löhne zu zahlen, wird nun von Reiner verlangt.

Eigentlich müsste Reiner seine Belegschaft verringern. Das ist in Deutschland kein Einzelfall: 61 % aller Betriebe schrumpfen mit Beginn der dreißiger Jahre zu Einmannbetrieben, nur 7 % aller Werkstätten beschäftigen mehr als 5 Personen. – Der Umsatz des Handwerks im ganzen Reich halbiert sich 1932 auf die Hälfte, geht von 20 Milliarden auf 10 Milliarden zurück.

Gemäß Tradition, aber auch mangels Willen, nach alternativen Möglichkeiten zu suchen, ist Peter Schreiner geworden. Er ist bei der unklar definierten Betriebsübergabe 22 Jahre – hat weder eine Meisterprüfung noch ist er kaufmännisch geschult, ist noch schlechter vorgebildet als Reiner. – Den Brüdern gemeinsam ist, wie schon gesagt, der Hang zum Vereinsleben, vor allem zum Theater. Chef und Geselle, wenn man das Verhältnis der beiden zueinander einmal so bezeichnen will, feiern in Waldfeucht Triumphe – allerdings nur auf der Bühne. Für Letztere belohnen sich beide mit Alkohol, der wiederum von der harten Realität ablenkt. Für den Betrieb ist die gemeinsam verbrachte Freizeit noch schädlicher.

Aber am 28. Februar 1932 glaubt Reiner noch fest, die Zukunft bewältigen zu können. Er baut auch auf die kraftvollen Worte Hitlers, der den Smog über Deutschlands Wirtschaft auflösen will. – Reiner wählt die Nationalsozialisten. *Vatter* Eduard glaubt nur, es im Schaltjahr 1932 geschafft zu haben.

So manches *Dröpke* brennt an diesem Tag durch die Kehlen der Familien- und Vereinsfreunde. Je mehr *Dröpkes* es werden, um so mehr sinken bei Reiner die Nebel der Bedenken. – Er und Peter prosten kräftig mit, so kräftig, dass Reiner und Josepha in gehobener Stimmung nach Echterbosch gehen und froh gestimmt ins Bett fallen. – Man ist müde – doch nicht zu müde. Nur noch für das "Eine" ist Zeit, bevor man zufrieden einschläft. *(So kann es gewesen sein – ausbleibende Regel bestätigt ein "Malheur" – für mich sind es noch neun Monate.)* Gesprochen wird darüber wenig, Josepha hatte es schon fast vergessen und gehofft "es gehe gut", als die "Tage" ausbleiben. Mündlich überliefert ist ihr Seufzer, als sie dies bemerkt:

"Ach – schon wieder!"

Natur und Alkohol haben meine Eltern überlistet. – Aber auch, wenn ich nicht geplant war, werde ich doch ab sofort als feste Größe in die Familie eingegliedert. – Das Gerangel, wer meine Patin, wer mein Pate wird, beginnt.

Deutschlands Weg in die Abkehr von der Demokratie

Von Amerika bis weit über Österreich hinaus tobt ein Wirtschaftskrieg. Die Weltbevölkerung hat in zwei Jahrzehnten um 12 Prozent zugenommen, aber im gleichen Zeitraum ist die Produktion um 10 % gesunken. Die künstliche Verknappung durch Vernichtung von Waren wurde erwähnt. – Die Senkung der Gehälter und Löhne löst ein noch verheerenderes Phänomen aus, das am 9. Januar 1932 in Österreich in der Zeitschrift *Das Neue Reich* aufgezeichnet wird:

"In dem Maße, als Gehälter, Löhne und Pensionen gekürzt werden, wird auch von dieser Seite her der Konsum gesenkt. Und wenn die Geschäfte zurückgehen, werden auch die Einnahmen der Steuerämter, der Post- und Telegraphenverwaltung, werden die Einnahmen der Eisenbahnen und sonstigen Verkehrsanstalten zurückgehen; wird die Zahl der Arbeitslosen und werden die sozialen Lasten steigen. Hier gilt das Sprichwort: Ein Keil treibt den anderen."

Der *Bayerische Kurier* klagt über die Großbanken: "Zweierlei hat das Vertrauen der Bevölkerung zum Bankwesen aufs schwerste erschüttert: Die ungeheure Versündigung einzelner leitender Persönlichkeiten jener Großbanken, die ohne Reichshilfe zusammengebrochen wären und die gesamte deutsche Geldwirtschaft mit in den Abgrund gerissen hätten, und zweitens die Zahlungseinstellungen und Konkurse ungezählter kleine Privatbanken."

Das Blatt gibt den Großbanken die Schuld, die kleinen Banken mit ihrer Filialpolitik in ihre Abhängigkeit gebracht zu haben.

Der Außenhandelsumsatz von 25 europäischen Staaten betrug 1931 zusammen nur noch 23,4 Milliarden, sinkt 1932 sogar auf 14 Milliarden ab. Das beschert im gleichen Zeitraum dem Arbeitsmarkt eine Zunahme der Arbeitslosen um 15 % und ein Zunahme der Kurzarbeit um fast 50 %. Am 15. Februar 1932 sind 6 127 000 Personen in Deutschland arbeitslos.

Eine Woche später wird Hitler, der im gleichen Monat die deutsche Staasangehörigkeit erhält, von der NSDAP als Kandidat für die Reichspräsidentenwahl nominiert. Er erhält aber am 13. Mai 1932 nur 30,1 % der Stimmen. – Man ist nicht untätig gegen die Parolen der Nationalsozialisten, die ihrerseits gegen die Polizeiaktionen auf ihre Büros und Wohnungen klagen. – Am 10. April kann Hitler seine Präsidententräume abschreiben, denn Hindenburg, der SPD-Kandidat, erhält die absolute Mehrheit. – Zwischen Nationalsozialisten und Kommunisten und anderen linken Gruppen sind Schlägereien an der Tagesordnung, innerhalb von 9 Monaten registriert das Innenministerium 156 Tote, unter ihnen 70 Nationalsozialisten, 57 Kommunisten, 8 Angehörige des *Reichsbanners* der SPD oder der *Eisernen Front* und 14 nicht näher bezeichnete Personen, darunter zwei Polizeibeamte.

Im April sinkt die Arbeitslosenzahl knapp unter die 6-Millionengrenze. – Etwa 100 000 Deutsche finden Arbeit in Holland. Jakob Hülhoven sieht täglich Dutzende deutsche Radfahrer die Waldfeuchter Baan in Richtung Echt benutzen. Sie gehören zu den 40 000 Arbeitern, die im südlimburgischen Industriegebiet arbeiten. 40 000 junge Frauen und Mädchen verdingen sich in holländischen Städten als Dienstmädchen.

Die katholische Kirche recherchiert, das 30 000 von ihnen Katholikinnen sind. Außerdem arbeiten 20 000 deutsche Handwerker, Techniker und Kaufleute in den Niederlanden. Auch bei den männlichen Arbeitern stellt die katholische Kirche fest, dass zwei Drittel bis drei Viertel katholisch sind.

Die Eingewanderten stammen vorwiegend aus dem Rheinland und aus Westfalen. Sie arbeiten auch im protestantischen Teil Hollands, wie in den Städten Den Haag, Amsterdam, Rotterdam und Haarlem. – Deutsche katholische Seelsorger folgen ihnen sowohl im Süden als auch im Norden als Wanderpriester, erreichen aber nur einen Teil ihrer Schäfchen.

Die Katholische Kirche beobachtet auch jüdische Aktivitäten. Die *Katholische Korrespondenz* berichtet, dass im August in Genf eine *Jüdische Weltkonferenz* abgehalten werden soll, die das Ziel habe, ein ständiges *Jüdisches Weltparlament* vorzubereiten und einzuberufen. Die Abgeordneten sollen geheim gewählt werden. Jeder Jude und jede Jüdin soll wahlberechtigt sein. – *(Der Jüdische Weltkongress ist nicht identisch mit dem Zionistischen Kongress, der nur Probleme im Zusammenhang mit Palästina verhandelt.)* – Laut *Wiener Nachrichten* beträgt der jüdische Bevölkerungsanteil in Deutschland 1 %. Von den 50 000 Ärzten sollen 6488 Juden sein, davon 3000 in Berlin praktizieren.

Die katholische Kirche steht den Weltparlamentsplänen der Juden "nur" kritisch gegenüber, doch von den Nationalsozialisten schlägt den Juden blanker Hass entgegen, der sich auch gegen jede Art von jüdischer Unterwanderung richtet. Die Nationalsozialisten scheuen sich nicht, Juden mit Liedern wie "Der Jude hauset fürchterlich, im deutschen Vaterland" zu besingen.

Für die Juden ist es ein schlechtes Vorzeichen, als bei den Juliwahlen zum 6. Reichstag die NSDAP mit 37,4% stärkste Partei wird und 230 Reichstagssitze belegt. Eine Mehrheit schafft Hitler trotzdem auch bis August nicht – von Papen und Hindenburg halten ihn von der Macht fern, Hitler soll nur Vizekanzler werden.

Dessen Retourkutsche kommt dann im September vom Parteifreund Hermann Göring – von Papen erleidet eine Abstimmungsniederlage, bleibt aber bis zu den Novemberwahlen im Amt.

Hitler erhält eine Stimme aus Echterbosch

Hitler erhielt bei der letzten Reichstagwahl die meisten Stimmen – darunter die meines Vaters, der sich offen zum Nationalsozialismus bekennt. Ihm fehlt bezahlte Arbeit, er glaubt fest daran, dass Hitler die Wirtschaft in bessere Zeiten führen wird. – Vom "goldenen Boden" des Handwerks kann in seiner Familie keine Rede sein – die Basis Werkstätten ist eher mit einem Sieb zu vergleichen, durch dessen große Maschen so mancher Betrieb fällt. Reiner arbeitet in Waldfeucht, ist auch dort gemeldet, wählt auch dort, wohnt aber in Echterbosch.

Selfkant und Rheinland leiden 1932 unter einer Feuchte, die zum Teil die Kartoffeln in der Erde verfaulen lässt. Die Milch kostet 15 Pfennige pro Liter. Die Bauern schimpfen über das schlechte Wetter, die Preisdrücker und den Zoll. Dass sie einen schweren Stand haben, erkennt man aus den Notizen des Waldfeuchter Chronisten: "Man kann wohl sagen, daß alle landwirtschaftlichen Produkte die für unser Land eine Lebensnotwendigkeit sind, zu einem Spielball der Börsenkönige geworden sind." Die Arbeitslosigkeit hat auch in Waldfeucht zugenommen. Der Gemeinde entstehen Wohlfahrtskosten von 5100 Mark.

Allgemein greift Verarmung um sich. Man versucht einen Ausweg zu finden und verschiedene Waren preiswerter zu bekommen, z.B. in Echterbosch: "Die Folge davon war, daß der Schmuggel noch immer weiter betrieben wurde und immer größere Kreise zog."

Der Schmuggel ermöglicht vieles, hilft auch meinem Vater indirekt. Handwerk und Gewerbe sind so betroffen wie Landwirtschaft oder Arbeiter, die in den Fabriken keine Arbeit finden: "Wenn der Bauer und der Arbeiter kein Geld haben, so kann der Geschäftsmann und Handwerker auch keins haben."

Im Oktober 1932 haben sich Eltern und Großeltern längst Gedanken über die Hebamme, die meiner Mutter helfen soll, gemacht. Über sie spricht man auch mit meinen Großeltern aus Waldfeucht. – Sie befürworten "Tante Agnes", die keine richtige Tante ist, aber meine Großtante hätte werden können, wenn mein Großonkel Reiner Janssen, ihr Verlobter, nicht im ersten Weltkrieg gefallen wäre.

Agnes ist ledig und arbeitet in der kleinen Waldfeuchter Krankenstation, ist mit Eduard und Josepha (Reiners Mutter) befreundet. In Echterbosch will man Streit vermeiden und folgt dem Waldfeuchter Vorschlag und verzichtet auf die bewährte Hebamme aus Selsten, der man bisher vertraut hat. Sie hatte bei der Geburt der ersten beiden Kinder geholfen.

Jakob Hülhoven in der Wiese hinter seinem Haus mit seinen Hühnern

Eduard zeigt bei dieser Gelegenheit einen älteren Brief von Christian – "der für alle 3 Geschwisterfamilien bestimmt ist und deshalb rundgegeben werden soll." Den Brief hatte zuerst der Stellmacher Franz Janssen erhalten, der hatte ihn an Eduard weitergegeben, dieser an Josef und zuletzt hatte ihn Eduard wieder erhalten. Der Brief ist bereits vom 23. Mai 1930 und "ist das letzte Lebenszeichen, das ich Euch vor meiner Ankunft in Amerika geben kann … Es ist 1/4 3 Uhr und um 3 Uhr müssen die Briefe und Karten, die in Cherbourg an Land gegeben werden, schon dem Schiffspostmeister übergeben sein. Übrigens fällt das Schreiben jetzt schwer, weil der Riesendampfer mächtig zittert wie Ihr an meiner Schrift sehen könnt."

Als Christian den Brief schreibt, befindet er sich auf seiner 2. Weltreise, hat den Ärmelkanal passiert und der "Riesendampfer" steuert Cherbourg als letzten europäischen Hafen an. – Er befindet sich auf der *Europa* des *Norddeutschen Lloyd Bremen*. Begonnen hat er den Brief in einem englischen Hafen:

"Meine Lieben! – Wir liegen augenblicklich vor Southhampten … England bewacht sehr sorgfältig seine Küsten und Häfen. So sah ich es auch vor zwei Jahren auf meiner Weltreise z.B. in Sydney und Singapur … "

später: " Von Cherbourg (Frankreich) aus … fahren wir, nach New York, wo wir, so Gott es will, am 28. Mai eintreffen werden. … Wie schade, daß Ihr nicht mit mir reisen könnt! Ihr würdet sicherlich an allem noch mehr Freude haben als ich. – Ich will noch hinzufügen, daß der Dampfer 286 m Länge und 31 m Breite hat und daß die Zahl der Registertonnen sich auf 51 000 beläuft." In Deutschland "schifften sich in Bremen 2 Patres und ein Bruder auf dem Frachtdampfer *Mosel* für Australien-Neupommern ein, die *Mosel* fuhr eine Zeitlang hinter unserem Dampfer her, konnte aber nicht beibleiben."

1928 und auch 1930 machte Christian seine Inspektionsreisen noch als Leiter der Norddeutschen Ordensprovinz. Als er am 24. 12. 1932 an Eduard schreibt, ist es bereits *Generalis Superior*. – Ich bin zu der Zeit gut drei Wochen alt.
Der Brief ist insofern interessant, weil in Heinsberg ein Kloster gegründet werden soll, wahrscheinlich schon gegründet worden ist, denn im Hiltruper Missionsbuch, das von Christian herausgegeben wird, ist Heinsberg bereits als Standort aufgeführt. Im oben angeführten Brief schreibt er wörtlich: "Heinsberg und unsere dortige Angelegen beschäftigt mich auch. Jetzt wird alles durch den P. Provinzial, also von Hiltrup aus geregelt werden. Ich bin über den jetzigen Stand der Frage ziemlich unterrichtet, kann aber dennoch von hier die Lage nicht ganz beurteilen, möge sich alles gut regeln lassen."
Aber so unkompliziert, wie Christian es sich vorstellt, wird die Absicht, ein Kloster in Heinsberg zu gründen, nicht in die Tat umzusetzen sein. Die Verhandlungen ziehen sich in 1933 hinein, in ein Jahr, in dem die politische Macht auf den Kopf gestellt werden wird.

Christian Janssen wird 1932 General des Ordens in Rom

Der Brief vom 24. 12. 1932 ist an Eduard adressiert, gibt Auskunft über den zweiten Aufenthalt Christians in Rom. Er ist 1932 zum Obersten des Ordens MSC gewählt worden und wird die nächsten 1 1/2 Jahrzehnte in Rom wohnen. – Er trifft dort Eugenio Pacelli, der als Kardinalstaatssekretär von Papst Pius XI. das einflussreichste Amt nach dem Papst bekleidet.
Christian kennt ihn seit seinen Studien in Rom – beide studierten nach 1895 an der weltlichen Universität, der *Sapienza*, Sprachen. – Es ist bekannt, das Pacelli sich gerne der französischen Sprache bediente, aber auch sehr gut Deutsch sprach *(1920 bis 1929 Nuntius in München)*. – In Christian fand er den idealen Partner zur Vervollkommenung seiner Sprachbegabung. – Christian war Französischlehrer und sprach selbstverständlich perfekt Deutsch, verbesserte bei Pacelli sein Italienisch.
Sie besuchten auch beide das *Athenäum (S. Apollinare)* und studierten dort Theologie und Bibelwissenschaften. Christian erwarb dort seinen Dr. der Theologie. – Auf Eugenio Pacelli ist deshalb möglicherweise zurückzuführen, dass Christian viermal zum General gewählt, und statt der üblichen vier, sechzehn Jahre in Rom blieb, bis er aus gesundheitlichen Günden sein Amt niederlegte.
Während der Kriegszeit, aber auch danach, hielt Eugenio Pacelli *(ab 2. März 1939 Papst Pius XII.)* zu seinem deutschen Freund. – Nicht zuletzt war Christian als General Superior eines Ordens, der weltweit tätig war, ein Alibi für die Deutschfreundlichkeit des Papstes, der während des Krieges strickte Neutralität wahrte. – In Christians Nachruf heißt es schlicht: "Papst Pius XII., mit dem ihn eine ehrfurchtsvolle Freundschaft verband...".

Christian erwähnt sie in keinem Brief – wohl existiert ein Brief vom 4. Oktober 1948, den Pius XII. von seinem Staatsekretär Montini, späterer Papst Paul VI. an Christian schreiben ließ, in dem gemeinsame Studienjahre bestätigt werden.

Christian erwähnt sowohl die Bekanntschaft mit Pacelli als auch die mit Montini mehrmals mündlich. – Er erlebt in Rom vier Päpste im Amt und einen zukünftigen *(Montini)*. Im Brief vom 24. 12. 1932 schreibt Christi- von einem Papst und meint Pius XI.:

"Lieber Eduard! – Heute mittag hörte ich im Vatikan die Neujahrsansprache des Papstes, die auch im Radio weitergegeben worden ist und die jedenfalls in den Zeitungen gebracht oder wenigstens erwähnt wird. Der Heilige Vater kündigte für das kommende Jahr ein Jubiläum an und spendete zum Schluss den Kardinälen, Bischöfen und Prälaten usw. den päpstlichen Segen, der auf alle, die einem nahestehen, ausgedehnt wurde. So seid auch ihr wieder eingeschlossen."

Der 29. November 1932

Betrachtet man die wirtschaftliche und politische Lage im November 1932, erkennt man weder in Deutschland noch in England einen Silberstreif am Horizont.
Am Abend des 28. November 1932 bieten sich mir gemischte Aussichten auf eine "Schönere Zukunft". Ich werde in eine Welt hinein geboren werden, die ich nicht zu verantworten habe und auf die ich nicht im geringsten Einfluss hatte. Morgen wird meine erste Stunde schlagen! – Sechzig Tage später wird Hitler die Macht ergreifen – und *Meine ersten tausend Jahre* werden mit den zwölf Jahren beginnen, die Hitler als das *Tausendjährige Reich* bezeichnet.

Vor meiner Geburt gibt es einen Todesfall: Maria Barbara Houben – *Weduwe van Peter Hendrik Coenen* – stirbt am 7. November 1932. – Sie hatte sich auf meine Geburt gefreut und wollte unbedingt meine Patin werden. An ihre Stelle tritt nun ihre Schwester Gertrud, auch eine Witwe.

Es bieten sich mir bei meiner Geburt lebenswerte Aussichten. Schließlich entstamme ich ehrlichen, fleißigen und warmherzigen Familien, auf die ich stolz sein kann. Jede hat versucht, aus den gebotenen Möglichkeiten, die besten zu wählen.

Die Familien all meiner Urgroßeltern waren intakt, die meiner Großeltern sind es, und die meiner Eltern. Mich erwartet ein warmes Nest. Selbstverständlich werde auch ich, wie jeder andere auch, Probleme zu lösen haben. Die Voraussetzungen, dass ich die gestellten Aufgaben bewältige, sind geschaffen.

Barbara wollte meine Patin werden, doch sie stirbt.

Am frühen Morgen des 29. November – es ist noch stockfinster – wird mein Vater von meiner Mutter informiert, dass leichte Wehen eingesetzt haben. Reiner weckt Mina und Jakob, zieht sich an und fährt mit dem Fahrrad nach Waldfeucht, um "Tante Agnes" zu rufen. Dr. Haas soll auch informiert werden.
Agnes steht sofort auf, packt ihre Tasche, schlägt ihr Plaid um Kopf und Schultern, und macht sich auf den Weg. Die deutschen Zöllner sind von Reiner aufgeklärt worden und verlangen keinen Pass. – Agnes ist nach einigen hundert Metern auf der deutschen Schotterstaße, die von den Holländern als *Waldfeuchter Baan* bezeichnet wird. An Hülhovens Haus hat sie die Häuser von "Lenn", "Breitkopf" und "Till"passiert, und überquert nun mit einem einzigen Schritt die Grenze – und ist in Holland.
Im Haus brennen die Petroleumlampen in der Küche, der *Kamer*, dem Wohnzimmer und in einem der oberen Schlafzimmer. *Stuv (gute Stube)* und *Wenkel*, die beiden unteren Zimmer zur Straße, bleiben dunkel. Aus der Küche schlägt Agnes Wärme entgegen, als sie eintritt. Das Wohnzimmer ist zur Entbindungsstation umfunktioniert worden und ebenfalls beheizt. Dort warten Mina, Jakob – der sich später um die noch schlafenden Kinder kümmern wird, wenn sie wach werden – Reiner und Josepha.

Ich habe es nicht eilig – möchte eigentlich in meinem Versteck bleiben – doch daraus wird nichts.

Peter Werner Janssen

Schreiner, Zimmermann & Co

Internationale Geschichte der
Holzhandwerke
Holzhandwerke ab 3000 vor Christus
bis gegen Mitte des 19. Jahrhunderts
Format 22/30, gebunden,
448 Seiten, 48 Farb- und viele
Schwarzweißbilder
Preis: 128,– DM; 64,85 €

ISBN 3-00-002843-9

„Ockenfels heiß ich"

Geschichte eines der letzten Wander-
gesellen. 18 Wanderjahre prägen mit
lustigen und bitteren Erlebnissen
einen außergewöhnlichen Meister.
Format 17/24, 8 Farb- und
133 Schwarzweißbilder
und Dokumente
Preis: 19,80 DM; 10,12 €

ISBN 3-00-000381-9

Reprint

Handbuch für Sägemüller

Disston & Söhne
Übersetzung einer amerikanischen
Arbeitsanweisung von 1877
Preis 29,80 DM; 15,24 €

Selfkantfibel Geschichten aus dem niederländisch-deutschen
Grenzgebiet zwischen 1805–1932, Format 22/30,
gebunden. Preis: 54,00 DM; 27,61 €

ISBN 3-00-007804-5

Außerdem Reprints alter Fachschriften, Kataloge,
Arbeitsanweisungen und dergleichen.

Janssen Verlag Sinzig